맘모스와
다이아몬드와
착한 사람들의 나라

야쿠티야

맘모스와
다이아몬드와
착한 사람들의 나라

야쿠티야

강 덕 수

HUFS BOOKS

이 책은 2011학년도 한국외국어대학교 연구비 지원에 의하여 제작되었습니다.

추천사

사하공화국(야쿠티야)는 영토의 크기로 볼 때 러시아 연방에서 가장 큰 공화국입니다. 3백만 평방킬로미터에 달하는 사하의 영토는 40%가 북극권에 있습니다.

지구상에서 가장 혹독한 기후로 유라시아에서 가장 추운 겨울을 보내는 이 지역은 소위 "영구 동토"라 불리고 있습니다. 기후, 지리, 자연 조건이 모두 극단적인 조건임에도 불구하고 사하 공화국은 극동 연방 관구와 러시아 연방에서 최고의 발전 지표를 보여주고 있습니다.

야쿠티야에서는 120개가 넘는 민족들이 평화롭게 공존하고 있습니다. 야쿠티야가 러시아의 구성체가 된 것은 1632년입니다. 그 해에 러시아 카자크 인들이 레나 강변의 렌스크 곶이라 불리던 곳에 상륙하였습니다. 이곳은 오늘날 사하공화국(야쿠티야)의 수도가 되었습니다. 17-18세기 야쿠츠크는 군사 요충지로서 동북부의 새로운 지역을 개척하기 위해 떠나는 원정대의 출발지가 되었습니다.

고대로부터 올롱호라 불리던 이 지역은 놀라운 자연 경관, 미답의 고산 준령, 울창한 삼림, 깊은 계곡, 끝없는 툰드라, 이곳에만 있는 동식물들로 널리 알려져 왔습니다. 야쿠티야가 유명해진 또 다른 이유는 다이아몬드, 금, 주석, 텅스텐, 수은, 철, 석탄, 천연가스와 석유 같은 풍부한 자연 자원에 있습니다. 이밖에 야쿠티야에는 치료 효과가 탁월한 광천수와 호수, 그리고 청정한 공기가 있습니다.

오늘날 야쿠티야는 경제와 사회적 분야에서 광범위한 협력을 위한 매력적인 지역이 되어 가고 있습니다. 러시아 연방 정부는 이 지역 수송 체계, 사회복지, 교육문화의 인프라 구축, 인적 자원 계발, 북동 지역의 자연 자원 개발, 생산 분야의 발전, 대규모 건설 프로젝트 시행을 연방 정부 차원의 주요 전략 과제로 결정한 바 있습니다.

러시아 8개 연방 대학교 중 하나인 북동 연방대학교의 정책 과제 중 하나는 러시아 북동 지역의 사회경제적 발전을 위한 학문적 기반을 조성하는 것입니다. 북동 연방대학교는 러시아 극동 지역에서 학문과 교육 분야에서 최고의 중심지가 될 것입니다. 북동 지역의 연구 기관과 기업체와의 협력하에 본 대학교의 학문 연구 활동은 이 지역의 혁신을 주도해 나가는 기반이 될 것입니다. 본 대학교는 사하공화국 정부와 공동으로 개혁을 위한 학문적 토대를 구축하고 있습니다. 러시아 연방 정부는 교육 과정에 필요한 신기술 도입, 교재의 현대화, 교수진의 자질 향상 등 대학교 발전에 필요한 막대한 재원을 아끼지 않고 있습니다.

야쿠티야에는 자연과 문화와 역사적 전통이라는 측면에서 발전을 위한 충분한 조건이 갖추어져 있습니다. 그러나 가장 주요한 것은 사람입니다. 야쿠티야 사람들은 근면하고 개방적이고 선량하며 남에게 베풀기를 좋아하는 사람들입니다. 이것이 바로 사하공화국(야쿠티야)의 자산이며, 힘과 자랑이라고 하겠습니다. 야쿠티야의 오랜 친구, 강덕수 교수의 "맘모스와 다이아몬드와 착한 사람들의 나라: 야쿠티야"는 한국의 존경하는 독자들에게 이러한 야쿠티야의 특성과 잠재력을 충분히 이해할 수 있도록 해 줄 것이라 기대합니다.

2011년 12월
예브게니야 미하일로바
"암모소프" 북동 연방대학교 총장 야쿠트 인의 땅 야쿠티야에 첫 발을 디딘 지 18년, 그 세월 동안 많은 야쿠트 사람들을 친구로 갖게 되었다. 시베리아에 살지만, 척박한 동토에 살지만 누구보다도 행복한 나의 친구들을 소개하고 싶었다. 그러자면 연구가 필요하였다. 그동안 사하-한국학교를 지원해 주고, 북동연방대학교 한국학과 학생들을 도와주는 일로 무척 바빴다. 여유가 별로 없었다. 다행히 2008년 연구년을 받아 야쿠츠크에서 시간을 보낼 수 있었다. 포스코 청암재단으로부터 연구비도 지원받았다. 잠시 한국에서의 바쁜 일들에서 벗어나 그동안 미루어 두었던 숙제를 하였다. 2008년 2월부터 7월까지 야쿠츠크에 머무르며 연구에 전념하였다. 야쿠트 어와 에벤키 어를 배웠다. 그리고 이 지역의 문화와 역사에 빠져들었다. 미하일로바(Mikhajlova) 북동연방대학교 총장, 아나톨리 세묘노비치(Anatolij Semenovich), 블라디미로프(Vladimirov) 야쿠츠크농과대 총장이 고향 친구처럼 외로운 생활의 어려움을 덜어 주며 객지에서의 연구 생활을 도와주었다.

제일 먼저 궁금했던 질문은 야쿠트 민족이 어디서 왔는가였다. 어디에도 분명한 답은 없었다. 가설이 있을 뿐이다. 나도 가설을 하나 더 만들어 본다.

적어도 13세기 이전에 이곳에 살던 소수 민족들은 퉁구스 족이었다. 그들은 말갈의 부족들이거나, 여진의 부족들이거나 거란의 부족들이었다. 그들은 오랫동안 고구려의 기층 민중이었다. 고구려가 멸망한 다음에는 발해 연합체를 형성하는 부족이 되었다. 아마도 정치적으로는 고구려 시대보다 격상되었다고 짐작된다. 발해는 연합체를 이루고 있던 거란족에 의해 멸망한다. 거란족의 상당 부분은 중국 대륙의 북부 지역으로 들어가 "요" 왕국을 건설한다.

요를 멸망시킨 것은 몽골 족이다. 몽골의 징기스칸은 주변의 여러 민족들을 복속시키며 통합하였다. 이 중 하나가 타타르 족이다. 지금도 그렇지만 그 당시도 타타르 족은 인구가 꽤 컸을 것으로 보인다. 그러한 타타르 족이 전부 징기스칸에게 복속된 것은 아니었다. 일부는 징기스칸에게 반기를 들고 그 영향권 밖으로 도망쳤다. 그 일부가 북으로 오면서 레나 강 유역을 지나게 되었다. 이곳은 오늘날의 남 야쿠티야로 거대한 평원을 이룬다. 이곳에서는 이미 퉁구스 족들이 정착하여 살고 있었다. 그들 중 하나가 에벤키 족이었다. 에벤키 족은 만주 지역에서부터 시베리아 지역까지 넓게 퍼져 살고 있었다. 이들은 말을 타고 새로이 남쪽에서 들어온 타타르 족과 마주치게 되었다. 에벤키 족은 새로 들어온 이민족에게 복속되어 동화되거나 살던 지역을 떠나야 하였다. 타타르 족은 말과 무기를 가진 강력한 부족이었다. 반면에 에벤키 족은 순록 사냥과 어렵으로 생활하는 유목민이었다. 타타르 족과 에벤키 족은 뒤섞여 살게 되면서 서로 동화되었다. 야쿠트 족은 그 결과 생기게 된 새로운 민족이라 할 수 있다. 이들은 시베리아 지역에서 가장 큰 소수민족이 되었다.

언어 계통적으로 야쿠트 어는 투르크 어계의 북방 계열에 속한다. 문명적으로 주도권을 쥔 타타르 족의 언어인 투르크 어에 퉁구스 어족인 에벤키 족의 어휘가 섞이게 되었다. 이것이 오늘날의 야쿠트 어라 할 수 있다.

타타르 족과 섞여 살기를 거부한 원주민들은 더 북쪽으로 올라갔다. 오늘날 사하 공화국의 인구 분포 지형을 보면, 공화국의 중앙 부분에서 살고 있는 사람들은 대부분 야쿠트 인이다. 반면에 사하 공화국의 동부, 서부 변방과 북부 툰드라 지역에 널리 흩어져 살고 있는 민족들은 에벤키를 비롯하여 에벤, 유카기르, 축치 등이다. 에벤키 족의 상당수는 중국 만주 지역에서도 촌락을 이루어 살고 있다. 원래 만주 지역으로부터 시베리아 지역에 이르는 에벤키 인들은 연결되어 있었던 한 공동체였다. 타타르 족이 이들 공동체를 중심부로 파고들면서 지역적으로 서로 단절되었다. 문화나 관습적으로 오늘날 야쿠트 인들이 자기들 것이라 생각하는 상당 부분이 에벤키 인들의 것으로 추정된다.

야쿠트 인들이나 에벤키 인들은 상당히 여성 중심적 사회로 보인다. 이것은 우리 민족의 원류 중 하나로 간주되는 옥저의 예서제 풍습에서 보듯 여성 중심적 모계 사회의 전통이 아닌가 생각된다. 오늘날의 야쿠티야 사회를 들여다보면 가정이 여성을 중심으로 형성된다는 점을 이해할 수 있다. 야쿠트 사회에서 특징적인 것 중 하나는 아버지 없는 가정이 많다는 것이다. 우리의 관점에서 보면 이것은 결손 가정이라고 할 수 있다. 그러나 결손이라는 것은 남성 중심적 사고의 용어이다. 여성의 관점에서 본다면 아버지가 없다는 것을 결손이라고 말할 수는 없을 것이다. 야쿠트 사회에서 아버지 없는 가정이 많지만 그것이 자녀 교육이나 사회생활에서 문제가 되는 것 같지는 않다. 남자들이 무책임하게 떠난 후 여성이 가정을 지키며 자녀를 훌륭히 키우는 예를 많이 볼 수 있다. 그 뿐만 아니라 일반적으로 여성에 대해서 남자들이 상당히 존중하고 배려하는 문화를 볼 수 있다. 이런 점은 과거 우리 사회가 여성을 '안주인'이라고 하여 집안 살림을 도맡았던 전통과 맥이 닿는다 할 수 있을 것이다.

야쿠트 어에는 "단군"과 "오랑캐"와 연결되는 단어가 있다. 야쿠트 어로 "트근"은 과거 시대에 족장이나 제사장을 일컫던 용어이다. 동아시아에서 이 단어는 중국에서 "천군", 한국에서 "단군", 몽골에서 "뎅그리"라는 말과 맥락을 같이 한다.

시베리아에는 "우랑카이"라는 말이 널리 퍼져 있다. 이 말은 야쿠트뿐만 아니라 서부 시베리아의 투바 인들의 언어에도 남아 있다. 우랑카이는 우리말의 오랑캐와 같은 어휘이다. 그러나 우리말에서와 같이 변방의 이민족을 뜻하지는 않는다. 이것은 "용감한 무사"라는 의미로 쓰인다. 이 외에도 야쿠트 어나 에벤키 어에는 어휘적으로 유사한 것들이 꽤 있다.

종교나 세계관에서 퉁구스 인들과 야쿠트 인들에게서 우리와 유사한 점을 볼 수 있다. 이들에게 우주는 천상, 지하, 인간 세계의 3원적 세계로 이루어져 있다. 이들의 전통 그릇인 "초론"의 발이 3개인 것은 우리의 3족오(三足烏)와 맥을 같이 한다. 우리 문화가 3박자 문화이듯 이들도 3박자라는 것을 알 수 있다. 또한 길을 가다 보면 서낭당 비슷한 것들을 자주 보게 된다. 이들은 집, 숲, 나무, 강, 산 등 곳곳에 정령이 살고 있다고 믿는다. 이 정령을 존중해야 그들로부터 보호받을 수 있다. 인간과 정령 간에 교감할 수 있는 능력을 가진 사람은 샤만뿐이다. 샤만은 공산당 시절 강력하게 탄압을 받아 체포되거나 깊은 산 속으로 들어갔다. 그래도 샤만은 사라지지 않았다. 샤머니즘은 아직도 시베리아 원주민 사이에 뿌리깊은 신앙으로 남아 있다.

많은 내용을 2008년 출간된 "Yakutija Atlas"에서 도움을 받았다. 여기에 18년간 개인적으로 관찰하고 경험했던 것을 보태었다. 이책을 통해 시베리아에서 수백 년 살아온 원주민들의 문화를 소개하면서 그동안 짊어졌던 숙제 하나를 풀고자 한다.

한국-사하친선협회 이사진과 회원 여러분, PTP 중앙 챕터 회원 여러분, 태평양-아시아협회(PAS)와 여성위원님들, 야쿠츠크 청년 봉사단, 인천시청 국제교류센터를 비롯한 여러 기관, 그리고 지난 18년간 사하-한국학교를 도와주신 여러분들에게 진심으로 감사드린다.

맘모스와 시베리아 문명전 "hello, 맘모스" (2011. 12~2012.3) 개최를 위해 애를 써 주신 조직위원회 여러분과 맘모스사하(주) 여러분에게도 깊은 감사를 드린다.

그동안 시베리아를 혼자 쏘다닐 수 있는 자유를 주었을 뿐만 아니라 늘 기도해 준 아내 백 영주에게 처음으로 감사하다는 말을 하고자 한다. 대학생 시절 그곳에서 봉사 활동을 한 큰딸 깊은, 금년 한 학기 북동연방대학교에서 야쿠트 어와 에벤 어를 공부하고 온 작은딸 해은에게도 아빠를 이해해 준 데 대해 감사한다.

2011. 12.
저자 강 덕 수

맘모스와
다이아몬드와
착한 사람들의 나라

야쿠티야

차 례

맘모스와
다이아몬드와
착한 사람들의 나라

야쿠티야

I

사하공화국(야쿠티야): 변방에서 중심으로

야쿠티야는 오지 중의 오지, 변방 중의 변방이었다. 20세기까지는 그것이 사실이었다. 21세기, 야쿠티야가 무섭게 변하고 있다. 긴 세월 신비의 베일을 벗은 무명의 배우처럼 서서히 무대의 중심을 향해 들어오고 있다.

시대는 야쿠티야에게 변방에서 중심이 되라고 한다. 추위라는 구실로 시베리아를 홀대할 수 없게 한다. 시베리아의 새로운 중심, 야쿠티야. 그 중심을 올바로 파악하는 것은 이제 선택이 아니라 필수이다. 본 장은 그 이유를 보여준다.

시골마을, 겨울

• 위치

사하 공화국은 시베리아 북동부에 위치한 연방 내 자치공화국이다. 서쪽으로는 우랄 산맥을 경계로 하고, 동쪽으로는 북태평양 오호츠크 해에 면한 마가단 주와 닿아 있다. 북쪽으로는 북극해까지 이르고 남쪽으로는 바이칼 호와 블라디보스톡 주와 이어져 있다.

• 면적

총 면적은 3,103,200km²로 러시아 연방 내 89개 지역단위(공화국, 주 등) 중 최대 영토를 차지하고 있다. 비교하자면, 프랑스의 5.5배, 이탈리아의 10배, 영국의 13배, 한국(북한 포함)의 15배에 달한다. 동서간 거리는 2500km이고, 공화국 내에 3 시간의 시간대가 존재한다.

• 지리적 조건

레나 강에서 가져온 식수용 얼음 덩어리

지리적으로 야쿠티야는 동토대에 위치해 있다. 동토의 두께는 1,500m 이상으로 영토의 40% 이상이 북극권에 있다. 연교차는 100°C (극지점의 최저 기온: -71°C)이다.

혹독한 대륙성 기후로 북반구의 극한 지점으로는 베르호얀스크와 오이먀콘을 들 수 있다. 1월 평균기온은 -28°/-29°C에서 -40°/-50°C에 이른다. 공화국의 수도인 야쿠츠크 시는 최저 -64°C, 최고 38°C를 기록한다.

야쿠티야는 강과 호수의 나라라고 할 수 있다. 길이가 4,400km, 평균 강폭이 12km에 이르는 레나강은 세계 5대 강 중 하나이다. 이 강의 발원지는 바이칼 호 부근이다. 야쿠티야에는 레나 강 이외에 크고 작은 강 70만 개와 호수 80만 개가 있다. 그래서 이곳에서는 주민 한 명이 자기 호수 하나를 소유하고 있다는 말이 나온다.

야쿠티야의 생태계는 자연림과 툰드라로 구성되어 있다. 이곳에는 64종의 포유동물, 280종의 조류가 서식하고 있다. 그중 상당수가 희귀종이거나 멸종 단계에 있다. 야쿠티야의 북쪽 북빙양에서 여름을 나는 새로는 두루미 2,600마리, 황새 12,700마리, 백조 21,800마리가 있다. 이 지역에서 사

툰드라의 겨울

툰드라의 겨울사냥

는 동물로는 사슴 75,000마리, 야생 순록 180,000마리, 산양 41,000마리를 들 수 있다.

사하공화국은 시베리아의 원시성을 보존하기 위한 자연보호 정책을 강력히 실시하고 있다. 이에 따라 공화국 내에 2개의 동식물 보호구역, 4개의 국립자연공원, 100개 이상의 자연보호구역을 지정하여 총 자연보호구역이 461,089km²(영토의 21%)에 이른다.

• 자원

시베리아는 한 마디로 자원의 보고라고 할 수 있다. 사하공화국 내에는 광산이 4만 개 이상이 있다. 그중 개발 중인 것은 현재 약 900개 정도이다. 실제 지하에 매장되어 있는 유용광물은 100종 이상이 되지만 현재 유통되고 있는 것은 17종에 불과하다.

지난 70년간 채굴된 유용광물 채굴량은 금 1,500톤이상, 주석 125,000톤, 안티몬 160,000톤, 석탄 수백만 톤, 천연가스 수 백만 입방미터 정도이다. 이러한 광물자원이 발견되기 시작한 것은 19세기 말로 현재는 경제가치를 높이기 위한 가공업을 육성하기 위해 노력하고 있다.

• 정치적 과정

20세기 초까지 야쿠티아는 제정 러시아의 정치, 종교, 형사범들을 유리

시키는 유형지인 반면, 모피와 목재 등 원료를 공급하는 기지였다. 야쿠티야가 자치공화국으로서의 국가 정체성을 획득하는 것은 1922년에 이르러서였다. 그리고 70년이 지난 1990년 10월 27일 "국가 주체성에 관한 선언문"을 채택함으로써 야쿠티아는 비로소 경제적 자립과 정치적 균형을 향한 첫 걸음을 내디디게 되었다.

• 사하공화국의 확립

야쿠티야는 사하공화국으로 러시아 연방 내 민주주권 국가로서 인정받고, 고유한 문장(紋章)과 국기를 정하고, 1992년 4월 27일에는 헌법을 발효시켰다. 일 투멘(Il Tumen)이라 부르는 국회는 양원제로 구성되었다.

초대 대통령에는 미하일 E. 니콜라예프(1992-2002)가 당선되어 교육제도와 행정체계의 확립을 위해 노력을 하였다. 2대 대통령 뱌체슬라프 시트로프(2002-2010)를 거쳐 2010년 초 보리소프가 국회 일투멘에서 3대 대통령으로 선출되었다. 대통령의 선출은 국민 직선제였으나, 연방법의 개정으로 3대부터는 연방 정부의 후보 추천을 받아 사하공화국(야쿠티야) 국회의 동의를 거쳐 선출된다.

행정구역으로는 34개의 울루스(우리나라의 군에 해당)와 3개 시(야쿠츠크, 네륭그리, 미르니)가 있다. 울루스는 8관구로 통합되어 있다. 공용어는 야쿠트어와 러시아어로서 학교에서 이 2개 언어는 의무적으로 가르친다. 1999년 12월 27일에는 영어를 의무 학습어로 선포하여 모든 교육기관에서 교육하도록 하였다.

국민총생산은 공업 43%, 농업 14%, 건설 24%, 교통 13%, 기타 6%로 구분된다.

민족은 127개 민족이나 있다. 이중 러시아인이 주민의 절반을 차지하며, 야쿠트인 33.4%, 우크라이나인 7%, 그밖에 에벤, 에벤키, 유카기르, 축치, 돌간 등 북방소수민족들이 있다.

인구는 약 100만 명으로 이 중 66만여 명이 도시에 살고 있다. 좀 더 구체적으로 말하면, 야쿠츠크 시에 약 24만 명, 제2 도시 네륜그리에 8만 명, 다이아몬드의 수도라 하는 미르니 시에 약 4만 명, 그리고 알단 시에 2만 5천 명 정도가 산다. 사하공화국의 농촌 인구는 대략 365,000명 정도이다.

II

야쿠트인

1. 야쿠트 민족의 발생

야쿠트 인의 발생은 많은 학자들 간에 논쟁이 되어 왔다. 그중에서도 흥미있는 것은 18세기 많은 학자들과 탐험가들에 의해 제기되어 온 남방 도래설이다. 1930년대에 G. V. 크세노폰토프는 최초로 야쿠트 인의 고대 역사에 관한 논문을 발표하였다. 그 이후 A. P. 오클라드니코프, I. V. 콘스탄티노프, I. E. 지코프 등이 70년-90년대에 논문을 발표하여 중부 야쿠티야 지역에서 발견된 목축 종사 주민들의 유적이 14-16세기의 것으로 보인다는 주장을 하였다. 1990년대에 야쿠츠크국립대학교 총장을 지낸 알렉세예프

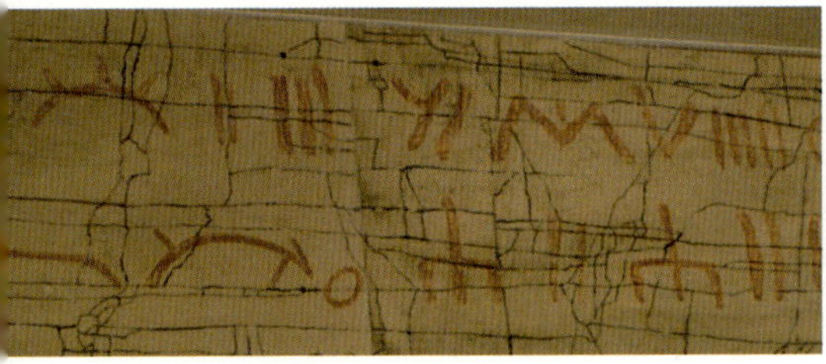

석기 시대의 루닉 문자

석기 시대의 주거지

석기 시대의 원주민과 주거지

고대 야쿠트 인의 집 유르타와 창고 발라간

(A. N. Alekseev) 교수는 고고학 자료에 근거하여 야쿠트 민족의 형성에 토착민의 참여설을 주장하였다. 문화적으로도 범아시아적 요소들이 발견되며, 이것은 사하 민족의 문화에 반영되어 있다고 하였다.

• 스키타이- 시베리아 문명

인종문화적으로 야쿠트 인은 남 시베리아와 중앙아시아 지역의 초기 유목민들에게 공통적인 지역 문화에 뿌리를 두고 있다. 이 문화는 시베리아의 투르크 어 사용 민족들과 키르기즈, 카자흐 족 등의 형성에도 큰 역할을 한 바 있다. 이 인종의 출발점은 스키타이-시베리아 문명 공동체이며, 이것은 그 뒤에 오는 훈-사르마트 시대로 이어진다. 이 문명을 스키타이-훈 시대라고 부르기도 한다. 이 스키타이-시베리아 문명으로부터 고대 투르크 문명이 유래하였다. 이것은 경제와 문화에서 특징적으로 나타나고, 시베리아의 현대 민족들과도 연관이 지어진다. 이러한 특징들은 레나 강변의 목축민들에게서 19세기 초까지 유지되었다. 그것은 18세기 야쿠트 여성의 무덤에서 여성들의 귀걸이, 그것을 다는 습관에서 나타난다. 그 외에 고대 알타이 인의 무덤에서 평평하고 둥근 꼬인 형태의 목걸이 장식이 발견된다. 그 당시 끝이 가죽끈으로 연결된 목걸이 장식들이 투바[1]에 있었다.

투르크 어 사용 민족들 중 은 장식은 단지 야쿠트 인에게만 남아 있다.

1) 투바 인은 바이칼 서쪽 시베리아 남부에 사는 투르크 족으로 투바공화국에서 살고 있다.

초론

야쿠트 인의 목걸이 장식은 가죽끈으로 연결되고 결혼한 여자의 장식품으로 나이와 신분을 나타내어 주었다. 그러나 고대에 목걸이는 유명한 무사들도 차고 다녔다. 17세기 남자 무덤에서 청동으로 만든 목걸이 장식이 발견되었다. 스키타이 인의 무덤에서 목걸이는 고위직의 무덤에서 말과 함께 발견되었다.

스키타이 인의 주전자 형태는 나무로 만든 야쿠트 인의 초론에 상당한 영향을 주었다. 받침이 있는 초론의 독특한 형태는 스키타이 형 주전자와 야쿠트 그릇이 합쳐진 결과이다. 이것은 야쿠트 인의 응용예술품에서도 발견되며, 스키타이-시베리아 시대의 작품에서 주로 다루어진 동물 모양의 영향을 받았다. 예술적 모티브는 동물들의 실제적 또는 신화적 형상화이다. 오랜 전통이 투바 인, 북 티베트 유목민, 알타이 인, 몽골 인 등의 민속 예술에 남아 있다. 그 영향은 야쿠트 인들의 전통예술에서도 나타난다.

• 투르크 족과 야쿠트 인의 발생

인종 그룹으로서 사하 족의 형성 시기를 6-10세기까지로 올려 잡는 주장도 있다. 인종적으로는 중앙아시아와 남 시베리아에 존재하던 고대 투르크 족과 관련이 있다고 보는 것이다.

야쿠트 어에는 중앙아시아의 주요 곡물 이름과 관련이 있는 옛날 용어들이 남아 있다. 사하의 투르크 계 조상들은 낙타와 양 목축과 방적에 대해 알고 있었다. 야쿠트 인들의 경제, 의복 및 전쟁 용어에는 "초원 생활의 잔재"가 남아 있다. 야쿠트 인의 전통 신앙과 신화에는 일부 고대 투르크 족의 유물들이 남아 있다. 여신에 대한 숭배 의식인 우마이-빠야나-바야나

이(Umaj-Pajana-Bajanaj), 뗑그리-따나라(Tengri-Tanara), 신 야까-사흐(Jaka-Sax), 따따이-따따이(Tataj-tataj), 그리고 매일 떠오르는 태양과 동녘에 대한 숭배가 있다. 그밖에 17-18세기 야쿠트 인들의 장례 문화에는 고대 투르크 시대와 공통된 것들이 많다. 그와 같은 것으로 "투규"라는 풍습을 들 수 있다. 장례식 이후 무덤에 기념비나 기념석을 세웠다. 그 숫자는 전쟁에서 고인이 죽인 사람의 수효와 같았다. 그 다음 돌 위에 희생양과 말들의 머리를 매달았다.

그 외에 나라를 의미하는 방법과 용어는 투르크 어근을 가졌다. 그것들은 오르혼 방언의 어휘와 고대 위구르 어의 어휘와 유사하다.

야쿠트 인들은 투르크 어의 동부 지파인 위구르-오구스 그룹과 관계가 있다. 이 그룹의 언어는 3개의 하부 그룹인 위구르-투규(투바, 토팔라르, 고대 오구스-예니세이-오르혼 비문의 언어), 야쿠트, 그리고 차카스 언어(하카스, 쇼르, 출리모-투르크, 황색 위구르)로 나뉜다. 야쿠트 어는 하카스 어의 사가이와 벨티르 방언 및 북 알타이 어와 유사한 특성을 가지고 있다. 야쿠트 문화에는 고대 위구르 적 요소들이 있다. 이것은 텔레스 족의 주요 핵심을 이루는 고대 위구르인들과 야쿠트 인이 인종적으로 친족이었음을 증명한다. 야쿠트 인들 가운데 전통적으로 중요한 지위를 차지하는 것은 한갈라스 인들이다. 이것은 고대 인종인 "한갈"(xangal)을 통해 사하인과 카자흐 인이 친족 관계를 형성하고 있다는 것을 짐작할 수 있다.

야쿠트 인을 킵착 인과 연결시켜 주는 고리는 아마도 "사카"(saka)라는 단어이다. 그들과 공통의 기원을 갖는 투르크 인종 이름에는 "사하"(saxa), "사키"(saky), "사카르"(sakar), "사호호"(saxoxo), "사할릭"(saxalyk), "삭타르"(saktar)가 있다. 이것들은 고대 이란 족인 "사카"(saka)에서 나온 것이다.

킵착 인들은 알타이 족 중 초기 유목인의 전통을 많이 보유하고서 후기 중세시대에까지 말과 함께 묻는 순장과 파지릭 시대의 물질문명을 가져 왔다. 야쿠트 문화에서 킵착의 유물과 연결시킬 수 있는 것은 13-14세기 폴로베츠 인의 화살통의 뼈로 만든 가장자리에 새긴 기하학적 나선무늬이다. 그러한 화살통을 이용한 것은 폴로베츠 인들 뿐만 아니라 페체네그 족, 한갈 족과 토르크-구즈 족이 있었다. 이러한 무늬는 야쿠트 인이 사용하는 초론의 중간 허리 부분 장식에 똑같이 나타난다.

야쿠트 인의 민속 설화에 의하면, 18세기 야쿠트 인들은 부족을 이끌거나 존경을 받는 유명한 사람들의 마당에 높다란 기둥 세르게(serge)를 세웠다. "세르게"의 의미는 조상의 이름과 위대함을 후손들에게 영원히 알려 주는 데 있다. 그러한 기둥은 모든 일가친척들의 동의가 있어야만 세울 수 있었다. 이러한 기둥을 세울 때 의례적 축제가 벌어졌는데 그것을 "으스아흐"라고 하였다. 이 기둥은 홀수로 3개에서 7개까지 세웠다. 그것을 세우는 장소를 "튜숩게"라고 하였다.

• 쿠르칸 족(Kurykan)

14-18세기 야쿠티야의 중부 지역에는 투르크 족과 유사한 문화를 가진 "쿠르칸" 족이 있었다.

중세 중국의 문헌에 의하면, "북해", 즉 바이칼 호 부근에 투르크 어 사용 민족인 "굴리간"(guligan) 또는 "쿠르칸"(kurykan) 인이 이주해 왔다. 이 전설상의 민족과 연관있는 것이 5-13세기에 존재한 쿠룸친스크 문화 기념비이다. 고고인류학 자료에 의하면 쿠르칸 족의 문화와 경제는 중국 문헌에 전하는 것 보다 더 풍부하고 다양하다. 쿠르칸 족은 소, 양, 낙타, 특히 말을 사육하였다.

쿠룸친스크 말의 특성에 관해서는 그 지역을 너머 널리 알려졌다. 그 당시 사람들은 눈 덮인 겨울의 혹독한 조건에서도 건초를 준비하는 일을 중요시 여겼다. 바이칼 근처에서는 초목 지역의 관개에 이용된 고대 관개 시설이 있었다.

농사와 관련된 증거들도 많이 발견 되었다. 쿠룸치 사람들의 정착지 주변에서는 긴 이랑 모양의 고대 경작지와 주철 쟁기, 철로 만든 낫, 맷돌 같은 농기구들이 발굴되었다. 이것들은 당시 이 지역의 농사 기술이 상당히 발전되었다는 것을 보여준다. 쿠룸치 농부들은 수수, 밀, 보리, 삼을 재배하였다.

샤만

가축 사육과 농사 외에 사냥과 어업에도 종사하였다. 사냥은 주로 가을철에 이루어졌다. 이때 잡은 고기들은 혹독한 추위 덕분에 겨울에 보관하기가 좋았다. 어업의 존재에 관해서는 출토된 낚시 바늘과 시시킨(Shishkin) 벽화에 그려진 그물로 고기 잡는 그림으로 알려진 바 있다. 쿠룸치 사람들의 가옥이 우시칸 섬에서 발견되었는데 그곳은 지금까지 바이칼 네르파를 잡기에 가장 좋은 장소로 알려져 있다.

쿠룸치 사람들은 대장 기술로도 유명하다. 쿠다 강 계곡, 우투-엘가의 발굴지에서는 풀무의 바람구멍이 있는 대장용 용광로가 발견되었다. 여기서 발견된 화살촉과 칼들을 분석한 결과 야금술이 상당히 발전된 것으로 보인다.

주거 형태는 정방형, 원형, 타원형의 반 움막집과 유르타가 있었다. 이것들은 동시대에 공존한 형태이다.

쿠르칸 시대는 6-10세기에 걸쳐 지속되었다. 키르기즈 왕국에 바이칼 부근이 포함되는 것은 9세기이다. 이것은 9-10세기 쿠르칸 문화의 쇠퇴와 연관이 있다.

야쿠트 전통 문화에서 쿠르칸의 유물은 17세기 중엽까지 지속된 화장

(火葬) 의식과 관련이 있다. 쿠룸치 문화를 보여주는 가장 최근의 기념비는 13-14세기에 세워진 것이다. 쿠르칸 족의 일부는 몽골화되고, 일부는 북쪽으로 이주하여 새로운 민족인 야쿠트 족 형성의 시초가 되었다. 그들의 물질문화와 정신문화의 기저에는 야쿠트 인의 조상이 바이칼 호 부근에서 왔다는 것을 보여주는 "남부 층"이 간직되어 있다.

• 야쿠트-몽골의 접촉

사하 족의 발생에 관한 중요한 단서는 야쿠트 인과 몽골 인이 접촉한 장소와 시간에 관한 문제를 해결하는 것이다. 좀 더 정확하게 말하면, 야쿠트 어의 음성 체계에 대한 몽골어의 강력한 영향이 언제 어디에서 발생했는가를 밝히는데 있다. 야쿠트-부랴트(몽골)의 접촉은 AD 1,000년 중반부터 바이칼 유역에서 장기간 지속되었음을 보여준다. 그러나 언어학자들(E. I. 우브랴토바, S. 칼루진스키, N. K. 안토노프, V. I. 라사딘 등)이 추정하는 것처럼, 야쿠트 어에 동 몽골어의 영향이 가장 크게 나타나는 것은 8-14세기(길게는 16세기까지)였다. 이에 대한 증거는 야쿠트 어의 몽골어 차용어에 잘 보존된 중세 몽골어 특성이다. 이러한 기본적인 접촉은 쿠르칸 시대에 레나 강 상류와 중류에서 일어났다. 야쿠트 인들은 장기간 이미 이 지역에 살고 있던 몽골어 사용 부족과 이중언어 환경에서 살고 있었다.

야쿠트 인의 전설상의 조상은 오모고이-바이와 엘레이-보오투르이다. 오모고이의 막내딸과 결혼한 엘레이는 호수 "사이사르"[2] 주변에 정착하였다. 전설에서 엘레이는 종교적 스승이며 문화적 지도자로 묘사된다. 그는 최초의 도예공이며, 대장장이이며, 금속공예가였다. 그는 야쿠트 인의 생활 방식에 일대 혁신을 일으켰다. 쿠므스(마유주) 도구를 고안하고, 가죽으로 만드는 전통 가옥 유르타를 세웠다. 이런 점에서 엘레이는 남 시베리아에서 온 사람으로서 투르크 어를 사용하는 킵착 인을 조상으로 하는 야쿠

2) 야쿠츠크 시 북동연방대학교 근처에 있다.

트 인이다.

오모고이의 후손들은 베르호얀스크 지역의 야쿠트 인이다. 애초에는 야쿠츠크 북쪽 지역에서 살던 사람들로서 그들은 가축을 사육하고 대화에서 "아-발음"을 하였다. "아-발음" 방언은 야쿠트화된 몽골인들 사이에서 형성된 것으로 간주된다. 야쿠츠크의 남쪽 지역에 살던 사람들은 "오-발음"을 한다. 그것은 주변의 퉁구스어 사용 주민의 영향이었을 것으로 보인다.

대체로 야쿠트 인에 대한 몽골 인들의 영향은 인종, 언어, 문화에서 그 자취를 찾게 된다. 이런 것에는 겨울에 건초를 준비하는 풍습, 정착형 가축 사육 방법, 얼음 밑에서 고기 잡는 방법, 겨울용 유르타 건축 방식, 일부 친척 관계 용어, 검은 샤만과 관련된 용어 등이 있다.

• 야쿠트 인의 형성에서 쿨룬-아타흐 문화

쿨룬-아타흐 문화는 14-15세기에 존재하였다. 16세기에 들어서면서 물질문화에 몇 가지 변화가 생겨났다. 도자류 그릇, 두 종류의 칼, 가위, 귀걸이, 철로 만든 칼집, 고삐용 뼈 물림쇠, 루닉 기호가 있는 칼집, 칼 조각, 낫, 터키옥, 연옥, 진주 목걸이 등이 이 문화의 특성을 보여 준다. 주거 형태는 쿠르칸-위구르 시대로 올라가는 바이칼 유역의 남서 시베리아 문화와 연결된다. 그러나 쿨룬-아타흐 문화는 야쿠티야의 청동기와 초기 철기 시대의 영향을 받은 것이 뚜렷하다. 뼈와 철로 만든 화살촉이 이러한 관계를 입증한다.

쿨룬-아타흐 도자기는 두 유형으로 나누어진다. 첫 번째 유형은 쿨룬-아타흐, 우가니야, 크타나흐 말라타, 쿠올라드마 등의 정착촌에서 나온 그릇들이다. 이 그릇들은 바닥이 둥글고 옆면이 얇다. 시르딕, 론후, 쿨룬-아타흐 정착지에서 나온 그릇들은 평평한 바닥에 옆면이 두껍다. 시르딕 시대에 처음 출현한 물건들은 17-18세기 야쿠트 인들의 물질문화의 중요한 부분이다.

으스아흐(하지 축제)

이와 같이 쿨룬-아타흐 사람들의 물질문화는 6-12세기 바이칼 유역과 남 시베리아의 투르크 문화가 남쪽 지역에서 형성된 초기 철기 시대 문화와 통합되어 이루어졌다. 여기서 가장 중요한 의미를 갖는 것은 쿠르칸 문화와 남 시베리아 투르크 문화와의 관련성이다. 상대적 관점에서 이 시대와 쿨룬-아타흐 문화 시대 사이의 차이는 1.5-2세기이다. 쿨룬-아타흐 사람들은 1,000년대 초에 앙가라 강 근처와 레나 강 상류에 살았던 사람들이다. 이들은 "숲 속 가축 사육" 문화의 우스티-쿠타 기념비 훨씬 이전 바이칼 호 유역에 있던 투르크 시대의 후계자들과 관련이 있다. 야쿠트 인들이 민족으로 형성된 것은 레나 강 중류의 분지 지역에서였다. 타 지역에서 온 가축 사육자들인 쿨룬-아타흐 사람들은 중부 야쿠티야에 정착하면서 경제생활에 일정한 변화를 일으켰다. 말과 소 등의 가축을 가져 오고, 건초지를 만들었다. 야쿠티야에서 생산적 경제가 확산되기 시작하였다.

18세기 물질 문화적 측면에서 암가 강과 레나 강 사이의 야쿠트 인의 문화와 빌류이스크-올레뇩에 정착한 야쿠트 인들의 문화 사이에는 일정한 차이가 있다. 이것은 한 민족이라 해도 지역들 사이에 발전 속도에서 큰 차이가 있었음을 보여준다. 무엇보다도 후자 그룹에서는 중부 야쿠티야 주민의 일상생활에서 사라진 "초원" 문화, 즉 언어와 지명에서 나타나는 몽골적 요소들이 더 오래 남아 있었다.

• 인종적 역사에서 야쿠트 민족에 대한 인류학적 자료

야쿠트 민족은 주로 레나 강 중류 분지에서 형성되었다. 더 나아가 대략 16세기부터 야쿠트 인들은 야쿠티야의 서부와 북부 지역에 정착하기 시작하였다. 그곳에서 그들은 주로 퉁구스 어 사용 민족과 뒤섞이었다. 특히 빌류이스크의 야쿠트 인들 중 순타르 그룹은 중부 야쿠티야 주민과 사얀-알타이의 당시대 인들과 가까웠다. 혈통적으로 보면 서 야쿠트 인들은 고대 범 시베리아 성분을 가지고 있다. 빌류이스크 야쿠트 인들 중 상당 부분은 야쿠트화 된 퉁구스 인으로 판명된다. 그런 특징을 보여주는 사람들은 야쿠티야 북부 지역의 야쿠트 주민들이다. 야쿠트 인들은 부랴트 인들과 공통된 12개의 단수형(haplotype)을 보여준다. 그러나 여기서 부랴트 인들은 카자흐, 위구르, 알타이, 몽골 사람들과 공통 수형도 상에서 근사성을 보여준다. 반면에 야쿠트 인들은 8-9개의 단수형을 가진 에벤키와 투바 사람들과 함께 분류된다. 따라서 부랴트와 야쿠트 인들이 공통된 기원을 가지고 있지만, 그 뒤 각각 다른 민족들과 섞이게 된 것으로 보인다. 사하인과 투바 인들은 에벤키와 남 시베리아와 몽골의 가축사육 민족 사이에 위치한다. 개략적으로 말하자면, 야쿠트와 투바 사람들의 기원은 초원 발생 50%, 에벤키 발생 50%이다. 비록 야쿠트 사람들이 초원에서 이주해 오면서 시베리아의 지역 원주민들과 섞이었을 가능성이 높지만. 중앙아시아와 남 시베리아 주민들과의 인종적 관계도 아주 가깝다. 야쿠트 인의 유전자 구조 속에 적지 않은 유전자 혼합이 들어 있다는 것은 야쿠트 인이 북쪽으로 이주해 오기 전에 공통 투르크 유전자 유산이 있었다는 것을 보여준다.

야쿠트 인은 인종적으로 남서와 남동 방향으로 구분된다. 남서 방향의 요인은 남 시베리아의 초기 정착민(스키타이-시베리아) 시대와 관련이 있다. 야쿠트 문화에서 이 시기와 관련이 있는 것은 고대 인도-이란 문화 요소이다. 고대 투르크 시대에 야쿠트 인종 문화의 내부적 요소들이 결정되었다. 이것은 오르혼과 가까운 언어이며, 부분적으로는 문화도 유사하였다.

야쿠트 인의 인종적 유전자 속에는 동쪽 지역의 중앙아시아 훈족의 것도 들어 있다. 여기에 토구스 오구스 족, 위구르 족, 쿠르칸 족도 포함된다. 사실, 후기 야쿠트 문화에는 사르-위구르 족의 문화와 유사한 점이 있다. 야쿠트 문화와 현대 하카스와 키르기스 문화의 연계는 초기 중세 쿠르칸 민족을 통해 이루어졌다. 쿨룬-아타흐 고고인류문화에는 토기, 토기 문양, 주거 구조 형태에서 쿠르칸과 공통적 유사성이 관찰된다. 이러한 공통적 특징이 17-18세기 장례식 물품에서는 사라진다.

야쿠트 어에 킵착 어휘가 유입된 것은 주로 어휘부이다. 문화적으로 장례, 종교 의식, 장식예술, 장식품, 인종 명칭이 유입되었다. 야쿠트 문화에서는 이러한 유입이 15세기 이전에 일어난 것으로 보인다.

야쿠트 문화에서 몽골적 요소는 1,000년대 전반기에 들어온다. 18-19세기까지 베르호얀스크와 그 밖의 북부 울루스에서, 그리고 알단 강과 레나 강 사이 중부 야쿠티야의 북부 지역("아-발음" 지역) 주민들에게서 보존되어 있었다.

그 외 북서 지역에는 문화와 언어에서 몽골 요소를 가진 야쿠트 인들이 이주해 왔다. 이들은 오모고이의 후손들로 보인다. 아마도 몽골어를 구사하는 바이칼 호와 레나 강 상류 지역의 쿠르칸 족일 가능성이 크다. 이들은 중부 야쿠티야의 북부 지역을 개발한 최초의 사람들이다.

레나 강 중류의 남부 그룹(한갈라스크, 암가-렌스크 울루스)은 아마도 투르크어 사용 주민으로 최초의 소수의 "킵착화"된 인종 그룹이다. 그들은 신 "아이으으"를 숭배하고, 축제 "으스아흐"를 기념하고, "사하"라는 인종 이름을 가졌다.

16세기 이 두 그룹의 점진적 융합은 단일 민족의 형성을 가져 왔다. 민족의 언어와 문화 형성에 그 지역의 범아시아 그룹(예를 들어, 사모예드 그룹)의 영향은 크지 않았다. 그 대신 야쿠트 문화의 샤만 의식, 올롱호 형태, 의복 등에서 퉁구스 족의 영향이 상당히 컸다. 그러나 야쿠트 족 이전의 주민들, 특히, 타타와 우스티-알단 지역에 살았던 주민들의 환경에서 범 아시아적 특성이 기층적 요소가 된 것은 더욱 분명하다.

남쪽의 올레크민스크-무흐투이스크 부족은 아마도 순타르와 한갈라스크 사람들 사이에 과도적 고리를 형성하였다. 뉴르빈스크, 베르흐네빌류이스크, 특히 빌류이스크 울루스의 주민들은 퉁구스 족을 기반으로 형성되었다. 퉁구스 족들은 고대의 토착 사모예드와 유카기르 족의 범 아시아적 환경의 영향 아래 놓여 있었다. 다른 측면에서 18세기 중엽까지는 개별 울루스 사이에 일정한 차이들이 있었다. 특히 숭배 신에서 차이를 보였다. 야쿠트 인들 중에서는 호린 사람들만 갈가마귀를 숭배하였다. 빌류이스크의 야쿠트 인들은 무나-토욘을 최고의 신으로 숭배하였다.

이와 같은 과정을 거쳐 사하 민족의 형성은 16세기에 완성되었다. 그럼에도 불구하고 야쿠트 인들 간의 지역적 차이는 18세기 후반까지도 나타났다.

• 야쿠트 인-북 투르크 족인가?

야쿠트라는 이름은 에벤키 어의 "야콜레츠"(jakolec)에서 나온 것으로 보는 견해가 있다. 야쿠트인들 스스로는 사하(saxa)라고 부른다. 이들은 사하공화국(야쿠티야)의 원주민이다. 러시아 연방 내에서 그들의 수는 44만 4천에 이르고, 사하공화국에는 43만 2천 3백 명이 산다. 야쿠트 인의 주요 그룹을 대표하는 것은 (레나 강, 저지대 알단, 암가, 레나 강 좌측 인접 지역 사이의) 암가-렌스크, (빌류이 분지의) 빌류이스크, (올레크마 분지의) 올레크민스크, (아나바르강, 올레뇨크 강, 콜리마 강, 야나 강, 인디기르카 강의 분지를 중심으로 하는 툰드라 지대의) 북부 지역이다. 시베리아

남부 초원 주민의 특성을 보이는 야쿠트 인들의 전통 문화와 구비전설, 그리고 인류학적, 언어학적, 인종학적 자료들은 야쿠트 인들의 기원이 복잡하고 다민족적이라는 걸 보여준다. 이 민족은 투르크 족과 관계가 있지만, 퉁구스 계통의 타이가 시베리아에 사는 에벤키 인뿐만 아니라 바이칼 부근의 몽골적 요소도 가지고 있다. 오늘날 야쿠트 인의 인종적 유형은 러시아인과 러시아어 구사 민족과 오래 함께 살아온 영향으로 상당히 바뀌기도 하였다.

고대 야쿠트 인들의 생활상

러시아인들과 접촉이 시작되었을 무렵인 1620년대 야쿠트 인들은 암가 강과 레나 강 사이, 그리고 저지대 빌류이스크에 살고 있었다. 올레크마 강 하구와 야나 강 상류에는 여러 부족들이 개별적으로 산재되어 있었다. 그들은 35-40개의 외족 혼인 부족(러시아인들은 그들을 "읍"이라 불렀다)으로 나뉘어 있었다. 그들 중 가장 큰 부족은 한갈라스와 남츠 부족이었다. 그들은 2,000-5,000명씩 레나 강과 암가 강 사이 좌측 상변에서 살았다. 부족들은 자주 자기들끼리 반목하였다. 부족 간 불화와 제정 러시아의 무거운 현물세 부과로 인해 야쿠트 인들은 주로 북서쪽과 북동쪽 변방으로 이주하였다. 부족들은 더 작은 씨족으로 나뉘어 "부계 혈통"(aga-uuha)을 따르거나 조상의 여러 아내에 따라 "모계 혈통"(ije-uuha)으로 구분되었다. 주요 관습으로는 보통 몸값으로 대체되는 피의 복수, 집단적 어로(북부에서는 거위 사냥), 손님 환대, "벨레흐"라 하는 선물 교환이 있었다.

부족의 중심은 군사 귀족인 토욘(tojon)이었다. 그에게는 쿨룻(kulut), 보칸(bokan)이라 하는 노예가 있었다. 숫자는 1-3명, 드물게는 20명까지 되었다. 노예들은 가족을 데리고 독립된 천막집인 유르타에서 살았다. 남자들은 토욘의 병사로 근무하였다.

또 다른 형태의 종속 관계가 존재하였다. 예를 들어, 가난한 사람에게 목축용 가축을 빌려 주거나, 겨울용 식량을 빌려 주고, 또는 영락한 가족이나 고아들이 부유한 친척집의 일꾼이 되었다. 아이들을 매매하는 관습도 있었다. 특히 올레크민스크 지역에서는 정규적인 사업의 형태를 띠었다. 나중에는 노동자를 고용하는 관습이 생겼다. 직업적인 상인도 나타났는데 이들은 "도시사람"이라고 불렸다.

사냥터, 방목지, 목초지는 주로 공동체 소유지가 되었다. 러시아 정부는 토지에 대한 개인 소유가 확대되는 것을 막으려고 하였다. 1820년 공동체가 4개의 계급으로 분류되어 토지 배분에 따른 계급 체제가 도입되었다. 1917년까지 좋은 땅은 대규모 농장의 지배 하에 있었다.

러시아의 지배 아래 야쿠트 인들은 선출된 "공후"(끼네에스)에 의해 지배되고, "아가 우우하"라고 불리는 씨족에는 촌락회의가 조직되었다. 촌락회의의 수장으로 "울라한 키네에스"라고 하는 대공후가 선출되고, 씨족 원로 중에서 "씨족장"이 선출되었다. 촌락회의 위에는 군(郡)에 해당되는 울루스라는 연합체가 있었다. 이러한 연합체는 고대 씨족으로 거슬러 올라 간다. 즉, 메긴, 보로곤, 바투루, 남츠, 남 칸갈라스와 동 칸갈라스 울루스. 베튠, 바툴린, 오스페츠 촌락회의 등이 있다. 전통 문화는 암가와 레나, 빌류이스크 야쿠트 인들에게서 가장 잘 보존되어 있다. 북부 야쿠트 인들은 문화적으로 에벤키 족과 유카기르 족에 가깝다. 반면에, 올레크민의 야쿠트 인들은 러시아인들에 의해 상당히 현대화되었다.

2. 사하 민족의 신화

• 세 개의 세계

야쿠트인들의 신화에 따르면, 세계는 천상 세계(도이두) 하늘과 중간 세계(오르토 도이두) 땅, 그리고 지하 세계(알라라아 도이두) 지옥의 세 개로 나누어져 있다. 영웅서사시에 나타나는 신화에서는 우주가 독립적인 세계들로 나누어져 있다.

태고적 어느 날, 연합체를 구성하던 세 종족인 유릉 아아르 토욘, 울루우 토욘, 아르산 두올라이 사이에 가장 좋은 땅을 차지하려는 큰 싸움이 벌어졌다. 전쟁은 길어져 모든 것을 파괴하였다. 전쟁 당사자들은 자신들이 저지른 결과에 놀라 싸움을 그치고 분배에 관한 평화협정을 맺었다. 그래서 우주는 독립된 세 개의 세계로 나누어지게 되었다. 천상세계는 유릉 아아르 토욘과 울루우 토욘 종족이 차지하였다. 중간 세계에는 야쿠트인 우랑카이[3] 사하를 비롯한 35개 종족이 살았다. 지하 세계는 부오르 마날라이(흙의 배)라고도 불리던 아르산 두올라이에게 주어졌다.

세계를 하늘, 땅, 지옥의 세 부분으로 나누는 것은 투르크 족, 몽골 족, 에벤키 족과 같은 많은 시베리아 민족들에 공통적으로 나타나는 관념적 특징이다. 에벤키 족의 이야기에서는 이 세계들이 좀 더 실제적인 의미를 갖는다. 천상세계는 높은 고산지대, 중간 세계는 산지의 타이가, 지하세계는 초원과 강과 계곡을 가리킨다.

야쿠트 인들이 가진 세 개의 세계에 대한 신화적 관념은 실제적인 지리적, 역사적 조건을 토대로 만들어졌다고 생각할 수 있다. 그들은 봉우리들이 하늘을 향해 치솟은 산악 지방에는 낯선 종족들이 살고 있다고 상상한다. 이는 하늘과 연결시켜 천상세계에 대한 특정 관념을 만들어낼 수 있

3) '우랑카이'는 '용감한 무사'라는 의미로 시베리아의 여러 민족들이 자신들을 일컫는 명칭으로 자주 등장한다. 우랑카이는 야쿠트족뿐만 아니라 시베리아 중부의 투바인들에게서도 나타난다. 이것은 우리말의 "오랑캐"와 같은 어원을 갖는다.

다. 그리고 지하세계에 대한 관념은 북쪽, 북극의 밤, 그리고 여름에는 질퍽거리는 습지로 변하는 툰드라에 대한 연상과 관련지어진다. 고대 야쿠트인들이 차지하고 있던 영토는 중간 세계(오르토 도이두)로서 행복한 우주의 중심으로 간주된다.

전쟁이 일어나고 여러 종족들이 세 개의 세계에 이주했다는 신화는 야쿠트인의 선조들이 현재의 야쿠츠크보다 훨씬 더 남쪽에 퍼져 살았던 시기에 그들이 알고 있었거나 혹은 참여했던 실제 사건의 잔영에 근거하고 있다고 할 수 있다.

• 땅의 창조

아아르 토욘, 유륭 아이으으 토욘, 슈게 토욘 형제는 한 마음으로 하늘과 땅을 창조하기로 결정했다. 그때 아바아스 족의 시조 알랴라이 베게가 대기 현상을 창조했다. 그런데 그는 온 우주를 자신의 지배 하에 두고 싶어 했다. 이 때문에 아아르 토욘과 형제들은 그를 지옥 "웨둔네"에 집어넣자고 결정했다. 알랴라이는 대기 현상을 만든 탓으로 인류와 동물과 새들의 적이 되었다. 그는 때때로 심한 우박과 혹독한 추위, 눈과 폭우를 보내서 괴롭힌다.

야쿠츠크 학술원 도서관의 구비문학 자료실에는 다양한 이야기 판본들이 보관되어 있다. 베르호얀스크 지역의 문헌에 의하면 사탄과 탄가라 신은 친형제이다. 그들 중 형인 사탄이 물 위에 땅을 만들었다. 그러나 탄가라 신이 간교하게 사탄의 피조물인 땅을 착복하고 그가 만든 생물도 자신의 것으로 바꿔치기를 하였다.

북부 지역 야쿠트 인과 돌간 인들의 신화에서는 오리와 물새가 세계를 창조하는데 큰 역할을 하고 있다. 전설에서는 오리 울룬 쿠스가 신의 어머니에게 작은 땅 한 조각을 가지고 왔다. 그녀가 이것을 뭉쳐서 공으로 만들어 바다에 던지니 여기에서 땅이 생겨나고 그 위에 사람들이 나타났다. 그러나 물새는 거짓말쟁이여서 부리에 물고 온 땅을 신의 어머니에게 바치지 않았다. 그 때문에 그는 저주를 받았다.

• 중간세계와 자연의 주인 정령들

야쿠트의 신화에 따르면 우주의 중심은 중간 세계, 즉 땅이며, 땅위에 사람들과 자연의 주인 정령들인 잇치가 살고 있었다. 영웅서사시 올롱호에는 땅이 매우 시적으로 묘사되어 있다.

올롱호와 노래에서 묘사되는 대지는 변방에 바위산이 둘러처져 있고, 그 사이로 골짜기들이 패여 있다.

서낭당 나무

중간세계는 넓고 자유로우며 윤택한 나라이다. 대지는 화려하고 다양한 식물로 뒤덮여있고, 수심이 깊은 곳에서는 물고기들이 떼를 지어 몸을 부딪치고, 숲과 산은 온갖 들새로 가득하고, 들과 초원은 말과 뿔이 있는 가축들이 번식하기에 비옥하였다. 이 땅 위에 야쿠트 인과 에벤키 인 등 여러 민족들이 살고 있었다. 이곳은 그들의 오랜 고향이었다.

고대 야쿠트 인들의 다른 신화에 따르면 인간이 일상생활과 생산 활동에서 부딪히는 모든 사물과 자연 현상들은 자신의 주인 정령 잇치를 갖는다. 땅, 물, 숲, 산, 길들이 자신의 영을 가지며, 집과 농장 부속건물, 노동기구 등 인간의 손으로 만들어진 물건들도 자신의 정령을 갖는다.

잇치라는 정령(精靈)의 존재가 생기게 된 것은 사람들의 인식 속에서 정령신앙(애니미즘)이 확산되고 먼저 씨족의 재산, 그 다음에 사유 재산의 순서로 소유 개념이 생긴 것과 연관이 있는 것으로 짐작된다. 사람들은 정령 잇치를 존경과 제물을 요구하는 존재로 대한다. 그것들에게 음식을 대접하고, 찬가와 주문을 외워 환심을 사고자 한다. 만약 이러한 조건을 행하지 않거나 무엇인가로 그들을 화나게 하고 모독한다면 잇치는 들새들을 보내지 않거나 인간에게 병을 내리거나 집에 불이 나게 하는 등으로 인간에게 해를 끼칠 수 있다.

• 땅, 숲, 물의 주인들

가장 존경받는 잇치는 사람과 가축을 온갖 재난으로부터 지켜주고 복을 주는 땅의 여주인으로 여겨졌다. 그녀는 사람들에게 잘 차려입은 백발 노인의 모습으로 나타났다. 신화나 노래와 올롱호에서 그녀의 외모는 다음과 같이 찬미되었다.

생각은 자유롭고
마음은 정직하고
가슴은 가죽 그릇 만큼
넓고도 깊어라.
삵괭이 털 외투를 입고
흑담비 모자를
머리에 살짝 쓴
옛 땅의 여주인
아안 알라흐촌이여.

대지의 여주인은 모든 살아있는 것과 자라는 것의 시조 어머니로서 고향의 의인화된 형상이다. 그녀의 이름에 부가되는 수식 어구는 그녀의 정신적, 육체적인 특성들, 사람들에 대한 선함과 호의를 말해준다. 그녀의 덕성은 대지의 모든 거주자들에게 늘 마실 것, 먹을 것 그리고 살 곳을 주며 포옹해줄 준비가 되어 있다.

대지는 많은 민족들에 의해 모든 존재의 시조 어머니인 여성의 형상으로 의인화된다. 이 관념은 먼 옛날 여성이 주도적인 지위를 차지했던 때로 거슬러 올라간다.

사람의 상상력은 대지의 여주인에게 식물의 정령들인 자녀들 에레케-지 에레케를 만들어 주었다. 이들은 아주 작아서 풀 속이나 나뭇잎 밑에서 산다. 그들은 숫자가 매우 많으며, 외관상으로는 자그마한 사람을 닮았다. 꽃잎과 나뭇잎 옷을 입고 허리는 나무껍질을 둘렀다. 봄에 숲에서는 그들의 숨결로 꽃이 피고 초원이 푸르러진다고 전해진다.

대지의 여주인은 숲 주변에 있는 큰 자작나무에서 산다고 여겨진다. 그래서 옛적에는 큰 자작나무를 절대로 베지 않았고, 자주 화려한 털실 살라마와 밝은 색 옷감 조각으로 선물을 만들어 장식했다.

모든 대지의 여주인의 형상과 어떤 특정한 지역의 여주인의 형상은 보통 비슷하다. 지역의 정령들에 관한 이야기에서 여주인은 올롱호의 여주인 보다 더 단순하고, 덜 화려하기는 하지만, 언제나 잘 보살펴주는 선한 존재로 그려진다. 그녀는 주민들과 가축들의 복을 지켜주며 목장과 초원에서 풀이 잘 자라도록 해준다.

사냥과 관련해서는 사냥꾼들의 수호신인 숲의 주인 영들이 있다. 그들 중 바아이 바야나이가 으뜸으로 여겨진다. 그는 머리카락이 붉거나 검고 숱이 많다. 옷은 사슴 가죽 털외투를 입고 다니며, 숲을 뛰어 다니거나 사

툰드라의 겨울 저녁

슴을 타고 다니는 쾌활한 노인으로 묘사된다. 그의 외모는 타이가의 사냥꾼을 연상시킨다. 그는 털이 많다. 그래서 바아이는 "풍부한"이라는 수식어구를 달고 다닌다. "바야나이"를 또 다른 말로는 바아이 바르을라흐, 즉 "모든 것이 풍부한"이라고 부르는데, 어떤 이들은 "바르을라흐"를 바야나이의 형제로 여긴다.

사냥꾼들은 사냥에 나서기 전에 그리고 성공적인 사냥을 끝낸 후 주문을 외우며 함께 특별한 의식을 거행하였다.

과거에는 산고개의 정령 아아르특 잇치테들도 존경을 받았다. 그들에게도 동전이나 헝겊과 같은 모양의 제물을 바쳤다.

낚시나 고기를 잡을 때에도 수호신이 있다. 깊은 물속의 주인 영은 큐에흐 볼로흐 토욘이다. 그는 마음씨 좋은 노인으로 생선 비늘 옷이나 그물 옷을 입고, 해초로 된 머리카락과 수염을 갖고 있다. 물의 주인 정령이 다치지 않도록 얼음 구멍에 쇠로 만든 물건을 떨어뜨리면 안 된다는 믿음이 낚시꾼들 사이에 퍼져 있다. 어부들은 그물을 치기 전에 해안에 모닥불을 피운 후 그에게 크지 않은 제물을 바치고 불에 기름을 붓는다.

러시아 인들과 야쿠트 인들은 18세기 이후 수세기 동안 함께 살면서 두 민족의 생활과 풍속이 신앙과 신화에 많은 반영되었다. 한 예가 크리스마스 때부터 예수 세례절(주현절)까지의 크리스마스 주간에 "실리쿤"이라고 부르는 엿듣기 행위를 통한 점술 행위이다.

크리스마스 주간에는 거리에서 또는 담요를 덮은 얼음구멍을 통해 "엿듣기"라는 점술이 행해졌다. 이것을 좋아하는 사람들은 눈 위에 앉아서 여러 가지 사건과 해당 지역 주민들에 관해 "엿듣기" 행위를 통해 이야기를 낚는다. 이러한 점술로 사람들은 어디에서 아기가 태어날 것인지, 어디에서 결혼식이 있을 것인지, 어디에서 사람이 죽을 것인지 등을 알아보려고 한다.

• 집 아궁이의 정령

고대 야쿠트 인들의 신화에 따르면 북방인들의 삶에서 중요한 역할을 담당하는 불도 자신의 주인 정령을 가졌다. 따뜻한 불과 그 주인은 야쿠트 인들에게 많은 존경을 받았다. 어떤 다른 신보다도, 심지어는 창조신인 아이으으 보다도 더 숭배되었다. 그것은 백발의 노인으로 묘사되었고, 그 이름에는 가장 아름다운 수식어구들이 붙여졌다.

툰드라 쉼터에서 고시레하는 사냥꾼

따뜻한 불의 주인, 하얀 수염,
회색 관자놀이, 빛나는 머리,
잿빛 이부자리,
숯을 채운 베개,
깃털 담요, 사자털 외투,
구리 장화
아안 우한, 하탄 테미에리예.

불의 주인은 가족의 수호신으로, 악한 정령들의 온갖 간계로부터 보호해 주는 충직한 수호자라고 여겨진다.

일상생활에서 야쿠트인들은 음식을 먹기 전에 지방과 고깃덩이를 불에 던져주고, 기름을 불에 부어서 불을 "대접했다". 새 집으로 이사했을 때와 토산물을 받을 때, 성공적으로 사냥을 했을 때 특히 불을 풍족하게 대접했다.

불의 정령은 사람들과 신들 사이의 중심이었다. 다른 "아이으으"나 "아바아스", "잇치"에게 작은 제물을 바치려고 할 때, 불의 도움으로 이를 수행했다. 불에 기름을 붓거나 다른 것을 던지면서 정해진 운명대로 제물을 가져다주기를 불에게 청원했다.

어떤 사람들, 특히 샤만들은 불의 주인-정령의 말을 알아들었다고 한다. 정령은 집에 사는 사람들에게 닥쳐오는 불행을 예고해 주고 무엇인가에 대한 자신의 불만을 표현할 수 있었다. "하탄 테미에리예"의 말은 진실되고 확고한 것으로 여겨졌다.

먼 옛날에는 신성한 불 앞에서 맹세를 했다. 불을 모독하는 것은 무서운 죄악이었다. 불에다 불결한 것은 어떠한 것도 던져서는 안 되었다. 화가 난 불-할아버지가 심한 피부병이나 발진을 가져다주거나 화상을 입힐 수 있기 때문이었다.

집의 주인인 정령 "지에르데 바흐스늣"은 불과 아궁이의 주인-영과 가까운데, 이것은 밝은 색 털을 가진 숫말의 모습으로, 또는 늙은 여인의 형상으로 나타난다.

집의 왼쪽에는 작은 정령들인 "냐아지으"와 "쇼쇼께"가 살았다. 하늘에 사는 신 "울루 토욘"의 딸 "냐아지으"는 땅에 내려와 사람들과 살았다. 그녀는 아이들과 송아지의 수호자였다. "쇼쇼께" 또는 "세됴께", "체쵸께"의 형상은 의심할 바 없이 러시아 농민의 신앙에서 차용된 것이다. 이것은 붉은 머리털을 가진 작은 소녀이다. 그녀는 "냐아지으"와 함께 작은 "아바아스"와 싸워서 그것들을 집과 마굿간으로 들여보내지 않는다. 어른들은 그녀를 무서워하지만, 어린 애들과는 잘 놀아준다.

노인들은 움직이지 않는 사물들이 저절로 움직이기 시작하면, 예를 들어 문이 저절로 열린다면, 이것은 그 사물의 잇치 또는 집의 주인 정령이 무엇인가 불만스러워하는 것이라고 보았다. 때로는 불의 주인과 같은 가장 중요한 잇치들이 꿈이나 현실에서 천리안 같은 밝은 눈을 가진 집주인들에게 나타나서 자신의 분노를 표현했다. 그러면 사람들은 서둘러서 용서를 빌고, 제물을 바쳤다. 그리고는 끓인 기름을 불에 부어서 제물을 전달해 달라고 불에게 빌었다. 샤만들을 통해서 잇치를 위한 "냐아지으와의 화해"와 같은 화목제를 거행했다.

• 겨울 황소

노동하는 민족에게 가장 힘겨운 계절을 야쿠트 인들은 푸른 얼룩과 거대한 뿔을 가지고 얼어붙을 듯이 차가운 입김을 내뿜는 흰 황소의 모습으로 형상화했다. 이 황소가 야쿠트 땅을 돌아다닐 때에 자연의 모든 것은 얼어붙고 사람들과 동물들은 혹한으로 고통을 받았다. 1월 말 쯤 겨울은 최고조에 다다른다. 1월이 끝나기 하루 전에 따뜻한 하늘의 새, 힘센 독수리가 남쪽에서 날아온다. 이 새는 둥지에서 눈을 끌어 내리고 날카로운 울음소리를 낸다. 독수리 울음소리에 겨울의 정령은 뒤로 물러난다. 차례차례 뿔이 꺾이고, 봄이 올 무렵이 되면 머리가 떨어진다. 유빙기에는 겨울 황소의 거대한 몸집이 레나 강을 따라 북빙양으로 떠내려간다. 유빙기에 떠내려가는 얼음 덩어리는 한 겨울 죽은 사람들과 동물들의 영혼을 가지고 간다.

왜 겨울과 추위가 기괴한 황소와 연관되었을까? 아마도 이 형상은 맘모스 화석의 앞니에서 받은 인상으로 생겨난 듯하다. 먼 옛날에는 맘모스의 앞니를 뿔로 여겼다. 맘모스는 "물소"로 여겨졌다. 맘모스의 유골은 사하공화국 전역에서 발견된다.

겨울 황소는 고통스럽고 해로운 존재이다. 그것은 관념적으로 악한 존재와 관념지어 된다. 올롱호에서는 괴물 "아바아스"가 지하세계에 살고 있으며, 그곳으로부터 황소를 타고 나오는데, 보통 북쪽에서 나타난다. 샤만의 관점

맘모스 뼈조각 작품

에서 모든 질병의 근원은 중간세계와 지하세계 사이의 북쪽에 있다.

• 천상세계, 하늘에 사는 신

세르게

일부 울루스 지역의 신화에서는 천상세계가 일련의 층으로 구성되어 있다. 층수는 하늘을 수식하는 별칭에 따라 조금씩 다르다.

여기에서 중요한 것은 구체적인 층수가 아니다. 다른 투르크족, 몽골족, 축치족의 신화에서와 마찬가지로 하늘은 연속적인 것이 아니라 다층적인 혹은 다단계적이라는 점에서 공통적이다.

거의 모든 곳에서 야쿠트인들은 가장 낮은 하늘을 "사트으 할라안"이라고 부른다. 이것은 "누워있는 하늘"이라는 뜻도 있다. 하늘의 낮은 쪽 끝은 그 주변이 젊은 신부의 은목걸이 장식처럼 아래로 늘어져있다. 그것은 높이 솟은 땅 끝 부분과 맞닿아 있어서 마치 화난 숫말들이 이를 갈며 서로 물어뜯는 것 같다.

빌류이스크 지역에서는 하늘 한가운데에 여러 층들을 관통하는 구멍이 있다고 믿는다. 이 구멍은 최고의 선한 하늘신의 말뚝 아래로 나 있다. 이 구멍을 통해서 태양이 온기와 빛을 땅으로 보낸다. 이것은 천상세계가 차갑다는 다른 믿음과 모순된다. 고대의 샤만들이 고드름으로 뒤덮인 채 주문을 외우며 천상세계에서 돌아왔다고 전해진다. 모든 다른 신화들처럼 야쿠트의 신화도 때로는 서로 모순이 되는 변이형들로 가득 차 있다.

신들, 창조자들, 조물주들을 의미하는 "아이으으"는 창조와 선의 원리를 의인화한 최고의 존재들에 대한 공통된 명칭이다. 인간과 가축, 그리고 인간에게 유익한 동식물은 이 신들의 피조물로 여겨졌다. 아이으으는 사람들에게 이런 저런 복을 주지만, 만약 사람들에게 불만스러울 때는 복을 주지 않을 수도 있다. 그러므로 사람들은 아이으으를 두려움과 떨림, 경건과 감사함으로 대하고, 그들에게 청원과 기도를 하며 제물을 바친다. 하늘의 아이으으는 지상의 선조들을 상기시킨다.

오랜 옛날 야쿠트인들은 베풀어주신 은혜와 선에 감사하기 위하여 아이으으에게 피 없는 제물을 바쳤다. 한여름이 시작되는 하지 절기에는 말젖을 발효하여 만든 마유주 "쿠므스"를 조상전래의 나무 잔 "초론"에 담아 바치는 쿠므스 축제를 벌인다. 숫말과 함께 흰털을 가진 암말떼를 아이으으에게 바치고 그것들을 거주지로부터 동쪽으로 몰아내는 풍속이 있었다. 아이으으는 인간의 수호자라는 창조적인 기능을 가지고 있어서 아이으으를 위한 특별한 의식을 통해 제물을 바쳤다. 아이으으는 단순한 자연의 주인-정령이 아니라 신으로 간주되었다.

• 아이으으들의 위계

고대 야쿠트인들은 하늘의 가장 높은 층에 최고의 존재인 백색의 창조자 "유룽 아이으으 토욘"의 가족이 살고 있다고 믿었다. 그는 귀한 가죽옷을 입고 열기와 빛을 내뿜는 존경받는 노인이다. 유룽 아이으으 토욘의 형상 속에는 태양이 의인화되어 있다. 그는 은혜를 베풀고 땅을 비옥하게 하며 사람들에게 행복을 준다. 그의 결정은 매우 존엄하며 절대적으로 공평하다고 여겨진다.

다음 층들에는 다른 아이으으가 살고 있다. 그는 인간 영혼의 창조자로서 사람들에게 불을 주고, 최고 재판관으로서 사람들의 죄와 악행을 벌한다. 샤만의 수호자이기도 하다. 그의 이름은 "울루우 토욘"(큰 주인)이다. 그는 큰 종족의 시조로서 반은 아이으으 족이고 반은 아바아스 족으로서 인간을 직접 대면할 수는 없다. 그러나 가끔 사람들은 거대한 동물의 형상 속에서 그를 본다. 그는 하늘에 사는 세 종족 중 하나의 우두머리이다.

중요한 일들을 결정하기 위하여 유룽 아이으으 토욘은 재판의 신 "지을가 하안"과 "울루우 토욘"을 회의에 초대한다. "울루우 토욘"은 샤만들의 수호신으로, 그의 재판은 엄정하고 혹독하지만 공정하다.

전쟁과 싸움의 신 "일빔 크으스"와 "오솔 우올"의 형상은 종족과 씨족들 간의 지독한 싸움이 계속되던 시기에 만들어진 듯하다. 그들은 사람들에게 호전적인 정신을 불어 넣었다. 올롱호에서 이 신들은 항상 영웅들의 편으로 묘사된다.

야쿠트 신화에는 말사육과 가축을 보호해주는 착한 아이으으도 존재한다. 인류 종족의 번성을 도와주고 일상생활에 복을 가져다주는 신들은 여성으로 재현된다. 운명과 숙명의 신은 "지을가 하안" 혹은 "지을가 토욘"이다.

• 태양, 달, 별

민중적 관념에서 태양의 형상은 땅의 창조자인 유룽 아아르 토욘과 관련이 있다. 태양은 최고 주인의 얼굴이다. 태양은 중간세계의 창조자로 등장하기도 하고, 정신적인 변형을 거쳐 최고의 존재가 되기도 하였다.

어떤 전설에서는 유룽 아아르 토욘이 두 개의 하얀 태양을 양 쪽으로 밀어 올리고 대신 세 번째 태양을 만들어서 야쿠트인들을 비추도록 그것을 하늘과 땅 사이에 걸어놓았다고 한다.

서사시와 이야기들에서 태양의 주인인 "큔 토욘"은 일반적인 옛날이야기에 나오는 인물로 나타난다.

달에 대한 관념 역시 다양한 변이형을 갖고 있다. 빌류이스크 지역 사람들은 달이 하늘에 난 둥근 구멍이며, 이것을 통해서 빛이 들어온다고 생각하였다. 달의 모양이 바뀌는 단계들은 일정한 시간 간격으로 구멍을 막는 정령의 활동 때문이라고 여기었다.

달에 보이는 얼룩에 대해서는 다음과 같은 신화가 있다. 옛날에 어떤 계모가 자신의 양녀를 매우 심하게 대했다. 겨울에 맨발로 호수에서 두레박에 물을 길어오라고 시켰다. 달이 이 소녀를 보고 가엾게 여기어 두레박, 양동이, 그리고 소녀가 그 옆에 멈추어 섰던 버드나무와 함께 소녀를 자기에게 데리고 갔다고 한다. 그래서 지금도 두레박을 들고 버드나무 옆에 서 있는 이 소녀가 달에 보인다고 믿는다.

야쿠트인들 사이에는 별들이 독자적인 존재라는 생각이 널리 퍼져 있었다. 별들은 겨울밤에 가장 잘 보이기 때문에 야쿠트 인들은 별들이 땅에 혹한을 보낸다고 여겼다. 사람들이 별을 베어 쓰러뜨려서 추위를 누그러뜨리려 했다는 신화가 있다. 예를 들면 작은곰자리는 처음 생겼을 때는 매우 커서 태양과 달을 가렸다. 무서운 추위가 닥쳤고 사람들은 완전히 얼어 죽게 될 위험에 처했다. 그때 처녀 사제 "우다간"이 사람들을 구하려고 나섰다. 그녀는 의식을 행하고 하늘로 올라가서 작은곰자리를 부수기 시작했다. 한 여자가 여사제의 금령을 어기고 이 의식을 방해했다. 그래서 작은곰자리를

태양(아파나시 오시포프 작)

완전히 부수지는 못했다.

금성 "졸본"과 칠요성 "플레이아데스"도 땅에 추위를 보낸다고 생각되었다. 이에 대해서 신화는 이렇게 이야기하고 있다. 샤만 "차츠그르 타아스"는 금성이 지하세계로 떨어지지 않도록 하늘에 고정시켜 놓은 쐐기를 부수기로 결심했다. 그러나 그때에도 또다시 여자의 호기심 때문에 일은 완전하게 수행되지 못했다. 그럼에도 불구하고 그때부터 추위가 약간 덜해졌다고들 한다.

다른 별들에 대한 신화도 전해지고 있다. 오리온좌인 "타야타아흐 술루스"에 대해서는 다음과 같은 이야기가 있다. 사냥꾼 한 사람이 사슴을 쫓다가 하늘로 몰아갔는데, 거기에서 둘 다 얼어버렸다.

은하수에 대해서도 이와 비슷한 신화들이 있다. 하늘의 아들 "할라안 우올"은 스키를 타고 사슴을 몰아 하늘에 길을 내었다. 이것이 바로 은하수가 되었다.

야쿠트인들 사이에는 한밤중에 눈부시게 밝아질 때 "하늘이 열린다"는 믿음이 널리 퍼져 있다. 그러한 현상이 나타나면 하늘에게 또는 신에게 자녀와 부를 포함한 모든 원하는 것을 달라고 기도하고 빌었다. 병자들은 병에서 완치되기를 기도하였다.

• 지하세계

야쿠트인들은 중간세계 아래에 지하세계가 자리잡고 있다고 믿었다. 이것은 찌그러진 공 모양이다. 이곳은 태양과 달에서 비치는 빛이 미치지 못하는 어둠의 나라이다. 지하세계는 마르지 않는 습지로 뒤덮여 있어 곤충조차도 꼼짝 못한다. 거기에서는 이상한 쇠나무와 풀이 자란다. 지하세계에는 중간세계의 주민들에게 적대적인 특별한 종족들인 "아바아스" 또는 "아자라이"가 산다. 야쿠트인들의 영웅서사시의 주제의 근간은 지상의 영웅들과 아바아스 영웅들이다.

고대의 이야기꾼들은 자신의 나라가 우주의 중심이고 다른 나라들은 이상한 세계라고 간주하였다.

• 초자연적인 존재들: 아바아스

아바아스의 딸

올롱호와 옛날이야기들에서 지하세계는 사람들에게 적대적인 괴물 "아바아스"가 차지하고 있다. 야쿠트 구비문학의 여러 장르에서 이들은 다양한 성격을 갖는다. 이것은 아바아스에 대한 야쿠트인들의 개념이 발전하는 과정을 보여준다.

아바아스를 가장 명확하고 특징적으로 묘사하는 것은 영웅서사시 올롱호이다. 여기에서 그들은 사람들과 비슷하게 인간적인 열정과 욕구를 가진 것으로 나타난다. 그들의 모습은 보통 추하고, 외다리이거나 외팔이다. 옛날이야기들에서도 그들은 마찬가지다. 아바아스는 영원히 사람들과 적대적이고 악을 만들며 부녀자들을 유괴하여 억지로 약혼자나 사위가 된다. 이들은 무례하고 반문명적이다.

지하 종족 아바아스의 우두머리는 "아르산 두올라이" 노인이다. 그에게는 발에 족쇄를 찬 부인 "알라 부우라이 호툰"이 있다.

야쿠트 어에서 "아바아스"라는 단어는 초자연적인 존재와 악한 영을 의미하는 동시에 대체로 인간에게 해롭고 좋지 못한 모든 악을 가리킨다.

아르산 두올라이의 형상은 야쿠트와 혈연관계가 있는 민족들의 신화에서도 유사성을 찾을 수 있다.

야쿠트인들의 풍속에서 아바아스는 과거에 사람들에게 질병과 여러 가지

불행을 가져다주는 악한 정령들이었다. 그들 가운데서 특기할 만한 진정한 고대의 아바아스는 "하아흐트으르 하그단 부우라이 토욘"이다. 그는 밝은 갈색 피부에 깍깍거리는 족장으로서 남서쪽 하늘에 살며 사람들을 곱추등으로 만들고, 면상이 희고 털이 잿빛인 말을 제물로 바칠 것을 요구한다. 그리고 "도흐순 두오야아르"를 들 수 있다. 그는 미치광이로 하늘에 살면서 흰 면상을 가진 황갈색 말을 요구한다. 부부인 "아르하흐 토욘"과 "아르하흐 호툰"도 주요 인물이다. 그들은 중간세계와 지하세계 사이 북쪽에서 사는 폐병의 정령이다. 그들과 소통 할 수 있는 것은 사람들과 아바아스 사이의 중간적 존재인 샤만들이다.

• 인간과 동물에 관한 신화, 사람의 발생에 관한 신화

야쿠트인들의 신화에서는 신 "아이으으 토욘"이 땅을 창조한 다음 인간들을 만들었다. 신화에서는 그의 피조물을 망치려고 하는 대립자로서 악한 정령 "아바아스" 혹은 사탄도 존재한다.

야쿠트 샤만

널리 퍼진 이설(異說)에 따르면, 창조자는 돌집을 짓고 사람들을 만들어 놓은 다음 보초를 세워서 악한 영 사탄을 집으로 들여보내지 말라고 명령하였다. 그러나 사탄은 따뜻한 외투를 선물하겠다고 꾀어 보초를 매수하였다. 그리고 집에 들어가서 사람의 입상들을 모조리 더럽혔다. 창조자가 와서 벌어진 일을 보고는 격분해서 보초를 개로 변하게 하고, 사람 입상의 겉면이 속이 되도록 뒤집어 다시 만든 다음 생기를 불어 넣었다. 그때부터 사람은 속이 더럽고 나쁜 생각들로 가득 차게 되었다.

올롱호에서는 아바아스의 공격으로부터 중간세계의 주민들을 보호하기 위해 유룽 아이으으 토욘이 아이으으 족 출신의 무사들을 땅에서 살도록 명령하였다. "뉴르군 보오투르", "유룽 월란", "아이으으슷 시에네 알라 하라", 그리고 "이에이에흐싯 시에네 일레 하라" 등이 그들이다. 올롱호는 그들의 출생에 대해서 비밀로 하고 있다.

• 대 샤만 "울루우 오유운"의 전설

큔듀데이 가족은 유명한 샤만을 오랫동안 기다리고 있었다. 샤만은 정령에게 기도하기 위해서 큔듀데이의 집에 왔다. 모든 사람이 큔듀데이네 딸의 외아들이 정신병을 앓고 있는 것을 알고 있었다. 때때로 그는 이상한 노래를 부르기 시작했다. 보이지 않는 말동무와 중얼거리고 논쟁하면서 친척들을 겁나게 했다. 그와 긴 이야기를 나누고서는 반쯤 얼굴이 희고 반쯤 털로 덮인 사람들이 곧 올 것이라고 말했다. 그 사람들은 우랑카이 사하라고 하는 종족으로 길을 찾고 있다고 말했다. 아무도 그를 이해 못했지만 모든 사람들은 그가 샤만의 아들인 줄 알았다. 아이를 갖지 못했던 그의 어머니는 샤만이 정령에게 기도를 한 후 늘그막에 외아들을 낳았다. 기도를 한 지 딱 1년 뒤에 몸에 점을 가진 사내아이가 태어났다.

저녁 해가 지기 전에 샤만이 곰 가죽 위에 앉아 기도를 하는 유르타[4]에 다 모였다. 주인들은 정령에게 기도하기 위한 준비를 하였다. 광솔을 모으고 청소를 깨끗이 하였다. 작은 난로 앞에 흰 암말 가죽이 펼쳐졌다. 여자들은 왼쪽에 앉고 남자들은 오른쪽에 앉았다.

해가 진 후 황혼이 깃들자 혼령이 나타나는 내밀한 순간이 도래하였다. 그 다음에는 아무도 천막에 들어오지 못하고 나가지도 못한다. 모두가 숨을 죽이고 기다리고 있었다. 조수 쿠투룩수트가 그림자처럼 샤만의 짧은

4) 야쿠트인의 전통 가옥

명령을 받들었다. 난로 속의 불은 점점 꺼져 가고, 어둠이 짙어 가는 유르타 안에서는 희미해져 가는 불빛에 반사되어 불길한 그림자가 움직이기 시작했다.

정적 속에서 샤만은 천천히 적삼을 벗었다. 쿠투룩수트의 도움을 받아 샤만의 옷을 입고 머리를 들어 주위를 둘러보았다. 어떤 사람들은 샤만의 눈에서 불이 번쩍 하였다고 확신하였다. 쿠투룩수트가 얼른 샤만에게 물을 한 바가지 주자 샤만은 그것을 단숨에 마셨다.

작은 북과 나무 북채를 들고 샤만은 유르타 한가운데로 나와 흰 암말의 가죽 위에 섰다. 샤만은 사방을 향해 네 번 절을 하고 입에서 물을 뿜어내었다. 그 다음 난로 앞으로 다가가 혼령들에게 감사드리고 꺼져가는 불에 흰 말총 한줌을 던졌다. 희미한 난로 불빛 아래 움직이지 않고 앉아 있는 샤만의 어두운 모습이 보였다. 그는 북을 방패삼아 몸을 가렸다.

알 수 없는 주문 소리가 나즈막하게 들렸다. 유르타 안은 다시 쥐 죽은 듯 정적이 찾아들었다. 별안간 북소리가 울리며 정적이 깨지고 이어서 갖가지 새소리가 들렸다. 유르타 깊은 곳에서 "우" 하는 수리부엉이 소리, 비명 같은 매 울음 소리, 구슬픈 갈매기 소리, 불길한 물새 소리가 들렸다. 다시 쥐 죽은 듯한 정적이 찾아 들었다. 이어서 모기 소리처럼 가녀리게 잦아드는 북소리가 들렸다. 굿이 궤도에 오름에 따라 폭풍이 가까워지는 것처럼 북소리가 더욱 강해졌다. 북소리는 까마귀 소리가 되었다가, 물새 소리가 되고, 갈매기의 울음이 되었다가 독수리 소리가 되었다. 그것은 보이지 않게 도와주는 샤만의 조수들이 내는 소리였다. 소리들은 하나로 모여들어 그의 부름이 되고 눈이 되고 귀가 되었다.

모든 것이 회오리처럼 돌기 시작하였다. 북 소리는 잦아지고 강해지면서 끊어지지 않고 이어졌다. 빠르게 뛰어다니는 샤만의 몸짓이 바뀔 때마다 옷에 달린 작은 종들이 딸랑딸랑 울렸다. 높은 고음 소리를 내며 동작이 멈추자 힘찬 북소리가 두 번 이어졌다. 그때까지 유르타 안을 압도하고 있던 샤만이 기운을 잃고 쓰러졌다. 다시 정적이 찾아들었다.

사람들은 숨 쉬는 것조차 두려운 듯 숨을 죽이고 앉아 있었다. 잠시 후 북은 한숨 돌린 듯 다시 낮은 소리를 울리기 시작하였다. 북 소리는 점점 커져 천둥소리로 옮겨 갔다. 유르타는 다시 새소리로 가득하게 되었다. 밝은 눈과 귀, 빠른 발과 날개를 가진 정령들의 도움을 청하는 샤만의 목소리가 들렸다. 죽은 조상과 대 샤만들의 영혼에게도 도움을 청했다.

갑자기 천막이 환해져서 모두들 천장 밑을 높이 날아다니는 샤만을 보았다. 샤만은 앉은 사람들의 머리 상공을 한 바퀴 돌고 나서 난로의 연통을 통해 날아갔다. 그 다음 갑자기 난로 옆에 나타나 노래를 부르면서 춤추기 시작했다. 모든 사람들이 무서움과 호기심으로 샤만의 말에 귀를 기울이고서 북소리에 맞추어 움직이는 샤만의 동작을 지켜보았다. 샤만의 영혼은 천상세계로 먼 여행을 떠나 신비로운 시적 즉흥극을 시작하였다. 그는 자기가 가는 길을 자세히 묘사하였다. 길에서 만나는 혼령들과 대화를 나누고 대답을 얻어 내었다. 유르타에 있는 사람들은 다리부터 머리까지 그의 몸에 성에가 끼고 먼 세상의 매서운 추위에 떠는 것을 지켜보았다. 껑충껑충 뛰다 춤추기를 계속한 다음 샤만은 천막 안을 한 바퀴 돌고 올로흐(휴식 장소)라고 하는 자리에 몸을 던졌다. 북도 샤만과 함께 쉬고 있는 것처럼 아주 조용한 소리를 내었다. 이렇게 올로흐(휴식)를 9번씩 3차례 반복하고 나서 천상세계에 도달하여 바로 "유륭 아이으으 토욘" 과 이야기를 시작하였다.

집으로 돌아오는 샤만을 맞으며 북은 혼신을 다하여 울렸다. 강력한 날개짓 소리가 들리고 사라진 것처럼 보였던 샤만이 난로 연통을 타고 날아들었다. 쿠투룩수트는 준비해 놓은 광솔을 얼른 난로에 집어넣어 유르타를 밝게 했다. 모든 사람이 암말가죽 위에 선 샤만을 보았다. 샤만은 하늘을 향하여 북을 높이 들고 그에게 준 도움에 대하여 감사를 드렸다. 그런 다음 샤만은 소년을 기다리는 건 대 샤만의 운명이어서 그의 영혼이 운명의 나무의 아홉 번째 가지에서 자라고 있다고 선언하였다.

이것은 과거 샤만의 굿을 본 크세노폰토프(Ksenofontov), 세로쉡스키(Seroshevskij), 그리고 그 밖의 민속학자, 구비문학 학자들이 묘사한 샤만의 굿 장면이다.

샤머니즘은 민족의 정신세계의 중요한 현상이다. 많은 암벽에서 샤만의 모습을 볼 수 있다. 고대 화가들이 그린 생활화에서 북을 들고 있는 샤만은 부족의 중심이었다. 샤만은 영혼과 사람을 연결하는 고리이고 조물주의 의지를 해석하는 예언자였다. 사람들의 건강, 가축의 번식, 중간세계의 선과 악은 그들에게 달려 있었다. 샤만은 착한(하얀) 샤만 뿐만 아니라 불행을 가져오는 악한 샤만도 있었다. 야쿠티야에 기독교가 들어온 후에 그리스정교는 샤머니즘을 이교도로 박해하기 시작했다. 천상세계에 올라간 대 샤만이나 지하세계로 떨어진 사람들에 관한 이야기는 민중 설화나 전설로 전해 내려오고 있을 뿐이다. 군사령관이나 고관들이 이런저런 문제를 해결하고자 야쿠트 샤만들에게 도움을 청하러 온 일들이 알려져 있다. 샤만이 되는 것은 집안에 대 샤만이 있어야만 가능했다. 샤만들은 금지와 박해에도 불구하고 원주민들 사이에서 커다란 권력을 누렸다. 그들 가운데에는 물론 초능력을 가진 샤만도 있고, 최면술에 능한 샤만도 있었다. 탁월한 심리치료사, 심령 전문가, 인간과 가축의 질병 전문가도 있었다. 즉흥시인도 있었다.

"우랑하이 사할라르"의 저자인 유명한 민속학자 크세노폰토프가 20년대에 수집한 대 샤만에 관한 전설집에서 멀리 북쪽에 나무 끝이 꺾인 채 수세기를 견디어 낸 아름드리 전나무에 대한 이야기를 전해 주고 있다. "운명의 나무"라고 불리운 그 나무는 뿌리부터 꼭대기까지 옹이로 덮여 있었다. 뿌리는 시대의 깊이를 보여 주고 나무끝은 미래를 향하고 있었다. 대 샤만들과 그 밖의 모든 샤만들이 그 나무의 둥지에서 태어났다. 제일 강력한 샤만들은 제일 위에 있는 둥지에서 교육을 받고 중간 샤만들은 나무 중간에 있는 둥지에서 교육을 받고, 작은 샤만들은 밑에 있는 둥지에서 교육을 받았다.

그 나무에 쇠깃을 가지고 있는 독수리 같은 새가 날아오곤 했다. 그 새는 둥지에 알을 낳고 새끼를 깠다. 알을 품는 기간은 어떤 샤만이 태어나는 가에 달려 있었다. 강력한 샤만을 낳는 데에는 3년이 걸리고, 작은 샤만들을 낳는 데에는 1년 정도 걸렸다. 그 새는 짐승어미 "이이에 크을"이라고 불리었다. 새는 샤만 마다 달라 독수리일 수도 있고, 수리부엉이, 솔개일 수도 있었다. 새는 모두 3번 날아 왔다. 첫 번째는 알을 낳으러 온다. 두 번째는 알을 깨고 샤만이 태어나는 것을 보러 온다. 세 번째는 샤만이 죽을 때 날아온다.

샤만의 영혼이 껍데기를 깨고 나오면 교육을 위하여 새는 "뷰르게스탸이 우다간"이라고 하는 악마의 여사제에게 샤만의 영혼을 갖다 주었다. 그녀는 샤만의 영혼을 쇠 요람에 넣고 돌보면서 엉긴 핏덩이를 먹여 길렀다. 교육이 끝나면 샤만의 영혼은 지하세계의 도깨비에게 보내어져 "정화" 과정을 거치게 된다.

알에서 깨어나는 통과의례 "에떼니이"(Ettenii)는 모든 샤만이 반드시 거치는 과정이다. 이 과정을 집행하는 것은 지하세계에서 사는 영혼들이다. 시련을 겪은 샤만은 유르타의 오른쪽 침상에 누워 3일 동안 죽은 채로 지낸다. 그를 돌보는 것은 아무 죄가 없는 어린 소년이다.

미래의 샤만이 누워 있는 방의 창에서부터 가축우리까지는 장막이 세워진다. 샤만이 누운 벽난로 주위로 쳐진 줄을 아무도 넘어서는 안 되었다. 천 조각으로 장식한 암말총 끈으로 샤만의 머리를 묶었다.

샤만 자신의 설명에 따르면 통과의례는 다음과 같다. 샤만의 몸은 특별히 만든 침상에 뉘여지고, 그 둘레에 수많은 도깨비들이 모여든다. 제일 처음 도깨비들은 그의 머리를 잘라내어 판자 위에 놓는다. 거기서 샤만은 자기 몸이 어떻게 되는지 볼 수 있다. 도깨비들은 쇠꼬챙이로 샤만의 몸을 찌르고 토막내고 뼈와 살을 발라내고 물기를 다 짜내었다. 뼈와 고기 덩어리를 도깨비들끼리 나누었다. 어떤 못된 도깨비가 자기 몫을 받지 않으면 분배에서 빠진 정령이 인간에게 해를 끼쳤을 때 샤만의 주술이 효험을 발휘할 수 없게 된다. 왜냐하면 샤만은 그의 육신을 먹은 정령이 일으킨 병만을 고칠 수 있기 때문이다.

샤만의 몸을 토막 낼 때 피는 자작나무 그릇에 담아둔다. 단 한 방울도 흘려서는 안 되었다. 의식이 끝나면, 한 곳에 뼈를 모아 놓고 샤만의 친척에게서 받은 살로 새 몸을 만들었다. 그 때문에 대 샤만이 태어나면 그의 친척은 모두 죽게 된다. 그의 생명은 그의 친족의 죽음에 의해 보상되는 것이다.

"에테니이"라고 하는 의식이 끝나면 유르타에 누워 있는 샤만의 몸은 피멍이 들어 있게 된다. 침상에서 깨어나면 바로 늙은 샤만을 부른다. 새 샤만의 영혼이 양육된 성스런 나무의 둥지가 어디 있는지 알고 있어야 했다. 그는 새 샤만의 영혼에 생선 "루오"의 정액을 먹여 성사 집행 능력을 주었다. 머리 1개에 꼬리 2개를 갖고 있는 "루오"는 불행과 죽음의 원천이 되는 물고기였다.

그들은 북쪽에 있는 높은 산에 올라가야 했다. 늙은 샤만은 앞서 가며 젊은 샤만에게 병의 원천으로 통하는 길을 보여주면서 가르친다. 그리고 샤만의 몸의 어떤 부분이 어떤 병과 통하는 지를 설명한다.

젊은 샤만에게는 "죽음과 파멸"의 정령의 성찬을 받을 지, "치유와 구제"의 성찬을 받을 지 선택이 주어진다. 제안자는 그의 둥지가 성화되는 새 샤만의 둥지 보다 더 높이 있어야만 했다. 즉, 그 힘이 더 강해야만 했다. 성화 의식을 끝내면서 늙은 샤만은 미래의 주인이 기다리는 곳으로 젊은 샤만의 영혼을 데리고 갔다. 젊은 샤만의 옷에 다는 장신구는 9대조까지 그 업에 종사한 대장장이만이 만들 수 있었다. 조상이 강력할수록 그 대장장이는 힘이 더욱 강하기 때문에 샤만의 영혼의 수호천사인 "에

메게테미"와 두려움 없이 소통할 수 있었다. 그리고 자신의 몸에 상처를 내지 않고 샤만의 주술복과 북에 들어가는 철장신구를 만들 수 있었다.

샤만의 옷 "오유운 탕가스" 는 의식을 행할 때 중요한 역할을 했다. 의복의 비범함과 무서운 모습은 사람들에게 강한 인상을 준다. 샤만의 옷은 알몸에 맞추어 쇠가죽으로 된 망토였다. 옷자락과 소매 마다 "엘리에"나 다른 전설상의 새들의 날개와 깃을 상징하는 술장식이 달린다. 샤만은 이 옷을 입고 망토에 그린 영혼들의 힘을 얻는다.

샤만의 망토

샤만의 망토는 해부학 지도였다. 거기에는 심장, 간, 신장과 생명에 중요한 기관들이 그려져 있었다. 그 몸은 살아 있는 샤만의 보호자인 죽은 샤만의 것이라고 여겨졌다. 뿔이 달린 알 모양의 북은 샤만의 영혼이 하부세계와 천상세계에 오르내릴 때 타는 말의 상징이었다. 또한 그것은 악한 영혼과의 싸움에서 사용되는 방패였다. 북을 치는 북채는 악령을 내쫓는 채찍으로 여겨졌다.

데카브리스트 무라비예프-아포스톨(Murav'ev-Apostol)은 19세기 러시아 귀족 출신으로 빌류이스크에 유배되어 있었다. 그때 빌류이스크로 노르웨이의 여행가이며 학자인 두에(Due)라는 사람이 왔다. 두에는 그에게 모든 편의를 제공하라는 허가와 명령을 갖고왔다. 교육받은 2명의 유럽인들은 샤만의 굿을 참관하고자 했다. 그들은 굿이 벌어지고 있는 유르타에 앉아 있었다. "샤만이 마치 참을 수 없이 아픈 것처럼 신음을 하며 유르타 안을 이리저리 돌아다녔다. 갑자기 그의 입에서 거칠거칠한 곰 발바닥이 불쑥 튀어나와 발톱으로 무언가를 누르듯 꽉 조이고는 금새 눈앞에서 사라졌다. 발바닥은 아주 넓어 입을 쩍 벌어지게 했다. 입에서 움직이는 발바닥이 튀어 나왔다가 금새 사라진 것은 전혀 설명할 수가 없었다. 이러한 현상을 악령의 출현이라고 하는 사람들에게 동의하지 않더라도, 우리는 이런 샤만을 마술사들 중에서도 가장 숙련된 마술사라고 인정해야만 한다." 이것은 데카브리스트 무라비예프-아포스톨의 증언이다.

3. 야쿠트 인의 신화적 표상

• 자연에 대한 존중

야쿠트 인들은 자연에게 생명이 있으며, 모든 물체와 현상이 "잇치"(ichchi)라고 하는 정령을 가지고 있다고 믿는다. 정령은 주인 또는 지배자로서 내밀한 힘을 지니고 있다. 주인 정령의 모습은 여러 가지로 형상화되

수올 잇치테: 오래된 나무에 모신 정령 서낭당. 동전 한 잎을 꽂아 놓고 간다.

었다. 대표적인 것 중 하나는 길의 정령이다. 이 정령은 "수올 잇치테"(suol ichchte)라고 한다. 보통 교차로, 산길, 분수령에 외롭게 서 있는 나무들을 표적으로 삼아 희생물을 바친다. 희생물은 나무에 말털이나 천조각을 걸거나 단위가 낮은 동전을 나무 틈새에 끼워 넣는다. 그러한 행위는 산, 강, 호수, 개활지를 지날 때 주인 정령을 기리면서 행복에 대한 주문을 외운다.

세계수(오시포프 작)

자연 현상 중에서 신격화되는 것은 천둥과 번개였다. 천둥의 신에게는 "쉬게 하안", "쉬게 토욘", "아안 지아아흔", "부우라이 도흐순"이라는 몇 개의 이름이 주어졌다. 천둥의 신은 "아바아흐"라는 악령을 천둥의 화살로 쫓아낸다고 생각하였다. 번개를 맞은 나무는 치료의 능력을 갖고 있다고 믿었다. 그래서 번개 맞은 나무와 함께 신의 무기인 검은 돌을 찾았다. 존경의 대상 중에는 특이한 형태의 빙하석도 있다. 이것들이 위치를 옮기면 그 지역의 누군가에게 죽음을 경고하는 것이었다. 빌류이스크의 야쿠트 인들은 암소가 새끼를 낳은 뒤 특이하게 생긴 돌에 천조각과 흰 말털을 엮은 알록달록한 줄을 갖다가 가까운 나무에 매달았다. 사람들은 동전이나 천조각 등을 바치고 그 돌을 만질 수 있었다.

야쿠트 인들은 마법의 돌 "사타"(sata)의 존재를 믿는다. 이 돌의 도움으로 날씨를 바꿀 수 있다. 여자가 이 돌을 쳐다보면, 돌이 힘을 잃어버리게 된다. 마법의 돌은 짐승이나 새의 위나 간에 들어 있다고 생각한다. 이 돌은 육각형의 투명한 돌로 인간의 모습과 비슷하다. "사타"가 하늘을 향해 있으면 안 된다. 이 돌은 자작나무 껍질과 말총 또는 여우나 다람쥐 가죽으로 감싸 있어야 한다. 마법의 돌을 이용하여 특별한 주문을 외우면 비, 눈, 바람을 부를 수도 있다. 주요한 바람에는 동풍, 서풍, 남풍, 북풍의 네 가지가 있다. 이것들은 지구의 네 방향을 지키는 네 명의 착한 정령들에 의해 지배된다. 그 사이로 불어오는 바람들은 서로 싸우면서 인간에게 재앙을 가져오는 악령이 보내는 것이다.

세계수

하늘 신 아이으으를 나타내는 성스러운 나무는 자작나무로 인생의 중요한 시기에 의식용 도구로 이용된다.

야쿠트 인들은 나무가 어린아이에게 영혼을 줄 수 있다고 믿었다. 아이를 못 낳는 여자들은 자작나무나 침엽수처럼 위에 수관을 쓴 나무 앞에서 아이의 영혼을 빌었다. 가지가 여덟 개인 나무에 태어날 아기를 위한 둥지를 만드는 의식이 잘 알려져 있다. "나무 -- 새" 공식은 야쿠트 인들의 신화와 의식에서 발견된다. 영혼은 새의 모습으로 나타내어진다. 난생 설화의 창조 모티브는 샤만의 신화에서 가장 분명하게 표현된다. 신화에 의하면, 독수리가 샤만을 성스러운 자작나무 또는 침엽수에 앉히었다. 최초의 샤만을 만들면서 아이으으 토욘은 자신의 몸에서 여덟 개의 가지를 가진 나무를 키웠다. 가지 사이에는 창조주의 아이들인 밝은 영혼들이 살고 있었다. 이것이 바로 세계수이다. 서사문화 전통에서는 이것을 아알 룩 마스라고 불렀다. 나무는 하늘을 뚫고 오르고, 뿌리는 땅 밑까지 뻗어 내려갔다. 이렇게 해서 세 개의 세계를 연결하였다. 아알 룩 마스의 상징은 으스아흐 축제에서 의식을 거행하는 중심적 조형물이다.

• 짐승과 새에 대한 숭배

주술적 의식과 금기와 함께 야쿠트 인들의 채취 의식이 성스러운 동물과 영혼을 나타내는 복잡한 표상으로부터 발전되었다. 고대에 모든 야쿠트 씨족들은 동물을 자기네 조상과 보호자로 여기고 그 동물을 죽이거나 먹거나 이름으로 부르는 것을 금하였다. 새들 중에서 그런 대접을 받은 것들로는 백조, 거위, 갈가마귀, 독수리, 매를 들 수 있고, 짐승 중에는 흰 입술 말, 담비, 다람쥐, 얼룩무늬 다람쥐가 있다. 야쿠트 인의 신화에 의하면, 백조, 독수리, 갈가마귀와 매는 인간에게 불을 가져다주고 죽음으로부터 구원해 주었다. 새의 우두머리이며 중요한 보호자인 독수리는 하느님의 아들 "홈포룬 호토이"(Xomporun Xotoj)로서 사하 민족의 많은 부족들이 추앙하였다. 신화에 따르면, 독수리는 한갈라스 부족으로부터 도망치다 굶어죽게 된 사람을 구하고, 그를 위해 날아가는 거위를 죽였다. 사하 족은 독수리를 "토욘 크을"(tojon kyyl) 즉 짐승님이라고 불렀다. 독수리를 모욕한 사람은 죽을 때까지 저주받았다.

널리 퍼진 또 다른 토템은 갈가마귀이다. 이것은 "수오르"(suor)라고 불리었다. 이 새도 야쿠트 족의 한 부족이었던 호르 인들에 의해 자기네 조상으로 받들어졌다. 야쿠츠크에서 가까운 남스크와 칸갈라스 지역의 부족들도 숭배하였다. 전설에 따르면, 갈가마귀가 호르 인들의 얼어 죽어가는 조상을 보고 하늘에서 부싯돌인 할랏(xalat)을 내려 보내 주었다고 한다. 아마도 "수오르"는 갈가마귀의 비유적 이름이다. 이와 동일한 어원을 갖는 부랴트 어 hojr는 "멧닭"을 의미한다.

남스크와 나하르 인들은 백조를 "쿠바"라고 부르며 숭배하였다. 보통 백조는 "위링 크을"(흰 새), "울라한 쾨퇴르"(큰 새), "타라가이"(대머리)라고 불렸다. 옛날 처녀들은 백조의 울음 소리가 들리면 화려한 의상인 "탕알라이"와 털모자 "지아바카"를 벗어 던지고 밖으로 나가 성스러운 새에게 무릎을 꿇었다. 백조가 처음 날아오면 야쿠트 인들은 말 매는 말뚝 주변에 우유로 만든 음식들을 뿌렸다.

독수리나 갈가마귀 시체를 발견하면 사냥꾼들은 시체를 자작나무 껍질에 수습하여 곡물창고 "아랑아스"에 묻어 주었다. 동물들에 관한 많은 금기들은 성스러운 짐승과 새들이 해로운 존재인 악령 "외르"로 바뀌지 않게 하기 위한 것이었다. 특별한 대접을 받은 것은 곰, 큰 사슴, 순록이었다. 이러한 동물에 대한 숭배 의식은 동물이 죽었다가 부활한다는 생각과 관련이 있었다. 곰 숭배는 모든 야쿠트 인에게 널리 퍼져 곰은 "할아버지"(ehe)라고 불리었다.

곰 숭배

신화에 의하면, 곰은 한 때 여자였다. 그래서 여자들은 곰을 만나면 가슴을 열어젖히고 "나의 신부야!"하고 소리를 질렀다. 사냥을 나갈 때, 사냥꾼들은 가짜 이름을 이용하였다. 언어에 대한 금기는 곰이 자기에 관해 하는 말은 어디에 있든 잠을 잘 때도 다 알아 듣는다는 미신과 관련이 있다. 곰 숭배 의식은 곰을 죽이고 난 뒤 사죄를 하는 사설을 늘어놓고, 고기도 의식을 치른 뒤 시식을 하며, 뼈를 통째로 아랑아스라 하는 특별한 장소에 보관하는 것과 관련이 있다. 곰에서 나온 내장들은 일상생활에서 악령을 쫓는 부적으로 사용되었다. 이와 비슷한 의식은 큰 사슴과 야생 순록을 사냥할 때에도 치른다.

• 상부세계에 살고 있는 신과 정령

상부세계에는 창조주 "아이으으"(ajyy)가 살고 있다. 그들 중 왕은 "위룽 아아르(아이으으) 토욘"이다. 그들은 하늘의 동쪽과 남쪽, 즉 태양의 동쪽과 정점을 차지하고 있다. 그들 곁에 착한 정령들이 이웃해 있다. 그들은 원조들(엘레이 아이으으, 오모고이 토욘, 울루우 호로), 밝은 샤만(아이으으 오유우나)와 씨족의 조상들이었다. 서쪽과 남쪽 일부는 나쁜 신과 정령들 "아바아흐"가 차지하고 있다. 그들의 왕은 "울루우 토욘"(큰 주인)이었다. 하늘의 신은 많은 하인과 무수한 말떼를 거느린 대가족의 수장이었다.

좋은 신과 정령들은 하늘, 공기, 땅의 3등급으로 나뉘어 있다. 가장 높은 신은 위룽 아이으으, 아아르 토욘, 쉬게 토욘(천둥의 신)이다. 중간 계급의 신들은 홈포루운 호토이(독수리-사하의 공통 토템), 지외회괴이 또는 다르부루우 토욘(말사육의 신), 호로 탕아라(독수리-칸갈라스 부족의 보호자)와 쿼베 호툰(쉬게 토욘의 아내, 또는 위링 아이으으 토욘의 아내)이다. 지외회괴이 아이으으는 망아지 모양을 하고 있고, 네 번째 하늘에 살고 있다. 출산의 여신 아이으으 훗은 가족, 여자, 출산의 보호자로서 화려한 의상으로 성장을 한 장중한 모습의 여주인이다. 상부의 서쪽 하늘에는 운명의 신 층으스 하안과 오둔 하안이 살고 있다.

• 상부 세계의 악령들

으스아흐 축제 때에 야쿠트 인들은 쿠므스(마유주)를 먼저 제2 계급의 신들에게 뿌린 다음 상부세계의 악귀들에게 뿌렸다.

신의 구성에서 지역적 차이는 19세기 말까지 유지되었다. 그러나 18세기 이미 야쿠트 인의 만신세계에서 다양한 씨족적 의식이 뒤섞이기 시작하였다. 아마도, 명철한 창조자 아아르 토욘과 아이으으 토욘은 처음부터 씨족들의 보호자였다. 그들의 기능은 뒤에 "야쿠트 올림푸스"의 상부 세계에서 하나의 형태로 융합되었다.

울루우 토욘과 그의 "하인"들에 대한 숭배가 생기게 된 데에는 길고 복잡한 과정이 있다. 울루우 토욘은 불과 영혼을 선물하고 세상에 샤만을 보내었다. 그의 외모에서는 투르크 뿐만 아니라 몽골 인 조상의 모습이 나타난다. 그는 창조하기보다 징벌하였다. 그러나 그의 재판은 공정하였다. 까마귀 머리를 가지고 사람 모양을 하였지만 짐승 같은 존재인 그의 간악한 후손들은 땅으로 내려와 죽음과 질병을 가져다주었다. 울루우 토욘의 아들들은 때때로 족장들의 딸들과 사랑에 빠져 아바 우오스 죠르고 같은 후손을 낳기도 하였다.

이러한 샤만 의식의 악마화는 울루우 토욘이 남쪽으로부터 죽음의 나라가 있던 서쪽으로 옮겨진 데에서 관찰된다. 그러나 전에는 울루우 토욘이 위링 아이으으 토욘 다음의 제2 신이었다. 최고의 창조주는 울루우 토욘의 결정을 취소시킬 수 있었지만, 울루우 토욘은 그러한 권한을 가지고 있지 않았다.

• 아이으으 신의 숭배

야쿠트 인의 종교 세계는 인종적으로 그리고 문화적으로 다양한 독창적 전통들이 복잡하게 얽혀 있다는 것을 보여준다. 야쿠트 인의 종교 신앙에 대한 연구에서 공통된 결론은 인종적으로 종교 체계의 구성이 동질적이지 않다는 것이다. 전통 신앙은 BC 1,000년경의 유목민들로부터 시작된 것으로 보인다. 이것은 남 시베리아와 중앙아시아의 고대 문화와 관련이 있다. 야쿠트 인의 종교 전통 속에서 아이으으 신의 숭배는 스키타이 시베리아와 훈 사르마트 시대의 남방 문화와 관련이 있다는 것을 입증한다. 최북단의 투르크 족인 야쿠트 인은 동쪽 문화권에서 이탈된 뒤에도 유목 부족에게 있는 원시 종교의 관습과 의식을 대부분 가지고 있다. 야쿠트 인의 종교와 신화 체계는 하나의 핵심 개념인 "아이으으"를 중심으로 형성되어 있다. 페카르스키(Pekarskij)의 야쿠트 어 사전에서 아이으으는 다음과 같은 정의를 가지고 있다.

1. 창조, 창조적 시작
2. 아바아흐(악령)과 대립되는 창조의 필수 요소로서의 선한 바탕
3. 창조와 선의 단초가 되는 최고의 본질
4. 신, 창조주
5. 울라한 우오르(강한 우오르)로서 유랑하는 영혼, 설화에서 악마 아바아흐와의 싸움에서 승리하는 영웅
6. 운명

"창조하다"라는 의미의 단어 "아이으으"는 남 시베리아지역의 고대 투르크 어에서 나타난다. 고골레프(A. I. Gogolev)는 이 단어의 동의어들을 인

도유럽어에서 찾았다. 이것은 "살아있는 힘, 영원성, 삶의 계속"이라는 의미의 aiu이다. 동어소(isogloss)로서 고대 인도어에는 Ayu(살아 있는 힘), 형용사 ayu(활발한, 강한), 아베스탄 어에는 ayu(삶의 계속)가 있다. 산스크리트 어에서 aju는 "살아 있는 본질"을 의미한다.

창조의 개념은 주변 세계를 이해하는 기본이다. 야쿠트 인에게서 아이으으의 개념은 인간의 삶과 직결되어 있다. 그 결과 선을 행하는 인간은 아이으으 신의 특성을 얻게 되었다. 창조의 신화와 관련하여 이 신은 두 가지 주제를 가지고 있다. 세계의 창조에 관한 이중적 신화(신과 악령, 사탄)과 새의 도움으로 세계가 생겨났다는 신화이다. 이것은 북부 야쿠트 인들 사이에 널리 퍼져 있다. 선한 영혼과 악령의 싸움의 모티브는 인도유럽의 신화에도 유사한 것들이 있다. 이중성은 야쿠트 인 종교에 특징적인 것이다. 시베리아 소수민족의 세계관을 연구한 G.V. 크세노폰토프는 기독교 이전의 종교는 두 개의 사회 층위로 구분되어 있다고 한다. 상층부는 사회적 공인을 받은 지배적 종교를 갖고, 하층부는 대중에 의한 비공식적 종교를 믿었다.

창조신 아이으으에 대한 숭배는 야쿠트 족의 생활에서 중심적인 것으로 일상생활과 밀접한 관련이 있었다. 야쿠트 전통에서는 시에르라는 품행에 관한 고유의 전범이 있었다. 이와 관련하여 튁테리라는 금기 체계가 만들어졌다. 이 금기를 위반하는 것은 신의 세계와 단절되는 것을 뜻하였다. 그 결과는 인간에게 불행한 일이 일어날 수 있다는 것이다. 목축과 풍요의 신에 대한 숭배와 관련된 종교 의식은 고대의 의식 행위를 전통적인 샤만 의식과 구분시킨다. 야쿠트 문화에서 이러한 놀라운 현상은 하늘, 해, 달의 천체에 대한 존경으로 이어지고 초기 유목민들의 종교 축제 문화에 반영된다.

으스아흐(하지 축제)와 관련된 신화에 의하면, 고대 의식은 하늘을 신격화하고 의인화한 위룽 아이으으 토욘에 대한 종교적인 색채의 숭배 축제였다. 축제에 맞추어 하늘에서 하얀 신 아이으으가 내려온다. 야쿠트 인들은 아이으으 신과 자연의 정령들에 대한 숭배 의식을 정례화하였다. 으스아흐는 하늘, 땅, 물에게 쿠므스(마유주)를 따르는 의식으로 인간과 자연 사이의 지속적 균형을 유지하고자 하는 규범적 전통이 되었다. 크세노폰토프에 따르면, 으스아흐는 고대 종교적 관점에서 초원의 유목민들의 업적을 마지막으로 계승한 민족이라고 믿는 야쿠트 인의 신앙에서 중심축이며 상징이다.

엘레이

신화에 의하면, 새로운 종교 아이으으와 의식 으스아흐의 전도자는 야쿠트 문화의 창조자 엘레이였다. 모든 문화적 혜택은 그의 손으로 만들어졌다. 그는 대장장이, 도공, 목수, 건설자였다. 그는 세계의 질서를 만들고 사하 민족의 시조가 되었다.

엘레이는 쿠므스 축제인 으스아흐를 만들었다. 위에는 이마에 독수리를 앉힌 위룽 아이으으 토욘이 앉아 있었다. 축제에서 쿠므스가 담긴 찻잔을 들고 엘레이는 이 신들을 향하여 그의 가축을 늘려주도록 기도하였다...

찻잔을 들고 노래하기 시작하였다. 그때 옆으로 세 마리의 흰 새들이 날아들었다. 그때부터 사람들은 신의 존재를 믿고 으스아흐를 거행하기 시작하였다....

엘레이는 자작나무 껍질을 벗기어 아내에게 자작나무 그릇을 만들 것을 요구하였다. 자작나무 줄기를 가지고 그 자신은 여러 가지 모양의 쿠므스 그릇을 만들었다. 나무를 가지고서는 말발굽 모양의 그릇 초론을 만들고, 굵은 장식을 수놓은 마타아르차흐를 만들었다. 여러 가지 모양의 장식을 가진 케리엔도 만들었다.

어린 자작나무와 침엽수들을 베어 엘레이는 길 표시를 만들었다. 그 다음 흰 머리카락과 검은 머리카락으로 밧줄을 꼬아 흰 말총 다발로 장식을 만들어 땅에 꽂은 나무들 위에 팽팽하게 걸었다.

장인의 암말에게서 젖을 짜 쿠므스를 담그고 으스아흐를 열었다. 축제에 오모고이 부부를 초대하고 말하였다.

"조상과 위령 아이으으에게 공양을 하고 희생의 찻잔을 바칠 날이 왔다. …"

엘레이는 찻잔을 들고 기도를 하였다.

"주인이시여, 위령 아이으으여, 당신에 대한 추모의 날이 왔습니다. 당신이 빚은 인간인 저는 깨끗한 불로 당신을 대접합니다. 당신을 태양의 불로 존경합니다!"

그렇게 말하면서 그는 쿠므스를 불에 뿌렸다. 마지막으로 "우루우이, 아이할"이라고 환성을 지르면서 신의 축복을 빌었다.

4. "트근"[5]과 러시아인: 전설 속의 역사

오늘날 야쿠츠크는 시베리아에서 가장 오래된 도시로 2007년은 이미 375 주년이 되는 해였다. 야쿠츠크는 러시아 제국이 북동 아시아로 영토를 확장하던 시기의 모든 역사적 사건들을 경험하고 지켜보았다. 이 광대한 지역의 원주민들은 강력한 식민화 과정에서 위축되었다. 오늘날까지 그들에게 작용한 새로운 요인들은 역사적 발전의 자발성이었다. 역사를 바라볼 때 그 당사자들의 눈으로 그들의 관점과 현대적 표상을 비교하는 것은 항상 흥미롭다.

야쿠트 인과 러시아 인의 첫 만남에 대해서는 전설 같은 에피소드가 전해진다.

칸갈라스 지역 야쿠트족의 전설적 추장인 "트근"은 강력한 지도자였다. 그의 집에는 수많은 하인과 노예들이 있었다. 하인들은 다양한 민족과 나라에서 온 사람들이었다. 어느 날 트근은 그들 가운데 생김새가 아주 다른 두 사람을 보았다. 그들이 어디서 왔는지 알 수 없었다. 이 사람들은 야쿠트 인들과 전혀

5) 야쿠트어의 트근은 한국어의 '단군', 중국어의 '천군', 몽골어의 '텡그리'와 같은 어원으로 해석되며, 의미는 부족장 또는 대 샤만에 대한 칭호로 추정된다.

닮지 않았다. 눈은 깊이 파이고 파란색을 띄고 있었다. 코는 오똑하고 뾰족했다. 얼굴은 털로 덮여 있고, 머리는 짧게 깎았다. 옷은 관목 덤불처럼 부숭부숭하였다. 그들의 말은 이해할 수 없어 손짓 발짓으로만 통하였다. 트근의 아내 "스타루하"는 이 낯선 사람들에게서 불길함을 느끼고 죽이도록 충고하였다.

그러나 트근은 이 새로운 일꾼들이 해를 끼칠 것으로 생각하지 않고 친절하게 대하였다. 트근의 집에서 2년을 지낸 뒤 이 사람들은 삯으로 황소 두 마리분의 가죽을 요구하였다. 트근은 그들의 요구를 들어 주었다. 그들은 가죽을 가져다 땅에 펼친 다음, 그 만큼의 땅을 줄 것을 요구하였다. 트근이 말하였다. "좋다, 가져가라." 그러자 이방인들은 가죽 2필을 실처럼 가늘게 잘라 들판에 커다랗게 둘러쳤다. 그리고 말뚝을 박아 경계로 삼았다. 야쿠트인들은 무슨 문제가 있으랴 생각하고 말뚝을 그대로 두었다.

바로 그 해 이방인들은 사라졌다. 야쿠트인들은 그들이 고향을 찾아 배를 타고 남쪽으로 갔다고 생각하였다. 이방인들의 이상한 행동에 놀랐지만 그들에 관해서는 곧 잊어버렸다.

그러나 이듬해 봄 낯선 사람들이 다시 나타났다. 이번에는 그 수가 엄청 많았다. 그들은 선물받은 땅에 집을 짓고 성채를 세웠다. 놀란 야쿠트인들은 초대하지 않은 이방인들을 죽이기로 결정하였다. 다함께 모여 새로 지은 집을 향해 활을 쏘기 시작하였다. 그러나 야쿠트 인들의 화살은 건물에 부딪혀 땅에 떨어졌다. 이방인들은 아무런 상처도 입지 않았다. 이에 대한 응답으로 이방인들은 '쾅'하는 큰 소리를 내기 시작하였다. 소리가 날 때마다 야쿠트 인들 중 누군가가 죽은 채 쓰러졌다.

많은 야쿠트 인들이 죽었다. 트근과 그의 아들들도 죽었다. 많은 야쿠트 인들은 도망쳤다. 나머지는 이름도 모르는 이방인들에게 굴복하였다. 이때부터 야쿠트 인들은 러시아인의 지배를 받게 되었다.

위에 전해지는 이야기는 실제로 일어난 역사적 사건이 구전되며 각색된 것이다. 여러 울루스에서 모인 야쿠트인들은 나중에 야쿠츠크 요새가 된 렌스크 요새를 점령하고자 하는 시도를 몇 번 하였다. 요새는 1632년 카자크 인들이 세운 것이었다. 당시 야쿠트 인들은 빌류이, 알단, 오이먀콘, 콜리마에서 넓게 퍼져 살고 있었다. 야쿠트인들 중에는 현물세를 내지 않으려고 변방으로 도망치는 일이 있었다.

트근(실제론 칸갈라스 공후 트닌)은 1631년 이후 역사서에서 더 이상 언급되지 않는다. 직접적인 증거는 없지만, 그는 카자크와의 전투 중 죽은 게 틀림없다.

트근(트닌)에겐 아들이 열한 명 있었다. 이들 중 보제코와 첼랴이라는 아들은 살해되었다. 그들은 야쿠트 전설에 나오는 베데케와 찰라아이으이다. 그들은 1642년 최초의 야쿠츠크 사령관 P. 골로빈에 의해 소위 '야쿠트인의 모반'죄로 처형되었다. 트근의 집에서 일꾼이 되었던 최초의 러시아인의 출현을 야쿠트 사학자들은 야쿠티야에 온 최초의 카자크 탐험대의 낙오자들이라고 지적한 바 있다. 예를 들어, 1624년 이곳으로 P. 펜다라는 기술자를 우두머리로 하는 도망자들이 침투해 들어 왔다. 야쿠츠크 도시 건설자 P. 베케토프 원정대가 레나 강과 그 지류를 따라 오기에 앞서 M. 바실리예프, A. 도브린스키, I. 갈킨의 카자크 원정대가 다녀갔다.

전설에서 무력 충돌은 극적인 것으로 각색된다. 탐험자들의 강력한 무기 앞에서 야쿠트인들의 무기가 얼마나 무기력한가를 대비시킨다. 그러나 역사 문헌들에 의하면 1634년과 1636년 무력 충돌에서 카자크인들도 상당한 손실을 입었다는 것을 보여준다.

17-19세기 북동부 아시아에 대한 러시아의 식민화는 주로 상공업적인 면에 치중하여 비교적 평화적으로 진행된 것으로 보인다. 러시아에 의해 진행된 식민화의 특성은 유럽 러시아 본국으로부터 이주하는 러시아인들이 아주 소수였다는 점, 그 결과 산업 개발도 미미했고, 본국과 식민지 사이의 경제적 접촉도 미약했다는 점이다.

17세기 이전의 이야기들은 전통적인 민중 의식 속에서 설화로 전해질 뿐이다. 역사는 설화적 자료와 러시아 문헌 사이의 보완적 추정에 의해 복원

될 뿐이다. 17세기에 관해 기록된 문헌 자료들은 너무나 적어 단편적인 이야기들을 꿰어 맞추어 전체를 복원할 수밖에 없다.

• 레게이

사하공화국(야쿠티야)에 가면 러시아의 다른 지역과 다른 점을 볼 수 있다. 비록 공화국의 이름은 "사하"라는 명칭이 붙었지만, 과반수의 주민은 러시아인이다. 그러나 러시아인과 야쿠트인, 또 다른 원주민들 사이에서 어떤 긴장감도 느낄 수 없다. 사회적 주도권을 놓고 다투거나 경쟁하는 모습을 볼 수 없다. 이것은 레게이라는 인물에 관한 이야기에서 그 이유를 찾을 수 있을 지도 모른다.

눈이 많이 내린 그해 겨울은 뒤숭숭하였다. 레나 강변의 요새는 한 번에 몰려든 사람들로 벅적거렸다. 지난해에는 최초의 사령관들과 함께 수백 명의 소총병들이 왔다. 화포 같은 것이 있었다. 사병들 가운데 평화로움은 없었다. 회의장에서는 고함 소리와 욕설이 터져 나왔다. 아마도 야쿠티야 같은 먼 영지에 군대를 보내면서 두 명의 사령관을 보낸 것은 황제의 실수였다. 수석 사령관 표트르 골로빈은 지극히 완고한 사람이었다. 보다 신중한 차석 사령관 마트베이 글레보프는 그와 맞지 않았다. 1642년 기록적으로 추운 날 그들은 현물세 지불을 위해 인구조사를 실시하라는 명령서를 받아야 했다.

"나의 동료가 너무나 서두르고 있는 거야."

근교 울루스의 공후 중 한 사람인 레게이의 말을 상기하면서 M. 글레보프는 괴로워했다. 레게이는 야쿠트 인들의 '불안'을 전해 주었다.

"칙서에 대해 불안해하고 있습니다."

호랑이도 제 말 하면 온다더니. 바로 그때 젊은 카자크 병사가 들어와 공후 레게이가 왔다고 보고하였다.

"야쿠트 인은 참 집요해. 할 말도 없는데."

글레보프는 벌써 세 번째로 인구조사 실시를 늦출 것을 요청하였다. 그렇지 않을 경우 위험할 수 있다는 것도 지적하였다.

"이교도의 말은 의미가 있습니다."

서기 예핌 필라토프가 거들었다. 그는 사령관 글레보프의 동지였다.

"됐어, 이방인 놈들은 교활하지. 타타르이든 야쿠트이든 세금을 조금이라도 적게 내려고 하고, 안 되면 폭동을 일으키려 하지. 마트베이(부사령관)도 그놈들과 한 통속이야."

골로빈은 잘라 말했다. 본부에는 명령을 받기 위해 카자크 분대장들이 와 있었다. 숙명적인 명령은 받아들여졌다. 이 과정을 마침 말에 안장을 얹고 있었던 레게이가 보았다. 이제 어찌 될 것인가? 행동으로 옮겨야 해. 가능한 한 빨리, 더 큰 재앙을 막기 위해서라도. 그는 불로 무엇을 할 지 알고 있었다. 그는 이 극적인 사건에 휘말려 들었다. 사령관이 그에게 복수하겠다고 위협한 것은 한두 번이 아니었다. 야쿠트 사람들은 그를 "배신자"라는 격한 말로 그를 불렀다.

"될 대로 되라. 후손이 판단할 문제다."

이 짧은 이야기는 야쿠티야 역사에서 가장 중요한 사건 중의 하나인 직접 통치가 확립되는 과정을 설명하고 있다. 그러나 최초로 황제가 사령관을 파견한 조치는 1642년 봄 비극적인 사건으로 마무리되었다. 그것은 현물세 인구 조사가 중단되고 러시아 군대와 야쿠트 인 사이의 무력 충돌로 비화되었다. 위에 인용된 단편적 기술에는 이름이 불명예스럽게 유린되고 잊혀진 사람 레게이의 전기가 들어 있다.

레게이

레게이의 삶에 관한 역사적 사실들을 살펴보기로 한다. 그는 험하고 극적인 시대에 살아야 했다. 설화에서는 그 시대를 "무인 시대"라고 부른다. 삶과 죽음의 문제가 전투적이고 강력한 씨족 아가 우우스타라(aga uustara)에게 엄습하였다. 그들은 레나 강과 알단 강 사이에 널리 퍼져 있었다. 특히 강력한 아가 우우스타라는 모든 사하 인의 조상인 엘레이 보오투르의 직계 후손이었다. 레게이는 16세기와 17세기 사이에 태어난 것으로 추정된다. 그의 아버지 아므칸은 호린 씨족 승가아흐(러시아어로 시차크)의 보로곤스크 야쿠트 출신이었다.

보로곤스크 야쿠트 인의 조상은 엘레이의 아들 중 하나인 보로곤 지워르투이다. 일부 전설은 보로곤스크의 먼 조상으로 오모고이의 수렵족을 들기도 하지만, 이들은 엘레이 보루추-하라의 셋째 아들인 "방랑 수렵꾼"과 통합되었다. 전설은 "각종 짐승이 사는 넓은 숲과 물고기로 가득 찬 수많은 호수가 이들을 번성케 하여 오늘날의 보로곤스크 울루스를 이루게 하였다"고 전한다. 전설에 의하면, 30개의 우라사에 걸쳐 살던 레게이의 가문은 한갈라스크의 무사들과의 싸움으로 전멸되었다. 트근 자신이 원정대를 보내어 유명한 보로곤스크의 용사 베르트-하라를 잡아오도록 했다. 한갈라스크 사람들은 특별히 마련된 으스아흐(하지 축제)의 모든 시합에서 베르트-하라에게 패배하는 수모를 당했다. 분노한 무사들은 길에서 마주친 레게이의 친척들에게 앙갚음을 하였다. 그때 엎어진 술잔 밑에 숨어 있던 사내아이 하나만 살아남았다. 그가 바로 레게이였다. 이때부터 한갈라스크 사람들과는 철천지원수가 되었다.

레게이는 울루스에서 가장 유능한 가축 소유주였다. 그와 형제들, 아들들에게는 수백 마리의 가축이 있었다. 그 자신만 해도 약 60마리나 되었다.

러시아인의 도래가 제일 먼저 언급되는 것은 트근에 관한 전설에서이다. 이 전설에 따르면, 야쿠트 인과 카자크 인 사이에는 타협할 수 없는 충돌이 일어난다. 레게이와 관련된 부분은 단 한 군데였지만 내용이 아주 사실적이다.

"트근 족장을 죽였을 때, 레게이 족장은 봉을 잡고 그 끝에 암갈색 여우와 흑담비를 달아매었다. 러시아 인들이 있던 요새인 탑으로 다가가 그것을 던지고 항복하였다. 그런 다음 레게이 족장은 우리를 러시아 인들에게 팔아 넘겼다."

여기에는 분명한 대립 구도가 있다. 트근은 독립을 위한 무장 투쟁의 지도자이고, 레게이는 배신자라는 것이다. 이에 관한 문헌을 보면, 러시아인이 왔을 때 모든 울루스에는 부족 지도자들이 있었다. 몇몇 부족에는 아주 유능하고 부유하고 용감한 추장들이 있었다. 가장 유명한 추장들은 한갈라스크 울루스에 있었다. 그들은 트근과 그의 형제들, 아들들이었다. 다른 울루스에도 역시 독립적이고 지도력이 있는 추장들이 있었다. 메긴스크 울루스에는 부루하와 보도이, 보투루스크 울루스에는 오체이 타부타예프, 유르가 가다로프, 오몰돈 쿨리카노프, 남스크 울루스에는 므마크, 그리고 이웃한 베툰스크와 오데이스크 추장들이 있었다. 베툰스크 추장들 가운데에서는 특히 마제이, 카므크, 세멘 울타 형제들이 뛰어 났다. 끝으로 보로곤스크 울루스에서는 이질 나쿠라예프 추장과 레게이 추장이 있었다.

1642년의 극적인 사건에서 레게이에게 주어진 운명은 더욱 큰 유혈 참사를 막는 것이었다. 렌스크 요새로 최초의 야쿠츠크 사령관 골로빈과 글례보프가 도착하기 전에 도발적인 소문들이 나돌기 시작하였다. 소문의 진상은 사령관들이 오는 이유가 야쿠트 인들의 일부를 죽이고 가축을 몰수하려 한다는 것이었다. 그 결과 거의 모든 울루스에서는 골로빈의 명령에 따라 가축수를 조사하고 등록하려는 조사관들에 대항하여 싸울 준비를 하였다.

그러나 실제로는 각 농가에서 보유한 가축 수에 따라 현물세를 부과하기 위한 원칙을 확립하려는 것이었다. 요새와 가까운 거리에 있었던 남스크와 보로곤스크 울루스에서는 다른 울루스 보다 먼저 인구 조사의 목적과 성격을 올바로 알고 있었다. 그래서 이 울루스의 지도자들은 곧 중립적 자세를 취하였다. 나아가, 레게이는 사건에 개입하려고 시도하였다.

처음에는 인구 조사를 서두르지 않도록 사령관을 설득하고자 하였지만 실패하였다. 그 다음 그는 그의 울루스부터 조사하도록 제안하였다. 그러나 마침내 돌이킬 수 없는 사건이 터졌다. 조사관들이 살해되고 그해 2월 말에는 여러 울루스에서 온 무장 병력들이 요새까지 접근한 것이었다. 레게이는 기세 등등한 한갈라스크, 베툰스크와 다른 울루스 지도자들과의 중재에 나섰다. 남스크 울루스에서의 야쿠트 공후 회의에서 그는 폭동을 단호히 반대하였다.

레게이에 대한 후세의 평가는 엇갈린다. 한편에서는 그를 배신자라고 한다. 다른 한편에서는 그를 평화의 중재자라고 한다. 당시의 상황은 도래자 러시아인들에 맞서 원주민 야쿠트 인들의 이익을 수호할 수 있는 세력은 존재하지 않았다. 이런 점에서 당시 레게이의 판단은 매우 현실적인 것이었다고 할 수 있다. 도래자들의 요구에 응하지 않고서는 원주민의 안전을 보장할 수 없었다는 판단을 한 것으로 보인다. 렌스크 요새를 기반으로 한 국경수비대의 군사적 위협 아래에서 카자크 인들과 평화적인 접촉을 유지하는 것은 당시 최상의 정책일 수 있었다. 당시 러시아 당국이 요구한 현물세 제도는 원주민의 문화와 경제생활에 침해되는 것은 아니었다는 것이다. 현물세는 독특한 형태의 독점 판매권이라는 점이다. 현물세를 지불함으로써 안전을 보장받고 그에 대한 대가를 받은 것 같다. 역사 문헌에서는 레게이가 카자크와의 우호적 관계를 이용하여 다른 야쿠트 울루스들에 대해 우위적 지위를 유지하거나 괴롭히지 않았다는 점을 강조하고 있다.

레게이는 17세기 50-60년대에 생을 마감한 것으로 보인다. 그 이후에는 그의 이름이 더 이상 문헌에서 언급되지 않는다. 그를 대신하여 그의 장남 토로네이 로구예프가 등장한다.

오늘날 사하공화국(야쿠티야)는 레게이의 평화 공존의 길을 선택한 것으로 보인다. 다이아몬드를 비롯하여 풍부한 지하자원을 가진 지역에서 야쿠트 인은 이에 대한 독점적 지위를 주장하기보다 기술과 자본에서 앞선 러시아 인들과의 공존으로 서로 보완적 관계를 잘 유지하고 있다.

사하공화국(야쿠티야) 헌법에서 대통령의 자격 조건에는 "야쿠트어 구사 능력"이 명시되어 있다.

18세기 요새 (성채)

• 투이마아다의 전설적인 통치자

1643년 7월의 태양은 뜨겁게 달아오르고 있었다. 레나 강가의 넓은 초원에는 건초 더미들이 세워지고 있었다. 많은 사람들이 한여름 밭일에 매달렸다. 풀베기는 이미 끝이 났다. 그러나 수십 명의 장정들은 중요한 일로 분주하였다. 건축용 목재들이 하얗게 쌓여 있고, 도끼 소리만 요란하였다. 약간 시들긴 했지만 아직 푸른 빛이 남은 초원에는 미래의 요새를 세울 터가 확연히 드러났다. 조금 먼 곳에는 일단의 기마대가 있었다. 그들 가운데 기품이 넘치는 사람이 말 위에 앉아 있었다. 그는 한갈라스크의 족장 에유크 니킨이었다. 그는 그 자리에 요새가 세워지는 것을 지켜보고 있었다.

지난 해 사령관 골로빈과의 회담에서 양도할 것을 동의했다. 올라가는 벽의 규모로 보건대 요새는 클 것이다. 10년 전 백인대장 표트르 베케토프가 이끌고 온 카자크 병사 30명이 지은 것보다 더 클 것 같았다. 짧은 시간 안에 야쿠츠크에서 아래로 70km 떨어진 레나 강 오른편 남스크 울루스의 츠마아다이에 크지 않은 요새가 세워졌다. 카자크 인들은 그것을 렌스크라 불렀다.

첫 겨울을 지내고 봄이 되자 해빙으로 범람이 되어 작은 요새는 강 속으로 쓸려 내려가고 말았다. 레나 강 오른 편에 새로운 요새를 지을 땅을 찾아야만 하였다. 하천보다 약간 더 낮은, 소틴츠[6]에서 멀지 않은 곳을 후보지로 보았다. 다른 사람들은 테흐튜르 촌[7]에서 멀지 않은 지아아르반-야르몬스크에 똑같은 요새를 지을 것을 제안하였다. 이 장소는 지대가 낮아 위험하였다. 1643년 알렉세이 베다레프를 대장으로 하는 카자크 군대가 젤료니 루크(푸른 초원)에 요새를 지었다. 그러나 젤료니 루크는 침수지였다. 그래서 그곳에 요새를 지으려는 것을 이상하게 바라보았다.

요새는 야쿠티야에 정력적인 사령관 I. V. 프리클론스키가 부임하는 1680년대 초까지 서 있었다. 그는 새로운 요새를 지었다. 오늘날까지 보존된 동문탑(東門塔)은 높이가 16m 이상이다. 그러나 그것은 요새에서 가장 높은 탑은 아니었다. 그 당시 러시아와 중국의 관계가 첨예하게 대립되었다. 그래서 황제의 칙령에 의해 전쟁에 대비하여 극동과 동 시베리아의 도시와 요새들을 강화하는 조치가 내려졌다. 야쿠츠크의 요새는 오늘날의 '우정의 광장'에 서 있었다.

야쿠트 전설은 트근을 투이마아다의 소유자라고 하고, 사이사르 호수가에 그의 저택이 있었다고 한다. 그것은 사실이 아니다. 트근은 에르케에니 계곡의 쿨라트에서 살고 있었다. 투이마이다의 최초 거주자는 그의 동생 니카이고, 그 다음 조카 에유크였다.

에유크는 문헌에서 자주 언급된다. 예를 들어 그는 사령부에 대해 트근의 모든 아들들과 한갈라스크 공후들의 보증인으로 나선다. 그는 보르돈스크, 욤콘스크, 메긴스크 울루스의 공후들에게도 영향력이 있었다. 1632년 그는 자기 아버지와 함께 100마리의 흑담비를 지불하여 최고 현물세 공납자가 되었다. 반면에 트근의 아들들이 지불한 것을 다 합쳐도 57마리에 불과했다. 그의 수백 마리 소와 말은 살쪄 있었고, 수십 명의 목동들이 일

6) 오늘날 우스티-알단스크 울루스
7) 오늘날 메기노-한갈라스크 울루스

을 하였다. 1644년 강력한 권력자인 에유크는 러시아 카자크 인들에게 다른 읍 출신의 야쿠트 인들이 요새 근처에서 살지 않게 해 달라고 요구하였다. 다시 말하면 요새 가까이에 있는 자기 영지에 다른 야쿠트 인들을 들여놓지 않게 하라는 것이었다. 야쿠츠크의 사령관들과 근무자들은 그의 권리를 인정하였다. 그래서 요새가 옛 주인의 경제적 이해를 침해하지 않는 곳에 세워지게 된 것이었다. 그것은 그의 권리를 재심할 수 있게 될 때까지 그대로 유지되었다. 에유크에게는 5형제가 있었고, 더 많은 사촌들과 친척들이 있었다. 그러나 애석하게도 그에게는 자식이 없었다. 마지막으로 그가 문헌에 언급되는 것은 1649년이다. 1659년에는 그의 흑담비 창고가 조카들 사이에 배분되었다. 그는 17세기 50년대에 죽은 것으로 보인다. 왜냐하면 1659년 레나 강변에 구세주 수도원을 짓기 시작할 때 아무도 반대하는 사람이 없었기 때문이다. 가장 강력한 영향력을 지닌 실질적인 투이마아다의 주인이 죽음으로써 사이사르 호수 근처 가장 좋은 땅에 요새를 지을 수 있게 되었다. 이와 같이 야쿠츠크 시는 직계 후손을 남기지 않은 한갈라스크 공후 에유크 니킨으로부터 오늘날의 땅을 물려받게 된 것이다. 전설상의 야쿠트 "짜르" 트근에 관한 설화적 표상은 전통적인 민중 의식에 나타나는 것처럼 그의 형제 니킨과 조카 에유크의 모습으로 바뀌곤 한다. 러시아 카자크 군대가 야쿠티야에 온 초창기에는 투이마아다 소유주의 권위와 영향이 인정되었다.

• 정의를 위하여 모스크바로: 상호이해에 이르는 머나먼 길

모스크바. 1677년 혹독한 1월 어느 날. 크레믈린의 그라노비타야 파라타 궁전. 젊은 황제 표도르 알렉세예비치의 접견식. 긴 수염을 가진 초원지방 출신의 귀족들 가운데 생동감이 일었다. 예기치 않은 손님들이 키가 큰 황제의 눈 앞에 다가섰다. 화려하게 차려입은 신하들 보다 모피로 둘러싸고 긴 장화를 신은 일단의 무리가 더 눈에 띄었다. 이들은 표도르 황제(1676-

1682)의 조부인 미하일 표도로비치(1613-1645) 통치 시에 용감한 카자크들이 "찾아낸" 이역만리 렌스크 땅에서 온 사신들이었다. 가져온 선물은 대단한 것들이었다. 흑담비 모피 특산품에 믿을 수 없이 큰 흑갈색 여우 모피, 그리고 진기한 "물고기 이빨"(해마뼈)이 들어 있었다. 통역관은 손님들의 장황한 연설을 통역하였다. 발음이 카잔이나 크림 타타르의 방언 같기도 하고 험상궂은 칸의 후손들을 연상시켰다. 그 앞에는 검은 수염을 가진 건장한 사내가 서 있었다. 옷과 허리에는 은 세공품을 두르고 있었다. 기품있는 태도가 다른 사람들 보다 자기가 윗사람임을 은근히 내보였다. 이 사람은 한갈라스크 공후[8] 마자르 보제코프였다. 그와 함께 다른 공후들도 참석을 하였다. 그들은 남스크의 놐토 니킨과 메긴스크의 트레카 오르슈카예프였다. "35개 읍의 야쿠트 인"의 대표로서 그들은 1677년 1월 3일 황제와의 면담에서 자기 부족의 가장 긴요한 문제를 이야기하였다. 그것은 흑담비 모피 생산의 어려움, 값비싼 모피로 지불하는 현물세의 과다, 그리고 짐마차 수송 의무의 과도함이었다.

모스크바로 사절단을 파견하는 것이 금방 이루어진 것은 아니었다. 모든 것은 흉년으로부터 비롯되었다. 어느 해 갑자기 렌스크 지방에서 흑담비가 자취를 감추었다.

"그 해에 흑담비 소출이 멈추었습니다. 폐하, 당신의 노예로서 저희는 현물세를 거두어들일 수가 없습니다."

이것은 야쿠츠크 요새에서 올라온 보고서 중에 들어 있는 내용이다. 야쿠트 인들이 충분한 흑담비를 잡을 수 없었지만, 징세관은 전과 같은 양의 현물세를 요구하였다. 현물세 납세자가 죽었다면, 그 세액은 그대로 아들이나 가까운 친척에게 전가되었다. 그래서 체납액은 늘어나게 되었다. 더욱 나쁜 것은 인정사정 없는 징세관들이었다. 그들은 문자 그대로 마지막 재산까지 쥐어 짜내었다. 야쿠트 인들은 가축이나 가재도구를 팔아 어디서

8) 당시 차르 정부는 이들을 토욘(tojon), 즉 족장이라고 불렀다.

든 흑담비나 여우 모피를 구해 오지 않으면 안 되었다. 심지어 자기 아이들까지 파는 일이 벌어졌다. 주민들의 궁핍은 눈에 뜨일 정도로 깊어졌다. 아주 부유한 야쿠트 인들도 현물세를 내기 위해서는 별도의 방법을 찾아내어야만 하였다.

상황은 참을 수 없을 정도가 되었다. 지식인들이 모여 그때까지 해보지 않은 새로운 방법을 생각해 내었다. 그것은 상부에 탄원서를 쓰는 것이었다. 1660년 황제 알렉세이 미하일로비치와 황태자 표도르 알렉세예비치에게 탄원서를 보내었다. 탄원서에서 야쿠트 인들은 죽은 아버지, 형제, 친척들 그리고 하인들 몫의 현물세를 면제해 줄 것을 요청하였다. 새끼 흑담비와 부패한 흑담비 모피를 제외 하고는 모피의 품질에 관계없이 받아줄 것을 요청하였다. 그리고 가난한 야쿠트 인들에게서는 돈으로 현물세를 지불하게 해 주고, 현물세를 부과하지 말아줄 것을 탄원하였다.

5. 유형의 땅 야쿠티야

야쿠티야가 유형지가 된 것은 17세기 무렵부터이다. 황제 알렉세이 미하일로비치가 공포한 1649년 법전에 "레나 강에서의 거주"형에 해당되는 유형이 규정되어 있다. 그러나 실제로는 그 이전에 이미 사람들을 유형보내기 시작하였다. 1642년에는 93명의 남자(가족을 포함하면 188명)이 이 지역으로 유형에 처해졌다. 유형자들은 사무직, 농지 경작, 성채 근무에 보내졌다. 그들 중 상당수는 전쟁 포로였다. 그들의 의무는 타지에서 온 주민들에게 농작물을 공급하는 것이었다. 유형자들은 도시 상공인으로 교외지역에 등록되었다. 그들은 여러 가지 수공업에 종사하면서 세금, 거래세, 노역을 제공하였다. 뒤에는 도로 건설과 다른 경제적 필요에 따라 죄수들을 보내어 우편 업무에도 종사하게 하였다.

당시 야쿠츠크 현[9]에는 러시아인 주민이 적은 관계로 근무자가 늘 부족하였다. 1691년에는 151명의 공석이 있었다. 1680년대까지 야쿠츠크에는 유형자들이 주로 사무직으로 보내어졌다. 형사범들을 사무직으로 보내는 것은 18세기 초에 중단되었다.

17세기 중엽 러시아에서는 종교 개혁이 일어났다. "구교도"들은 새로운 관습을 받아들이지 않았다. 제정 러시아는 이러한 구교도들을 유형시켰다. "특별히 위험한" 사람들은 쇠사슬로 묶어 토굴에 가두고 초병을 세워 감시하였다. 최초의 유형자들 중 하나가 1660년 야쿠츠크로 보내진 모스크바 우스펜스키 사원 열쇠지기 레프 이바노프였다. 유형지에서도 참회를 하지 않는 경우에는 엄중한 형벌이 가해졌다. 1685년 야쿠츠크 교회 마당에서 유형자 오나시카 막시모프가 화형에 처해졌다. 19세기 중엽에는 우스티-마이로부터 아얀에 이르는 지역에 26개의 주민 근거지가 형성되었다. 이 촌락들은 3개의 공동체, 우스티-마이, 암가, 넬칸 공동체로 나뉘어졌다. 19세기 후반 이들은 다시 남 우수리스크 지역, 프리아무르스크 지역으로 이주되고, 42가족(남자 106명, 여자 119명)은 야쿠츠크에 남았다. 이들 중 주목할 만한 사람으로 부유한 기업가이며 길드 상인이었던 P.A. 쿠시나레프가 있다.

18세기 후반 러시아에는 성령부정파 교도가 생겨났다. 그들은 정교회의 의식과 성찬례, 성직자, 수도원을 부정하고, 그들의 공동체 지도자들을 신격화하였다. 정교회 교리에 복종하지 않고 군복무 수행을 거부한 죄로 성령부정파 교도들은 1897-1899년 야쿠츠크로 유배되었다. 1899년 여름 문호 L.N. 톨스토이의 청원으로 이들의 아내와 아이들을 야쿠츠크의 의사 P.N. 소콜니코프가 동행하였다. 1901년 1월 17일에는 성령부정파 수가 183명에 이르렀다. 그들은 암가와 마간스코예 지역에 노토르, 오트라드노예,

9) 야쿠츠크는 시대에 따라 "현"에서 "주"로 행정적 위치가 바뀌었다. 오늘날 야쿠티야는 사하공화국이 되고, 야쿠츠크는 공화국 수도가 되었다.

그리고 프로흘라드노예라는 마을을 만들었다. 1905년 8월 말 190명의 성령부정파 중 일부는 캐나다로 떠났다. 종교적 종파 중 다수를 차지하는 것은 거세파이다. 18세기 말-19세기 초 그들은 태형을 당하거나, 징역과 유배형에 처해지고, 군역에 종사해야 했다. 1845년 8월 15일 그들은 모든 재산권을 박탈당하고 시베리아의 오지, 특히 투루한스크 지역으로 유배되었다. 그러나 그곳에는 경작할 곳이 없었다. 그래서 1860년 319명이 야쿠츠크 주로 보내어졌다. 거세파 교도들이 최초로 야쿠츠크에 온 것은 1860년 10월 19일이었다.

처음에는 10~15명 씩 타민족들 사이에 정착시켰다. 그러나 1861년부터는 그들에게 특별한 정착지가 주어졌다. 유형된 거세파 교도들은 해마다 증가하여 1881년에는 1211명에 달하였다. 야쿠츠크 주에서 그들은 12개의 대촌락을 형성하였다. 올레크민스크 지역의 스파스코예, 트로이츠코예, 일륜스코예, 우스티-차린스코예, 그리고 야쿠츠크 지역의 마르힌스코예, 하튼-아린스코예, 니콜스카야 대촌, 올레이스코예, 킬댬스코예, 마간스코예, 페트로파블롭스코예, 그리고 빌류이스코예 지역의 빌류이스코예 촌이 있다. 거세파 교도들은 농업에 종사하였으며, 대단히 부지런하였다. 야쿠츠크 주에서 큰 공동체는 아니었지만, 밀 생산자로서는 상당한 규모를 차지하게 되었다. 1888년 그들이 생산한 곡물은 주 전체의 33%가 되었다.

1904년 8월 11일 포고와 1905년 6월 25일 칙령에 의해 종교의 자유가 허용되고, 거세파 교도들은 자유농민으로서의 권리를 얻게 되었다. 약간의 제한은 있었지만 그들은 야쿠츠크 주를 떠날 수 있었다. 1907년 2월 6일 거세파 교도는 247명만이 야쿠츠크에 남았다.

야쿠츠크의 유형지에는 정교회의 다른 종파 추종자들도 있었다. 몰로칸교도(육류는 거부하고, 달걀과 우유는 허용하는 교파), 유대교도, 성상거부파 등이 있었다. 그들은 숫자가 적어 일반 주민들 속에 용해되었다.

궁정 음모 연루자들도 유형되었다. 그들은 심한 감시를 받고, 거주의 자유로운 이전이 금지되고, 직업이나 교제, 서신 등이 금지되었다. 이들에게는 수당과 식량 배급이 주어지고, 드물게 경제적인 분야에 이용되었다.

1716년 해외에서 체포되어 러시아로 넘겨진 우크라이나 카자크 대장이며 우크라이나 통치자 마제파(I.S. Mazepa)의 조카인 안드레이 보이나롭스키가 1737년까지 야쿠츠크에서 유형 생활을 하였다. 지간스크에는 스코르냐코프-피사레프(G.S. Skornjakov-Pisarev)가 살고 있었는데 1730년 5월 10일 오호츠크 항구 책임자로 임명되었다. 1740년 비론(E.I.Biron)의 반동체제에 반대한 볼린스키 사건에 연루된 혐의로 표트르 I세의 총신 소이모노프(F.I.Sojmonov)가 노역형으로 유배되었다. 1857년 여제 엘리자베타 페트로브나가 그를 방면하였다. 이 시기에 그는 실카 강의 수로를 측정하고 아무르 강을 조사하는 등 유익한 사업을 많이 하였다. 1757년 그는 시베리아 총독으로 임명되고, 그 다음 상원의원이 되었다. 엘리자베타 페트로브나 여제 통치 시 1742년 관방장관 M.G. 골로빈이 소바치 요새(스레드네콜림스크)로 유배되었다. 그는 그곳에서 아내와 하녀를 데리고 25년을 지냈다. 그가 죽은 후 아내는 그의 시신을 모스크바로 가져갔다. 1743년 그의 누이 안나 베스투제바 공작부인은 결혼한 해에 엘리자베타 여제의 질투로 태형에 처해지고 혀를 짤리는 벌을 받고 야쿠츠크로 유형되었다. 안나 가브릴로브나는 1749년까지 야쿠츠크 구세주 수도원에서 4명의 시종들과 함께 감금 생활을 하였다. 이밖에도 많은 고위직 관리들이 궁정 음모의 희생자가 되어 유배되었다.

• 정치적 유형

유형의 역사에서 특별히 주목해야 할 사람들은 정치범들이다. 정치범으로 제일 먼저 유배된 사람들은 1825년 12월 14일 봉기 참여자들(데카브리스트)이었다. 그들은 혹독한 처우를 받았다. 5명은 교수형에 처해졌다. 121명은 징역형으로 시베리아로 유배되었다. 다른 사람들도 비슷한

야쿠츠크 정치범들

형벌을 받았다. 야쿠티야에서 형기를 마친 사람은 10명이었다. 야쿠츠크에는 A.A. 베스투제프-마를린스키(1827-1829), Z.G. 체르니세프(1828-1829), S.G. 크라스노쿠츠키(1826-1827), 올레크민스크에서 N.A. 치조프(1826-1833), A.N. 안드레예프(1826-1831), 빌류이스크에서 M.I. 아포스톨(1827-1829), 스레드네콜림스크에서 N.S. 보브리세프-푸시킨(1826년, 4개월 미만), 베르흐네-빌류이스크에서 A.V.베데냐핀(1826년, 도중에 돌아감), 기지가에는 N.F. 자이킨(1826년, 비팀으로 옮겨져 1833년 죽음.), 베르흐네콜림스크에는 M.A. 나지모프(1826-1827) 등이 있었다. 1860-70년대에 열한 번째 데카브리스트 P.F. 비고돕스키가 빌류이스크에서 다른 죄목으로 형기를 마쳤다. 유형지에서 데카브리스트들은 활동적으로 살았다.

야쿠츠크에서 그들은 주민들이 이용할 수 있는 커다란 개인 도서관을 만들었다. A.A. 베스투제프-마를린스키는 문학 작품 "사아티르, 야쿠츠크 발라드", 시 "세부투이", "시베리아에 관한 이야기", "시베리아 풍습, 이시흐"를 지었다. N.A. 치조프는 시 "누차", "공기 소녀"를 지었다.

유형자들 중 특별한 그룹은 폴란드 인들이다. 그들은 폴란드 독립을 위한 1863-1864년 봉기에 참여했던 사람들이다. 1868년 야쿠츠크 요새에는 131명의 폴란드 유배자들이 살고 있었다. 그들 중 일부는 1866년 4월 16일, 1868년 5월 25일, 1871년 5월 17일 대사면의 은전을 받아 대도시 지역으로 떠나고, 일부는 야쿠츠크에 남아 야쿠츠크의 소시민 사회에 합류하였다. 그들은 이전의 자유를 허용받고, 금광에서 채금하는 일을 하기도 하였다. A. 리핀스키와 P. 발티가는 농업에 종사하고, A. 바르셉스키는 시계 공장을 열었다. V. 벤춥스키는 재단사가 되고, M. 그로마진스키는 길드 상인이 되었다.

노예제 폐지 이후에도 러시아 사회에서는 기대된 변화가 일어나지 않았다. 노예제와 투쟁을 하던 잡계급 지식인[10]들은 다시 자본주의로 변화하는 사회와 싸웠다. 인민주의자들은 농민 혁명 사상을 전파하기 시작하였다. 제정 러시아 정부는 혁명가들을 혹독하게 탄압하고 투옥하거나 징역형에 처한 다음 유배시켰다. 인민주의자들 중에는 I.A. 후댜코프, N.G. 체르니셉스키, V. 샤가포프, M. 자기발로프, P. 예르몰로프 등이 유배되었다. 후댜코프는 베르호얀스크에, 체르니셉스키는 10년 이상 빌류이스크 감옥에 있었다.

70년대 말–80년대 초 러시아에는 혁명 조직 "대지와 자유", "검은 분할", "인민의 자유"가 생겨났다. 19세기 후반 노동자 계급은 사회 정의를 위한 투쟁에 적극 가담하였다. 북쪽 지역으로 유배되는 인민주의자들의 수가 점점 더 늘었다. 야쿠츠크 주에서는 460명의 죄수들이 형기를 마쳤다. 그들 중에는 P.N. 보이나랄스키, 작가 V.G. 코롤렌코, M.A. 나탄손, E.F. 니콜라예바, P.A. 알렉세예프, D.A. 알렉산드로프 등이 있다.

20세기 초 혁명가들은 2개의 주요 정당으로 나뉘어졌다. 1898년에 프롤레타리아 독재를 추구하는 사회민주당이, 1901년에 민주공화국을 추구하는 사회주의혁명당이 결성되었다. 그러한 분파는 유배지에서도 일어났다. 1905-1907년 부르조아 민주 혁명 이후 야쿠츠크에는 사회민주당과 사회주의혁명당이 생겼다. 사회주의혁명당의 대표적 지도자들은 M. 사부나예프, V. 판크라토프, V. 이오노프, 사회민주당의 지도자는 S. 코티노프, N. 스크리프닌, G. 오흐냔스키, E. 야로슬랍스키 등이었다.

10) 잡계급 지식인은 19세기 말 농노 해방 뒤 평민 계층 출신으로 진보적 성향을 가진 지식인들을 가리킨다.

1904년 3월 사회민주당원은 로마놉스크 무장 봉기에 참여하였다. 유형자들은 불법 잡지들을 발행하였다. 1889년 "울루스 선집"(Ulusnyj sbornik), "야쿠츠크 선집"(Jakutskij sbornik), 1904년 "유형지 소식", "급보"가 발행되었다.

N.G. 체르니셉스키는 감옥에서 많은 서간과 서사시 "하늘의 소녀에게 바치는 송가", 단편집 "푸른 산의 학술원", 소설 "후광의 반영"과 도브롤류보프와 네크라소프에 관한 회상 등을 발표하였다. 북쪽 지역에 살면서 후댜코프는 개설서 "베르호얀스크와 그 주변", "베르호얀스크 모음집", "러-야쿠트어 사전" 등을 집필하였다.

체르니셉스키

유배자들은 유형 생활 중에 혁명에 관한 토론을 하면서 저술 활동도 계속하였다. 대표적인 작품으로 R. A. 스테블린-카멘스키의 "러시아 혁명운동사", V.N. 샤가노프의 회상록 "회상을 위한 수기", O.V. 압테크마나의 "과거의 기억" 등이 있다.

유배자들은 사하 민족의 언어, 인종, 신앙, 생활상 등에 관한 연구를 지속적으로 하였다. 업적으로는 E. 페카르스키의 "야쿠트어 사전", V. 세로셉스키의 "야쿠트 인", V. 트로시찬스키의 "야쿠트 샤머니즘의 진화" 등이 있다. 그밖에 V. 리바딘, L. 레벤탈, F. 콘 같은 혁명가들은 북동부 아시아 지역 주민들의 생활상을 조사하기 위해 시베리아 원정에 나서기도 하였다.

작가이자 인문학자인 V.G. 코롤렌코는 1881년부터 트베리로 이감된 1884년까지 야쿠츠크 주에서 형기를 마치는 동안 많은 저작 활동을 하였다. 이 시기에 그는 야쿠티야를 주제로 "마카르의 꿈", "마루스의 개간지", "앗-다반" 등 일련의 예술작품들을 썼다. 야쿠츠크에서의 유형생활에 대해서 그는 "나의 동시대인의 이야기"라는 제목으로 4권의 책을 썼다. S. A. 바소프는 1897년부터 1904년까지 유배 생활을 지낸 뒤 베르호얀 사람이라는 익명으로 동화 "경마 망아지"를 썼다. 또다른 "베르호얀 사람" S. A. 스토판니는 혁명적 내용의 시를 썼다.

정치적 유배자들은 지역 주민에게 법적, 의학적 도움을 주고, 아이들에게 글을 가르치고, 소수민족 주민들을 위해 관청에 내는 서류 작성을 돕거나, 재판에 같이 다니기도 하였다. 키예프 대학교 학생이었던 M.S. 베를린은 1903년 봄 빌류이스크에 오자마자 처음부터 소수민족들을 대신해 관청에 청원서를 쓰는 일에 매달렸다.

유배 의사 Ja. 벨리, E. 아브라모비치, S. 미츠케비치, 의대생 출신 A. 시포비치, R. 스테블린-카멘스키, D. 숍소비치, 산파 R. 시미도바, 수의과 대학생 F. 로벤스키 등은 지역 주민을 위한 의료 봉사와 수의과 봉사를 하였다. 1912-1913년 베르호얀스크 구역 카자치예 촌에서 V. M. 라스만은 동정심 많은 산부인과 의사로서 명성을 얻었다.

P. 포드벨스키, T. 치첸코 등은 교육 활동을 선택하였다. 바투루스 울루스의 V. M. 이오노프 학교가 널리 알려졌다. 그들은 자신들이 만든 철자책으로 아이들을 가르쳤다. 19세기 70-90년대의 정치적 유배자들의 영웅적 활동은 20세기 초에도 계속되었다. 1904년 봄 야쿠츠크 주에는 18명의 유배 교육자가 있었다. 1911년 바투루스 울루스 젝소곤 촌에서는 크라스노야르스크에서 유배되어 온 M. 쉐인이라는 여자 정치범이 당국의 허락 없이 학교를 열었다. 그 때문에 3개월 간 감금되기도 하였다. 최초의 야쿠트 법률가인 M.A. 아파나시예프는 정치적 유배자였던 D. 유라소프의 도움으로 모스크바 대학교 법학부를 졸업하였다.

특별히 인기를 끈 것은 정치적 유배자들이 세운 공공 도서관이었다. 그런 도서관으로는 야쿠츠크, 올레크민스크, 빌류이스크, 스레드네콜림스크 도서관이 있다 .

유배자들은 다양한 사회적 활동에도 적극적으로 참여하였다. 그러한 활동으로는 야쿠츠크 농업협회, "음악-예술 동호회", 사회봉사협회 등이 있었다. 유배자들이 가장 적극적으로 참여한 활동은 신문과 잡지의 출판이었다. 그들은 야쿠티야의 어려운 생활상에 관한 기사를 시베리아와 러시아 및 해외 신문에 기고하였다.

식민지화 초기 시대인 1651년부터 1700년까지 야쿠츠크 현에는 유배자가 570명이나 보내어졌다. 18세기 그들의 수효는 그들을 따라 자발적으로 온 가족들을 합하면 그 지역에 사는 러시아 인의 48%를 차지하였다. 그 수는 1889년 7,284명, 1900년 5,177명, 1906년 3,693명, 1910년 4,405명, 1916년 6,769명으로 기록된다.

농업 개발과 사회-정치적 생활에서의 긍정적 역할에도 불구하고, 19세기 후반부터 형사 범죄자의 유배가 증가하기 시작하면서 유배에 의한 부정적인 결과가 나타나기 시작하였다. 형사범들은 지역 주민들에게 정신적으로나 물질적으로 상당히 큰 부담을 주었다. 물질적인 면을 고려하지 않더라도, 원주민들은 수많은 유형수들을 먹이고 입히는 것뿐만 아니라 농기구와 가재도구를 내어 주고, 집을 지어주어야 했다. 많은 형사범들은 수십 년 동안 소수민족 주민들에게 얹혀살면서 일할 능력이 없다는 이유로 농사도 짓지 않고, 수공업 같은 직업에도 종사하지 않았다.

6. 야쿠트 어

야쿠트 어는 훈 제국 시대에 발생한 투르크 어족의 위구르-오그드 그룹의 동부 훈족 지파에 속한다. 언어의 명칭인 saxa는 투르크 어의 Jaka에서 나왔다. 이 단어에서 에벤키 어의 jako, 부랴트 어의 jaxad, 러시아 어의 jakut가 유래한다. 1992년 4월 사하공화국(야쿠티야) 헌법은 야쿠트 어의 명칭을 saxa로 정하였다. 이 언어를 사용하는 야쿠트 인들은 러시아 연방의 야쿠티야, 크라스노야르스크 주 북부, 마가단 주, 이르쿠츠크 주, 아

야쿠트 어 교수 콜로데즈니코프(Stepan Kolodeznikov)

무르 주 및 하바롭스크 주에 살고 있다. 사하 어는 야쿠티야 주민의 92.8%가 모국어로 간주한다. 실제로 에벤키, 에벤, 유카기르, 러시아 이주민(약 25,000명) 등 야쿠티야 북부의 모든 민족들도 야쿠트 어를 사용한다.

야쿠트 문학어의 역사는 2단계로 나누어진다. 즉, 제1단계 혁명 전(19세기-20세기 초)의 비 국가적 문학어 형성기와 제2단계 혁명 후의 국가적 형태의 문학어 형성과 발전이다. 다시 제 2단계는 몇 단계로 나누인다. 80년대 말부터 전 민족적 전통 언어 규범을 바탕으로 한 국가 언어로서의 언어의 부활을 위한 광범위한 운동이 전개된다.

야쿠트어는 투르크어 중 가장 오래된 언어이다. O.N. 베틀링은 비교역사적 관점에서 야쿠트 어의 문법 구조와 문법을 주의깊게 연구하고 이 언어가 제일 처음 "공통 원시 투르크어"(Common Pro-Turkic language)에서 분리되었다는 확신을 하게 되었다. 그 이후 투르크 어 학자들은 더 이상 이 문제를 건드리지 않았다. S.E. 말로프는 야쿠트어를 추바시어, 황색 위구르어와 함께 가장 오래된 언어로 간주하였다. 왜냐하면 다른 투르크어들과의 비교에서 이전 시대의 기원을 보여주는 고어적 특성들이 발견되기 때문이다. Ju. 네메트에 따르면, 고대 야쿠트어와 추바시어는 역사적 조건에 의해 제일 먼저 다른 투르크어들로부터 분리되어 얼마동안 서로 접촉을 유지하였다. 그와 같은 관점을 가진 대표적 투르크어 학자들은 Dž. Kloson, A.P. Dul'zon, E. M. Fazylov가 있다. B.A. Serebrennikov, N.Z. Gažieva, O.A. Mudrak 등 오늘날의 많은 학자들은 야쿠트어의 고대성을 지지하고 있다. E.I. 우브랴토프 교수는 많은 수의 유사한 특성을 근거로 야쿠트어의 바탕은 오르혼 기념비에 새겨진 언어와 가까운 고대 투르크어라고 주장하였다.

• 야쿠트 어의 고대 문자

야쿠트 어에는 "편지", "문학"을 의미하는 투르크-몽골 기원의 단어 suruk, suruk-bičik이 있다. 루닉 문자로 쓰인 25개의 완전한 비문과 약 40개의 루닉 기호가 해독을 기다리고 있다. 이것들은 야쿠트 인 조상들의 고향이라고 추정되는 바이칼 연안과 북쪽으로 이동 중 머무른 레나 강 중류 지역에서 여러 시대에 걸쳐 발견되었다. 이것들 중 단 몇 개만이 해독되었다.

1995-2003년에 야쿠티야 영토에서 새로운 루닉 비문과 낙인 모양의 기호가 발견되었다. Suruktax Xaja, Petrovskaja 그리고 Letnij Artyk의 비문들의 동일성, 텍스트의 동일 기호의 존재에 대해 고대 투르크어 학자 레빈(G.G. Levin)은 이 지역에 비문을 남긴 민족은 동일한 투르크어 사용 민족이라고 추정하였다. 오윤스키(P. A, Ojunskij)는 오르혼의 비문과 일치하는 17개의 기호를 발견하였다. 오클라드니코프(A. P. Okladnikov), 자포로지스카야(V. D. Zaporozhskaja)는 레나 강 중류와 상류의 그림에서 고대 투르크 알파벳과 유사한 기호 15개를 구분해 내었다. 바라시코프(I. I. Barashkov)는 레나 강 유역에서 오르혼-예니세이 루닉과 일치되는 기호 26개를 발견하였다.

오늘날의 야쿠티야 영토에서는 고대 루닉 문자의 흔적뿐만 아니라 루닉 문학에 대한 증거가 발견된다. 야쿠트 문학사학자 P.B. 포포프에 의하면,

19세기 30년대까지 라틴 문자, 키릴 문자와 함께 루닉 문자가 사용되었다. 루닉 문자는 인쇄물, 전표, 달력 등에 17-18세기에 광범위하게 이용되었다고 한다. 야쿠트 초기 역사 전문가인 세센 볼로(Sesen Bolo)는 최근까지도 야쿠트인들이 고대 문자를 사용하였다고 주장한다.

• 역사적 관점에서 야쿠트 어의 어휘 구성

야쿠트어는 투르크어에 속한다. 투르크어는 몽골어, 퉁구스-만주어, 한국어 및 일본어와 함께 알타이 어족을 구성한다는 견해가 지금까지 가장 유력한 가설로 받아들여지고 있다.

야쿠트어의 역사와 직계 조상들을 다음과 같이 추정할 수 있다.

알타이 조어시대는 기원 전 약 10-6세기 노스트라드 언어 공동체의 붕괴로 시작되었다. 그 다음 초원에서 목축과 농사를 짓는 원시 알타이인들은 아마도 카스피 해의 동쪽 해안을 따라 북쪽으로 이주하였다. 따라서 알타이어는 카스피 해 연안의 동쪽과 북쪽, 남 우랄, 서 카자흐스탄, 서 시베리아 일부로 확산되었다.

알타이어에서는 음성적으로 유사한 특성들이 나타난다. 음성적 특성과 형태적 특성에는 공조성과 교착성이 있다. 그리고 대부분의 파생 범주와 통사 구문은 구조와 의미가 동일한 점이 발견된다. 이에 따라 많은 접사 형태소들이 유사한 것으로 간주된다.

그러나 현재까지 조사된 바에 의하면, 수사, 신체 명칭, 계절, 하루의 시간, 천체, 기후 현상의 명칭 등 주요 어휘 그룹에서 일치되는 비율이 너무 낮아 어휘통계 이론상 알타이어의 조상 언어의 존재는 연대기적인 추정이 불가능하다. 음성적으로 그리고 의미적으로 제시되는 많은 근거들은 의심스럽다. 어쨌든 알타이어의 재구는 현재까지도 진행 중에 있는 연구 대상이다. 스타로스티나(S. A. Starostina)가 재구한 예들을 보면 다음과 같다.

*xal(오다, 가다): 투르크 gel, 한국 *ka, 일본 *ke

*p'ərʏ(불, 타오르다): 투르크 *ərt, 몽골 *fərde, 한국 *pyr, 일본 *pe

*kilu (머리카락): 투르크 kyl, 몽골 *kilŋa-sun, 퉁구스-만주 *xunь-на, 한국 kar(h), 일본 *kaj;

*karr(위, 몸, 갈비): 투르크 *karn, 한국 *kari, 일본 xara.

기원전 6세기로부터 기원전 시대가 끝나는 기간을 원시 투르크 시대라 한다. 원시 투르크어 사용자들은 흑해 연안 북부에서 사얀-알타이 계곡과 몽골에 이르는 넓은 지역에 산재하였다.

포페(N.N. Poppe)가 재구한 예는 다음과 같다.

원시 투르크어		야쿠트		
	*bil		bil	"알다"
	*kiši		kihi	"사람"
	*susax		*utax	"갈증"
	*uzun		uhun	"긴"
	*ʏč		ʏs	"3"
	*aač		aas	"배고픔"
	*bɔɔr		biɔr	"주다"

공통 투르크어(고대 야쿠트어)는 기원 후 1,000년 간 지속되었으며, 쿠룸친스크 고대 문화와 일치한다. 쿠룸친스크 문화의 소유자들은 야쿠트인의 조상으로 간주되는 쿠르칸(kurykan) 족이다.

이들은 요새화된 대도시에 거주하고, 소, 말, 염소, 양, 낙타를 키우고, 관개농사를 지었으며, 높은 수준의 금속공예를 가졌다. 문자는 오르혼-예니세이 유형의 알파벳 문자를 사용하였다.

쿠르칸 족은 단지 몇 개만의 비문 조각을 남기어 언어의 음성, 문법 구조, 어휘를 판단할 수 없다. 그러나 기원 후 1,000년 동안 야쿠트 조상(쿠르칸 족)의 언어가 꼭 일치하지는 않는다 하더라도 투르크어에 가까웠다고 추정된다. 현대 야쿠트 어는 특히 발음과 어휘 면에서 나머지 투르크어 친족어들과 확연히 구분된다.

공통 투르크어		야쿠트		
	al		yl	가져가다
	karŋa		kyraa	열심히 일하다
	aj		yj	월, 달
	at		yt	쏘다
	jol		suol	길
	jyl		syl	해, 년

(야쿠트어에서 jyi은 bu "이"와 jyl "해"의 합성어인 byjyi "금년"에 남아 있다.)

야쿠트 인 조상들은 수천 년 동안 다양한 민족들과 접촉을 하였다. 그 결과 언어에도 다른 언어에 기원을 가진 어휘들이 다수 들어왔으며, 일정 부분은 분명히 고대에 차용된 것들이다. 고대 시대에는 아랍, 페르시아, 중국, 산스크리트, 티베트, 사모예드 등 비 알타이어계의 동양 언어들로부터의 차용도 있었다.

야쿠트어에는 2,000개 이상의 몽골 어휘가 포함되어 있지만 체계상 일치하는 것은 아니다. 몽골 어휘들은 야쿠트 어휘에 개별적으로 포함되었다. 이러한 어휘들은 13세기 이후에 들어왔다. 야쿠트 인들은 오랫동안 에벤키와 에벤 족도 접촉하며 살았다. 그러나 공통 야쿠트어에서 퉁구스-만주 어휘의 차용은 30개 이하이다.

bolbukta 삼나무 관목
dьuukta, duuktɘ 샘
kukaaky 어치새
kuta 소택지
labykta 땅의 이끼, 순록 이끼
maamykta 말과 순록을 잡기 위한 긴 밧줄, 올가미
oholo 꿩 류의 새

야쿠트어 방언에는 퉁구스-만주어의 차용어휘가 250-300개 정도 있다. 이것들 대부분은 순록 목축과 사냥과 관련된 것들이다.

지난 400여 년간 야쿠트어는 러시아어와 긴밀한 관계 속에서 발전해 왔다. 많은 차용어가 러시아어에서 들어오고, 동시에 러시아어를 통해 국제적 어휘들이 들어왔다.

• 야쿠트 어 방언

러시아인 농부들이 들어오기 훨씬 전에 지역적 분화를 기반으로 하여 2개의 방언 그룹이 형성되기 시작하였다. 첫 번째 그룹은 남스크, 듑신, 보로곤, 바야간타이 야쿠트 인들의 방언이 통합된 것이다. 이 방언의 특징은 "아-발음"(akan'e)이다. 즉, 투르크-몽골어와 몽골어 기원의 어휘들이 가진 열린 모음의 전통적인 비 원순 발음을 유지하고자 하는 것이다. 어휘는 음성적으로 형성되어, 오래 전에 확립된 모음의 구개음 조화의 규칙을 준수하고자 하였다.

baatyr 무사 - baatur 영웅, 무사, 원시 몽골 baŋatur
xatyn 안주인 - 고대 투르크 qatun 여주인, 원시 몽골 qatun 공작부인
xatyyr 낫 - 원시 몽골 qaduŋur 낫
sərііn 시원함 - 원시 몽골 serigun 시원함
kərsiə 온순한, 현명한 - 원시 몽골 kersegu 아주 똑똑한 등.

두 번째 그룹에는 칸갈라스, 메긴, 바투루스 야쿠트 인들이 포함된다. 비 어근 원순모음의 영향으로 어근 모음이 원순음화되어 위에 언급된 어휘들에서는 완전한 원순모음들이 나타난다. 그리고 모음의 원순조화에 의해 원순화된 이음들이 발생한다. 즉, bootur, xotun, xotuur, sörüün, körsüö 등, 즉 이 방언에서는 "오-발음"(okan'e)을 한다.

그 이후, 주민의 이주, 행정지역의 변경 때문에 이러한 방언의 형성은

독립성을 상실하고 과거의 변별적 특성 중 별로 중요하지 않은 흔적들만 남았다. 중부 야쿠티야에서는 언어지리학적으로 공통 투르크어 세계에서 이탈하여 다른 언어 사용 부족들에 의해 둘러싸인 섬과 같은 언어권이 형성되었다.

언어 자질들이 지리적으로 교체되고, 기후, 사회경제적 조건, 인종언어적 상황에 의해 서로 구별되는 방언적 그룹으로는 중부(1), 올레크모-빌류이스크(2), 북서(3), 북동(4) 방언 지역으로 구별할 수 있다. 이밖에 야쿠티야 영토 밖에 아직 연구되지 않은 야쿠트어로서 마가단, 오호츠크, 아얀-마이, 우드, 아무르, 치타, 보다이빈 지역의 야쿠트어 방언들이 있다.

III

주요 소수민족

1. 소수 민족의 형성과 특성

1) 에벤키 인

에벤키 인은 동 시베리아, 극동, 중국 북부, 몽골에 작은 그룹으로 퍼져 살고 있다. 2002년에 실시된 러시아 전국인구조사 자료에 의하면 야쿠티야의 20개 울루스(주로 올레크민, 우수티-마이, 올레뇨크, 지간, 알단)에 18,232명이 살고 있다.

인류학, 고고학, 언어학 자료에 의하면, 에벤키는 AD 1,000년경 바이칼 연안(Pribajkal'e)과 바이칼 동쪽(Zabajkal'e)에서 이주한 퉁구스 족과 동

야쿠티야 북서부 올레뇨크의 에벤키 마을(2008. 4.8)

올레뇨크 마을 민속박물관의 에벤키 목동 모형

올레뇨크 에벤키 인 마을 유치원 앞. 2008. 4(-40도)

시베리아의 토착민이 뒤섞이면서 이를 바탕으로 형성되었다. 에벤키 인의 경제적 유형은 "사냥꾼", "순록 사육꾼", "말 사육꾼"으로 중국, 바이칼 동쪽, 몽골에 퍼져 있다. 야쿠티야의 에벤키들은 주로 사냥꾼과 순록사육자들이다.

러시아인들과의 접촉은 1619년 시작되었다. 예니세이스크(Enisejsk)에서 표트르 알브체프와 체르카스 루닌은 에벤키 공후 일틱(Iltik)을 사로잡아 그로부터 레나 강과 주민들에 관한 정보를 얻었다.

17세기 중엽 카자크인들의 동쪽 진출로 인해 에벤키 족은 현물세를 납부할 것을 강요당하고 빌류이스크와 저지대 알단 지역으로부터 러시아 인과 야쿠트 인에 의해 밀려나게 되었다. 그럼에도 불구하고 그들 사이에서는 무역이 왕성하게 발전하여 에벤키 인들은 모피를 제공하고 대신 러시아 인에게서 금속 제품과 양복지를, 야쿠트 인에게서는 가축과 철 제품을 받았다. 그들은 서로 독립적으로 살면서 지속적으로 교류하였다.

에벤키 인들은 자기네 생활 방식과 기후 조건에 맞는 나름대로의 물질문화를 만들었다. 에벤키 인들은 산재되어 살았지만 생활용품들의 종류나 모양은 거의 동일하고, 다만 이웃 민족의 영향을 받은 일부 용품과 장식에서 차이가 있다.

올레뇨크 마을: 전국체전 성화맞이, 2008. 4.4

올레뇨크의 에벤키 인: 공항의 손님맞이 의식(빵과 소금 대접)

2) 에벤 인

바구니에 아기를 실은 에벤 여자

에벤 인은 라무트 인이라고도 하며, 동 시베리아와 극동에 사는 소수민족 중 하나이다. 그들은 마가단 주와 캄차트카 주, 추코트 자치구와 코략 자치구, 하바롭스크 주의 오호츠크 지역, 야쿠티야의 북동 지역에 소규모 그룹으로 산재되어 있다. 전 러시아 인구조사에 의하면 야쿠티야에 11,657명의 에벤 인이 살고 있다.

렌스크 요새(1640)로부터 얀, 인디기르크, 콜리마 강 상류로 이동하면서 러시아 인들은 처음으로 라무트 인들을 조우하게 되었다. 1638-1650년 사이 동북 시베리아 지역에 러시아인이 올 때까지 에벤 인은 서쪽으로는 레나 강에서 동쪽으로는 오호츠크 해 연안까지, 남쪽으로는 알단 강과 울리야 강으로부터 북쪽의 북빙양까지 아주 넓은 지역에 걸쳐 살고 있었다. 17세기에 대부분의 에벤 족은 오호츠크 연안에 집중되어 있었다. 그곳에서는 "순록" 퉁구스 인과 "걸어다니는" 퉁구스 인[1]이 함께 살고 있었다.

1) 순록을 생업으로 하는 퉁구스 인들과 달리 정착하여 어업을 생업으로 하기 때문에 순록을 타고 다니지 않는 퉁구스 인을 일컫는 말이다.

에벤 인은 20세기 초에 동북 시베리아의 광대한 지역을 차지하고 가장 넓게 분포되어 있었다. 서쪽으로는 17세기 유카기르 인들이 차지했던 레나 강과 콜리마 강 사이의 지역도 차지하였다.

레나 강과 야나 강 사이에 살던 에벤 인은 언어와 문화 면에서 야쿠트 인들의 영향을 상당히 받았다. 그들은 콜리마 강 유역에서 유카기르 인, 야쿠트 인과 함께 뒤섞여 살았다. 아나드리 강 유역에서는 코략, 축치, 러시아 인들의 영향을 받았다.

러시아 인들이 오기 전까지 에벤 인들은 3개의 문화, 경제 그룹을 이루고 있었다. 유목과 순록치기 부족, 정착 어업 부족(걸어다니는 퉁구스 족), 알단 강의 반 정착 가축치기 부족이었다. 17세기 중엽 순록치기들은 야쿠티야의 타이가 산악 지역, 오호츠크 해의 북부 산악 지역에서 유목을 하였다. 그들은 때로 "된뎀벨", 즉 산악인 또는 대륙인이라고 불리었다.

3) 유카기르 인

유카기르인

유카기르 인에 관한 이야기가 처음 전해진 것은 관리, 현물세 징수원, 나중에는 여행자와 탐험가들의 보고서를 통해서였다. 무엇보다도 고고학자들이 유카기르의 문제에 깊은 관심을 가졌다. 역사적으로 유카기르 인의 주요 활동 시기는 선사시대였기 때문이다. 고고인류학자들의 일치된 견해는 유카기르 인이 야쿠티야 지역에서 살고 있는 민족 중 가장 오래된 민족이며, 그 시기는 3,000-6,000년 전이라는 것이다.

유카기르 인의 발생에 관해 가장 흥미있는 가정으로는 다음의 3가지가 있다. 첫째, "중석기 시대설", 이 가설에 의하면, 원시 유카기르 인들은 야쿠티야의 숨나긴스크(sumnaginsk) 문화(1만 5백-6천 년 전) 소유자들의 후예들이다. 둘째, "신석기 시대설", 이 가설의 신봉자들은 유카기르의 조상들이 석기 시대의 마지막 시기인 6천-3천 년 전에 야쿠티야에 살았다고 생각한다. 셋째, "금속 시대설", 이 가설의 옹호자들은 야쿠티야의 청동기 시대-초기 철기 시대인 2천 5백-2천 년 전에 인종적으로 나타났다고 믿는다. 많은 연구자들은 기원 전 1,000년과 기원 후 1세기에 이미 야쿠티야의 렌스크 주 지역에 독립적 민족이 거주하였다고 믿는 경향이 있다.

4) 축치 인

축치 인은 동북 아시아의 최북단에 살고 있는 민족으로 러시아 연방 마가단 주 추코트 자치구의 원주민이다. 또한 코략 자치구의 북부와 사하공화국(야쿠티야) 니즈니콜름스크 울루스에서도 살고 있다. 이들은 코략 족, 케렉 족, 이텔멘 족을 포함한 동북 고대 아시아 인들 가운데 가장 체격이 큰 민족이다. 2002년 야쿠티야 인구조사에서는 393명의 축치 인들이 등록되었다.

자기들 스스로 부르는 "루오라베틀란"('진짜 사람'이라는 의미)이라는 민족의 명칭은 인정되지 않는다. 툰드라 축치 인 중 순록치기들이 부르는 이름 "참추"와 해안가 거주자들이 부르는 이름 "안깔른"이 있는데 러시아식 명칭 "축치"는 "참추"에서 나온 것이다. 이들은 몽골 인종의 북극 인류 유형과 관계가 있으며, 부분적으로 바이칼 유형의 몽골 인종의 특성도 보인다.[2)]

인종적으로 축치 인들의 조상은 기원 전 4,000년의 후반부터 추코트 반도

---

2) 17세기에 이미 최초의 유럽 여행자와 연구자들이 아시아에서 아메리카로의 이주 가능성을 제기한 바 있다(N. Vitsen, I.A. Musin-Pushkin 등). 사실상, 시베리아와 아메리카의 원주민들은 많은 공통점을 가지고 있다. 인류학적으로 그들은 하나의 대 몽골 인종(아시아-아메리카 계)에 속하며, 두 개의 지파, 즉 아시아 지파와 아메리카 지파로 나누인다. 동북아시아와 북아메리카의 원주민들의 물질적 정신적 문화에는 유형적, 유전적 유사점들이 있다.

축치인 가족

의 내륙을 차지하기 시작하였지만, 그보다도 그들의 문화적 전통은 기원 전 2,000년에서 1,000년 초에 나타나기 시작하였다고 간주된다. 이러한 씨족 그룹들은 고대 야쿠티야 극지방에 나타난 후기 신석기 시대의 사냥과 어업 문화를 계승하였다. 기원 전 1,000년 말 경 이 그룹들은 추코트카의 동북 해안 지역까지 도달하였다. 여기서 그들은 에스키모의 고대 베일 문화 소유자들과 부분적으로 섞이어 해안 축치의 기원이 되었다.

기원 전 1,000년과 2,000년 사이에 "걸어다니는" 사냥꾼과 호수와 강의 어부들을 주축으로 하는 우스티-벨 지역 고고 문화의 범주 안에서 원시 축치인이라는 인종 그룹이 발생하였다. 이 과정에서 중심은 야쿠티야에서 침투한 후기 신석기 시대의 사냥꾼들이었다. 그들은 추코트카의 고대 중석기 시대의 마지막 주민들을 동화시켰다.

축치 인은 그들의 조상들이 기원 전 1,000년 중엽 오호츠크 해안에서 아시아의 동북 극단 지역으로 이동하면서 유카기르 인과 에스키모 인의 일부와 융합되는 과정에서 생겨났다. 그 뒤를 이어 기원 전 1,000년 후반기에 정착 생활을 하는 축치 인이 나타나면서 베링해에 정주 해양 짐승 사냥 문화가 광범위하게 침투하였다. 기원 후 10세기 이후 반도의 내륙 지역으로 순록 목축이 확대된 것을 고려하면, 축치 족이 형성된 것은 정착형 축치 그룹이 형성된 뒤이다. 17세기 추코트카에 러시아 인들이 당도할 무렵 축치 인들은 원시공동체가 해체되는 위기를 겪고 있었다. 그들은 바다의 큰 짐승 잡이업, 어업, 야생 순록 사냥, 툰드라의 유목 순록목축에 종사하였다. 유목민과 정착형 사냥꾼들은 서로 자연적 교환을 유지하였다. 종교 의식의 주관자들은 세속적 기능과 종교적 기능을 겸직하였다. 원시적 노예제도가 존재하였고, 생산의 기본은 공동체원들의 노동이었다. 기본 경제 단위는 가부장적 대가족이었다. 또 다른 결혼 형태로서 2인조 결혼이 존재하였다.

5) 돌간 인

돌간 인은 북극지역의 소수 원주민이다. "돌간"이라는 이름은 크라스노야르스크 주 북부의 예니세이 강, 하탄가 강, 퍄시나 강 사이의 분지와 야쿠티야 북서부의 아나바르 강 분지에 살고 있는 주민을 나타내기 위한 러시아 어 명칭에서 비롯된 것으로 원래는 하탄가 지역에 살고 있는 그룹을 가리켰다. 본래의 명칭은 사라지고, haka, tya kihite, tyalar, muora kihite, muoralar와 같은 별칭들만 전해진다. 단어 tya(야쿠트어로 '숲')와 muora(야쿠트어로 '바다')는 돌간 어에서 "툰드라"라는 의미를 얻었다. 그리고 야쿠트 어로 '사람'을 뜻하는 kihi가 돌간 어에서도 '사람'을 뜻하였다. 따라서 돌간 인들의 인종적 별칭들이 러시아 어로 "툰드라의 사람"이라는 말로 번역되었다.

돌간남자

돌간여자

돌간 인은 몽골 족의 지역적 변종으로 중앙아시아와 바이칼 유형으로 간주된다. 신체적 형태는 야쿠트 인의 인종적 환경이 큰 영향을 미쳤다. 돌간 어는 야쿠트 어의 돌간 방언, 또는 투르크 어족의 야쿠트 어계에 속하는 별개의 언어로 간주된다. 사하공화국(야쿠티야)의 아나바르스크 울루스에 사는 돌간 인의 수는 1990년부터 934명까지 증가하여, 2003년 1,124명, 2005년 1,184명으로 기록되었다. 전통적인 경제 활동은 순록 목축과 어업이다.

인종적으로 "돌간"이라는 명칭이 등장하는 것은 17세기 초였다.

레나 강 동쪽 연안 야쿠티야의 중심부에 살고 있던 에벤 족 사람들이 최초로 스스로를 "돌간"이라고 불렀다고 한다. 돌간 족은 점차 북서쪽으로 이주를 하였다. 거기에는 발생 기원이 다양한 인종 그룹들이 살고 있었다. 그들은 서로 긴밀하게 접촉을 하며, 북부 지역의 야생 순록들을 사냥하고, 순록 목축과 어업에 종사하였다. 다양한 인종적 환경 속에서 돌간 족은 그들의 공동의 고향이 된 지역을 따라 이주하였다.

시간이 지남에 따라 야쿠티야의 북서부에서는 돌간 인 가운데 퉁구스의 순록 목축 경제와 물질문화를 지닌 공통 유형이 형성되었다. 그들은 툰드라 지역의 민족에 특징적인 옷을 똑같이 입기 시작하였다. 민족 간 소통을 위한 언어는 야쿠트 어였다. 그들은 공동으로 하나의 돌간 하부 그룹을 구성하였다. 그 후 야쿠트 어를 구사하는 돌간 인 가운데 순록 목축을 하는 부족은 타이므르(Tajmyr) 반도 서쪽으로 이주하였다.

새로운 하부 그룹과 언어의 형성 과정은 타이므르에서 계속되었다. 주요 그룹은 하탄가 강의 분지에 정착하고, 서쪽으로는 예니세이 강까지 진출하였다. 타이므르와 예니세이에서는 우랄어(응가나산 족, 에네츠 족, 네네츠 족), 퉁구스어(에벤키 족), 케트어(케트 족), 러시아어(퉁구스 농민들) 등 여러 가지 언어를 구사하는 민족들 가운데 끼게 되었다. 그들과 상호 교류하면서 인종적으로 혼합이 진행된 결과 돌간 족이 나타나게 되었다. 새로운 민족은 소수의 순록 목축 그룹이었지만, 지역적으로로는 엄청나게 멀리 퍼져 있었다. 서쪽으로는 예니세이 강까지 이르고, 동쪽으로는 야쿠티야의 서북 극지역의 타이므르를 포함할 정도였다. 이 때문에 돌간 인들 사이에는 그룹에 따라 문화적으로 커다란 차이가 생겼다.

독립적인 인종그룹으로 돌간 인이 나타나는 것은 18세기 말–19세기 초였다. 그룹의 결합을 촉진한 것은 지리적 위치, 유사한 생활 방식, 그때까지 소통의 기본이 된 야쿠트 어였다. 발생은 다양하지만 경제활동이 공통적인 돌간 그룹은 야쿠트 어를 사용하였기 때문에 야쿠트 인이라고 간주되었다. 19세기말 서쪽으로는 예니세이 강으로부터 동쪽으로는 태평양까지 넓은 지역에 퍼져 있던 민족들은 모두 야쿠트인으로 동화되었다.

전체적으로 순록 목축을 하는 돌간 인들은 중부 야쿠티야의 마소 목축 야쿠트 인과 구별되었다. 돌간 인에게는 완전히 다른 특성들이 있지만, 19세기 말까지는 인종적으로 자신들을 야쿠트 인과 구분하지 않았다. 소비에트 정권 전까지 그들은 자신들을 툰드라 지역의 "순록 목축 야쿠트 인"이라고 하였다. 1920년대 야쿠티야 자치소비에트 공화국이 형성될 때 대규모 야쿠트 인 정착지에 경계가 그어졌다. 이때 돌간의 지역이 야쿠티야 공동체로 포함되었다.

타이므르 돌간 족과 야쿠트 인을 구별한 것은 1930년대 이후였다. 크라스노야르스크 주 안의 타이므르 돌간 인 지역이 타이므르 돌간–네네츠 자치구로 전환되면서 타이므르가 야쿠티야 자치 소비에트공화국에서 제외되었다. "돌간"은 민족 이름으로 소비에트 여권에서 공식 인정되고 지역적으로도 차별화되었다. 그러나 아직도 야쿠티야의 아나바르 울루스에는 타이므르의 돌간과 동일한 문화를 가진 돌간 족이 남아 있다.

20세기 후반 민족 복원 정책의 결과 아나바르 울루스에서는 이전에 야쿠트 인으로 간주되던 돌간 인과 에벤키 인이 별개의 인종으로 지정되었다. 현재 돌간 인은 자신들을 별개의 민족으로 간주한다.

2. 소수 민족의 문화와 종교

1) 에벤키 인의 문화와 종교

• 전통적 주거

에벤키의 전통적 주거는 원추형 천막인 듁차(djukcha)이다. 천막의 지붕은 특수하게 재단되고 연기만 나오도록 되어 있다. 천막의 재질은 순록 가죽이다. 여름 천막은 자작나무 껍질이나 나무껍질로 덮는다. 오래 거주할 장소에서는 굵지 않은 통나무를 반으로 쪼개어 골로모(golomo)라는 천막을 만든다. 여름에는 물고기가 많은 강이나 호숫가에 유사한 집을 짓는다. 골로모는 지면에 사각형으로 세우고 판자로 덮는다. 19세기 에벤키 인들은 유목에 편리한 직물 천막을 이용하고 철제 난로를 갖기 시작하였다. 유목을 하는 에벤키 인에게 농장 건물은 특징적인 것이 아니었다. 몇 가지 안 되는 살림도구를 보관하기 위해서는 말뚝을 세워 개폐식의 임시 가옥을 만들었다. 지붕을 덮은 가옥은 유목하는 길목이나 낟가리 장소 옆에 세워졌다.

• 교통 수단

에벤키 인의 순록 썰매

에벤키 인들에게 순록에 의한 운송 방법은 오래 전부터 이용되었다. 퉁구스 인들이 순록을 운송에 이용한 것은 6-7세기부터라는 기록이 있다. 정착생활을 하는 이웃 부족으로부터 썰매에 의한 운송 방법을 배운 것은 상당한 시간이 지난 뒤였다. 운송용–승마용 순록 마구는 고삐, 안장, 복대로 구성된다. 에벤키 인은 순록을 등자 없이 탄다. 승마자의 무게 중심은 순록의 어깨뼈에 주어진다. 껑충 뛰어 올라 앉아 오른손으로 기다란 지팡이에 의지한다. 짐 가방은 부드럽지만, 바닥은 자작나무껍질로 되어 딱딱하다. 가방을 서로 묶은 짐 한 짝은 순록 머리로부터 2개의 모피로 된 담요로 덮는다.

하천에 의한 주요 수송 수단으로는 자작나무 껍질 배와 7m짜리 짐 수송 배가 있었다. 자작나무 배는 빠른 이동을 위해 1-2명이 탈 수 있고, 짐 수송 배에는 4-5명이 탔다. 배는 양면용 노로 배를 저었다. 배에는 홈이 파여 있었다.

에벤키 사냥꾼의 이동 수단으로 필수품은 스키이다. 스키에는 모피를 댄 것과 안 댄 것 두 가지 유형이 있다. 이것은 봄에 눈이 얼음층으로 덮여 있을 때 소나 말 사냥에 필요하였다.

• 자연에 대한 태도

에벤키 인의 정신문화와 신앙은 물질적, 사회적, 문화적 생활의 경험을 축적한 구술적 유산에 들어 있다. 이 유산은 민속설화 뿐만 아니라 자연과의 상호 작용, 씨족과 부족 사회의 사회적 규범을 가르치는 문화적 교본을 포함한다. 의식은 자연 속에서의 수천 년에 걸친 생활의 경험을 반영한다. 그것은 에벤키 인에게 고향이며 약속의 땅인 동시에 신 Buga(우주, 어머니-하늘, 세상)였다. 에벤키 인에게 자연은 최고의 신의 위치로 높이어졌다. 왜냐하면 자연 만이 생명의 가슴이며 근원이고, 대지 위의 모든 생물의 어머니이기 때문이다. 자연에 대해서는 불의 정령에게 먹을 것을 주는 의식을 통해 감사를 드린다. 에벤키 인들은 사람처럼 짐승도 죽은 뒤에 새로운 모습으로 탄생하여 대지에 돌아오는 영혼을 가지고 있다고 믿었다. 그래서 짐승은 반드시 묻어주어야 했다. 털 있는 짐승으로부터 가죽을 벗겨낸 후, 주문과 함께 동물들의 내장을 나무의 구멍에 쑤셔 넣었다. 큰 짐승들의 고기는 음식으로 사용하고, 남은 뼈는 특별히 만든 창고에 쌓아두었다. 뼈를 묻어 준다면 짐승은 어김없이 다시 자연에 태어나게 된다고 믿었다. 구전되어 내려온 이러한 "교훈"은 오늘날에도 많은 사냥꾼들이 믿고 있는 것이다. 공리적인 관점에서 그것은 매우 위생적인 규범이라고 할 수 있다.

에벤키 인의 세계관에는 확고한 유형의 환경적 사고와 행위가 있다. 에벤키 인은 지금도 모든 기쁨과 불행이 반복되는 인간과 자연의 상호작용에 의해 일어나는 것이라고 생각한다. 수 세기에 걸쳐 축적된 경험이 사회와 가족을 비롯한 여러 관계들을 규정하는 규범으로서 "관습"법, 전통, 그리고 도덕의 체계를 형성하였다. 이것을 집성한 것을 이트(Ity)(공공질서, 법률)라고 부른다.

에벤키 인의 사고의 출발점은 "인간"의 개념으로부터 비롯된다. 인간은 tokta beje dunne djuktan(인간은 잎사귀만한 땅), 즉 인간은 자연의 작은 한 부분일 뿐이라는 것이다. 설화에서 인간은 "축복"을 의미하는 알가(alga) 또는 히르게(hirge)라고 기술된다. 설화에서는 보통 고독한 영웅–무사가 나타난다. 그는 부모도 없고 자연에 의해 또는 자연의 일부인 나무나 자작나무 요람에서 스스로 태어난다.

19세기 말까지 에벤키의 기본 경제 단위는 가족이었다. 재산은 남자 쪽으로 물려지고, 남자가 죽은 후에는 그의 친척에게 보존되었다. 부모는 보통 막내아들과 살았다. 여자는 상당히 높은 권위를 누렸다. 결혼을 하기 위해서는 신부를 위해 노동을 대신해 주는 것으로 결혼 비용을 지불해야 했다.

모든 에벤키 아이들은 어릴 때부터 금기와 주문 체계를 익히었다. 이것들은 모두 인간과 자연에 대한 행위 규범의 집대성으로 이해되었다. 이렇게 구전되는 법전을 "오됴"(odë)라고 한다.

• 민속 구술 설화

에벤키 가면
(올례뇨크 마을 민속박물관)

문자가 없었기 때문에 에벤키 인은 규범을 민속 설화 형식으로 전승하였다. 격언은 속담과 유사하지만 "오됴"는 무조건 따라야 하는 것이라는 점에서 구분된다. 속담은 예술 장르에 속하지만, "오됴"는 행위에 대한 지시이자 지침이었다. 전통 윤리이며 그 집대성인 "오됴"는 세대를 이어 존중되고 지켜졌다. 가족, 남녀 관계, 부모자식 관계에 관한 행위 규칙들은 종족의 보존과 지속을 위한 것이었다.

에벤키의 설화들은 수많은 장르로 나타난다. 즉, 즉흥곡, 일정한 텍스트를 가진 노래, 샤만의 노래, 수수께끼, 신화, (짐승, 마술적인 것과 풍속적인 것, 아이들과 유머적인 것 등의) 이야기, 영웅이야기, 종족의 전설, 속담과 격언, 주문과 금기들이다. 원무를 위한 노래는 여러 가지의 후렴을 가지고 있고, 각 지역마다 나름대로의 가락이 있다. 야쿠티야 에벤키 인의 특징적인 후렴구는 "Deve", "Gesugur"(Gešinge), "Mančoraj", "Djaler"였다. 원무에서 노래와 춤은 과거로부터 내려오는 의식적 특징을 잘 보여준다. 에벤키 인의 민족 구술 작품의 최고봉은 에벤키 서사시를 대표하는 영웅 이야기이다. 뛰어난 이야기꾼은 부트(But) 가문 출신의 알단 지역 에벤키 트로피모프(N.G. Trofimov)였다. 그는 만 10살을 넘었을 때, 아무르 지역 에벤키 인 자볼로츠키(Semen Zabolotskij)로부터 무사 이르키스몬댜(Irkismondja)에 관한 이야기를 처음 들었다. 그의 미래의 선생은 몇 날 밤을 계속해서 이 작품을 공연하였다. 나중에 트로피모프의 공연 목록에 들어 있는 이야기들은 "중간계의 무사 이르키스몬댜", "중간계의 토르간둔", "용감한 무사 소다니", "수놓은 장식 옷을 입은 강력한 무사 데벨첸", "노파 뉸 그루목" 등이었다. 이야기는 대단한 인기를 끌었다. 그것을 듣기 위해

올례뇨크 마을의 에벤키 소녀들

사람들은 먼 유목지에서 몰려들었다. 영웅 서사시의 공연은 배우 한 사람의 독특한 연극이었다. 이야기꾼은 내용을 서술하는 데 그치지 않고 노래, 제스처, 풍부한 표정 연기 등 모든 가능한 방법을 동원하여 등장인물을 묘사하였다. 그들은 무사가 탄 순록과 말들, 정령들, 무사와 장군, 용감한 에벤키 전사들이었다. 초기 역사에서 에벤키 무사들은 말을 탔다. 순록을 타는 것은 훨씬 나중에 나타난다.

야쿠티야 남부에서는 무사 치나나이와 그의 두 형에 관한 이야기인 "에벤키 최초의 조상, 무사 치나나이들"이 공연되곤 하였다. 주제에 의하면, 치나나이는 "에벤키의 뿌리"가 되고, 그의 형 식테네이는 "야쿠트 인의 뿌리"가 되었다. 에벤키 무사들은 자신들을 우랑카이라고 불렀다. 그들은 아이족 출신의 사람들이었다. 그들은 하부계 출신의 적 아바히와 대립되었다. 서사시에서 사건은 3개의 세계에서 전개된다. 영웅-무사들은 철갑옷을 입은 아바히로부터 자기의 민족을 보호한다. 역사적 전설인 울구르(ulgury)는 실제의 역사를 반영하는 것이라고 볼 수 있다.

영토를 두고 에벤키 인들끼리도 싸움이 일어났다. 그러한 곳을 바브댝,

올레뇨크 강 위에서의 봄맞이 순록 축제(200. 4.8)

즉 전쟁터라고 불렀다. 이틈지 강 하구에서 멀지 않은 우훈데 강의 네룽그리 지역에서 에벤키 인들과 야쿠트 인들의 싸움이 있었다. 에벤키 인들은 야쿠트 인들을 물리치고 자기들의 땅에 그들을 들이지 않았다. 이때부터 이곳을 시리데스첵 이라고 불렀다.

우스티-마이스크와 지간스크 에벤키인들에게는 에덴(에디겐) 씨족 출신의 사람들이 새로운 장소로 유목지를 옮기기로 결정한 것에 관한 전설이 있다. 그들은 몇 그룹으로 나뉘어 출발하였다. 첫 번째 그룹은 가면서 다음 그룹이 따라 오도록 도중에 표지판을 남겨 놓았다. 그러나 강한 폭풍이 표지판의 화살 표시를 다른 방향으로 돌려 놓았다. 뒤를 따라 오던 그룹은 잘못된 길로 들어서 오늘날 그들이 살고 있는 곳에 이르렀다. 이것이 지간스크 에벤키이다. 지간스크라는 말은 에벤키 어에서 "강 하류 주민"을 가리키는 에디겐(edigen)이라는 단어에서 나왔다. 에디겐 부족의 가장 큰 다른 그룹은 동쪽으로 가서 하바롭스크 주에 이르렀다.

• 종교 문화, 샤머니즘

타이가 지역에는 정교회 성직자들이 별로 오지 않은 관계로 에벤키 인들에게 기독교는 거의 전파되지 않았다. 대신 기독교 성인상들이 자주 고대의 정령들과 뒤엉켰다. 태고적 세계관에는 모든 자연 현상이 정령화되고 의인화되어 상부, 중간, 하부 세계의 표상으로 나타났다. 오미(Omi)라는 정령에는 다양한 토템적 상상이 들어있다. 피조물 세베키(Seveki)는 신화적 상상에 의해 형상화된 것이었다.

"태초에 두 형제가 살았다. 형은 하르기(Hargi)라 하고, 동생은 세베키(Seveki)라 하였다. 형은 악의 근원이었고, 동생은 선의 의인적 표상이었다. 에벤키 인의 종교와 신화에서 세베키는 상부세계 우구 부가(Ugu Buga)의 정령이며 주인이었다."

고대의 신앙이 많은 면에서 샤머니즘으로 변형되었다. 샤머니즘의 발전으로 대량의 착한 정령과 악한 정령의 개념이 생겨났다. 그들은 샤만의 조력자였다. 샤만의 종교 의식의 바탕에는 고대의 수렵과 순록치기의 의식이 깔려있다. 지금까지 남아 있는 의식은 사냥의 성공과 우상을 통한 병의 치유와 정화 의식이다. 민중 신앙은 샤마니즘과 거의 섞이지 않으면서 별도로 나란히 공존하여 왔다.

올레뇨크 강 위의 순록 축제(2008. 4. 8)

찬기트(changit) 인에 관한 전설

야쿠티야 남부에는 몽골 족인 찬기트 인에 관한 전설이 널리 퍼져있다. 그들에게 맞서 그 지역에는 에벤키 인들이 살고 있었다. 간교한 찬기트 인들은 에벤키 인들을 갑자기 습격하여 남자들을 죽이고 여자와 아이들, 그리고 순록을 빼앗아 갔다. 그날부터 에벤키 인들은 전투의 장소를 기억하고 그곳을 지날 때에는 훌가(hulga)라는 의식을 거행하고, 그곳의 정령과 죽은 영혼을 위한 선물을 남겨 놓았다. 전설에 따르면, 찬기트 인과의 마지막 전쟁은 한겨울 토코 강에서 벌어졌다.

적들이 몰려 왔다. 에벤키 인들은 그들과 전쟁에 관한 조약을 맺고 좁은 계곡에서 전투를 하기로 하였다. 양쪽에서 샤만 한 사람과 무사 40명씩을 내세웠다. 처음엔 샤만끼리 싸웠다. 에벤키 샤만이 이겼다. 그는 유일하게 살아남아 토코 강을 건너 그곳에 뿌리를 내렸다. 그로부터 탄 족(tjanskij)의 에벤키 인이 생겨났다. 그곳은 지금 사만 오레네(Saman orene)라고 불린다. 지금까지도 근처의 고목에서는 화살촉과 창끝이 발견된다고 한다.

• 민족 문화의 발전

에벤키인의 생활에서 중요한 위치를 차지하는 것은 노래, 춤, 그리고 음악이다. 집단 무용은 순록의 동작, 새와 동물 등의 원무를 모방한다.

에벤키 사람들

에벤키 어의 문자는 처음 라틴 문자를 바탕으로 1928-1929년에 만들어졌다. 그 후 1937년에 러시아의 키릴 문자를 바탕으로 다시 만들어졌다. 1930년대부터 에벤키 어로 수업이 이루어지고 1학년부터 9학년까지 교과서가 만들어졌다. 현재 에벤키 어린이의 32.5%가 야쿠티야의 11개 학교에서 에벤키 어를 배우고 있다. 창작 단체인 "Gevan"(여명)은 라디오와 텔레비전에 정기적으로 프로그램을 제공하고 있다. 2001년부터 에벤키 어, 에벤 어, 유카기르 어로 된 정기 월간 신문 "Ilken"이 발행되고, 지역 신문에서는 특별 판이 만들어지고 있다. 직업적인 문학과 번역 문학이 나타나고 있다. 1989년부터 2002년까지 115권의 책이 발간되었다. 문학 전통의 형성, 민족 지식인층의 형성, 교육의 발전, 인류 문화에의 참여, 문화적 기여를 통해 에벤키 인의 민족의식을 높이고자 노력하고 있다.

행복의 상징, 흰 순록

2) 에벤 인의 문화와 종교

• 세계관

에벤 족의 세계관은 전반적으로 퉁구스-만주족에게 전통적으로 내려오는 것과 같은 유형이다. 고대 에벤 족에게 세상을 만든 것은 하늘의 최고의 신 회브키(hövki)였다. 우주 넬베엔(Nelbeen)은 3개의 공간으로 구성되어 있다. 즉, 상부세계(태양, 달, 번개와 천둥의 신들이 살고 있는 신적 존재의 세계), 중간세계(인간, 동물, 새, 식물의 단층적 세계), 하부세계(인간에게 악을 가져오고, 여러 가지 질병을 보내는 악령의 서식처). 죽은 뒤 인간의 영혼 한인(han'in)은 상부 세계의 신에게 날아가서 아래로 내려오지 않는다.

지구와 인간의 발생에 관한 신화는 에벤 족의 설화와 기독교와 관련이 있다. 여기에는 조물주, 하늘의 샤만, 초자연적 인간들의 형상이 들어 있다. 신화의 우주 창조 유형은 세계의 조화적 개념을 반영한다. 그 중심에는 세계수 투루(turu)가 있다. 이 나무는 3개의 세상, 상부(ügin buga), 중간(Buga), 하부(hergin buga)를 연결해 준다. 세계는 서로 "구멍"을 통해 소통한다. 그것들 중 하나가 북극성이다. 일부 신화에서는 이 기능을 새벽별 금성이 행한다. 새벽별의 구멍을 통해 인간은 상부세계에 도달한다. 저녁별을 통해서는 하부세계로 갈 수 있다. 다른 이설에 의하면, 인간은 하천이나 호수 바닥 또는 동굴를 통해 하부세계에 갈 수 있다. 그 뒤 외부의 영향에 의해서 세계의 우주적 유형에 관한 에벤 족의 관점은 상당히 변형되었다. 이전의 신화에서 표상이 수직적으로 지향되고 세계 간의 관계가 세계수를 통해 이루어졌다면, 훨씬 나중의 이설에서 우주에서의 세계의 위치는 수평적으로 정의되고, 세계수의 기능은 세계를 연결하는 상상의 강에 주어졌다. 그보다 훨씬 뒤의 이설에서는 세계 사이의 연결 고리가 서쪽에서 시작하여 북쪽으로 흘러가는 샤만의 강이라는 것이다. 이 고리는 인간과 천상의 신들을 연결하는 매개체와 같은 역할을 하는 것으로 간주된다.

• 순록 숭배

에벤 족의 주요 자산인 순록은 태양의 것(nölten orolni)라 부르고, 새끼 순록을 태양의 아이들이라고 불렀다. 에벤 족의 전통에서 순록은 성스러운 동물(hövök oron)이었다. 신이 내려 보낸 순록들은 현세에서 뿐만 아니라 순록을 타야만 도달하게 되는 천상 세계에서도 인간과 동행한다. 고대로부터 에벤 족은 순록을 꾸지야(kud'ja) 또는 으뜩 따바(ıtik taba)라고 숭배하였다. 이 말은 인간의 보호자라는 뜻이다. 꾸지야는 모든 가족과 씨족의 구성원들이 가진다. 노련한 순록치기는 그것을 순록 무리에서 골라낸다. 옛날에는 이것을 샤만들이 하였다. 모든 순록이 다 꾸지야가 되는 것은 아니다. 오로지 성스러운 반점을 갖고 있거나 희거나 얼룩덜룩한 털색깔 또는 목 부위에 한 줌의 털, 띠곡(Tigok)을 가진 순록만이 꾸지야가 된다. 그

것으로 에벤 족은 델뷔르게(delbürge)를 위한 털밧줄을 만든다. 이 털은 특별한 짐가방에 보관된다. 이 털은 꾸지야의 소유주와 가족에게 행복을, 순록에게는 안녕을, 사냥에서는 성공을 가져다준다고 생각되었다.

고대에 라문힌스크와 튜가시르스크 에벤 족은 띠곡을 가진 순록을 신을 위한 최고의 제물로 생각하였다. 날개달린 순록-백조 꾸지야를 타고 에벤 족은 일 년에 한 번 하지 날에 태양을 맞이하러 날아오른다. 날개달린 순록-새는 가족과 씨족의 모든 구성원의 꾸지야였다. 순록-꾸지야 외에 에벤 족은 천상의 신에게만 바치는 성스러운 순록-세벡(sevek)이 있었다. 그것들은 다른 임무가 있었다. 유목 이동 중 세벡 순록에는 가족의 제사용품들인 여러 가지 정령의 우상들을 실었다. 1960년대까지 성스러운 순록에 관한 믿음은 모든 북방 민족들 사이에 널리 퍼져 있었다.

• 가족의 관습과 의식

에벤 족 가족은 몇 세대의 친족들로 구성되어 있다. 작은 가족에서는 부모와 자녀의 두 세대로 또는 그 이상의 큰 세대로 되어 있다. 가족의 구성에는 혈연 외에 방계의 친척들이 들어와 있을 수 있다. 그들은 가족의 수장의 아저씨와 아줌마, 또는 수장의 아내들, 결혼하지 않은 친척이나 사촌형제들, 조카들이었다.

결혼은 7세대까지 부계에 적용되는 외족혼인금지에 의해 엄격히 규정되었다. 결혼의 형식은 2그룹으로 나누인다. 먼저 중매결혼이 있다. 두 가족이 먼저 약조를 맺고 친척 관계를 맺는 것이다. 또 다른 것은 비밀 결혼, 즉 "도주" 결혼이다. 첫 번째 방식은 혼인 부담금의 지불, 약혼녀의 교환, 무자녀 과부와 처형제와의 결혼이다. 가장 보편적인 것은 중매결혼이었다. 또 다른 고대적 형태가 두 가족이 약혼녀를 교환함으로써 아내를 얻는 방식이다. 여기에서는 결혼 성사 문제가 부모에 의해 결정된다. 19세기 말 새로운 사회경제 조건에 따라 혼인부담금에 의한 방식이 주를 이루었다. 두 번째 방식인 강제 납치 결혼은 에벤 족 사회에서 합법화되지 않았다. 아주 특별한 경우에만 일어나는 것이었다.

에벤 족의 결혼식은 두 부분으로 나누인다. 먼저 중매와 혼인부담금에 대한 협상, 그리고 신랑 집에서의 결혼식, 그 다음 신부의 집에서 손님 대접, 선물, 보호신-정령에게 제물 헌사의 절차를 거친다. 결혼식은 다음과 같은 순서로 진행된다. 신부는 성장을 하고 "우차헤"라 부르는 승마용 순록을 타고 멀지 않은 신랑집까지 간다. 지참품은 "헤루께"라 하는 가방에 담아 간다. 신랑은 신부가 안장에서 내리는 것을 돕고, 그녀의 얼굴을 수건으로 가린다. 신랑의 집에는 휘장 뒤에 미리 차려진 식탁이 있다. 젊은이들의 식탁은 별도로 차려진다. 신부가 푹 싸여 있다면, 그녀에게 이렇게 말을 한다. "네가 온 곳을 향해 쳐다보지 마라. 그것은 죄이다!" 이 해에 새끼를 낳지 않은 암순록들(암가이)은 미리 죽인다. 여러 가지 음식들이 준비된다. 살라마트, 따론(기름에 튀긴 연한 부위의 순록 고기), 순록 혀, 생 간, 골수, 알라지(두껍게 구운 핫케잌), 찰므(순록 내장), 께벨(산양의 내장에서 발효시킨 순록 우유). 식사를 시작하기 전에 모든 준비된 음식에서 조금씩 떼어내 불에게 "대접"을 한다. 불의 정령, 또브 무혼나 (Tov muxonna)에게 인생에서의 행복과 성공을 기원한다. 그런 다음 젊은이들에게 "그들의 심장이 함께 있도록" 염통과 내장을 나누어준다. 결혼식과 피로연이 다 끝나면 에벤 부족의 친척 대표들 간에 내기가 시작된다. 옷, 침구, 천막집 덮개 등의 지참품은 부모와 친척들이 함께 준비하여 순록에 싣고 간다. 때로는 20-50보 밖에 안 되는 가까운 거리라 하더라도 신부는 승마용 순록을 타고 짧은 거리를 성대하게 천천히 행진한다.

에벤 족은 인간이 죽는 것은 정령 하닌(han'in)이 그를 떠나는 것이라고 생각하였다. 동북아시아의 다른 민족들처럼 에벤 족에게도 윤회설이 있었다. 즉, 인간의 영혼은 불멸이므로 죽은 뒤 영혼은 새로운 인성, 즉 새로 태어나는 아기의 모습으로 삶의 세계로 돌아온다고 믿었다. 모든 에벤 족의 장례식에서 빠지지 않는 것은 추리마(churima)라고 하는 건물이다. 이것은 망자의 세계에서 고인의 "삶"을 위한 거주지였다. 서로 길이가 같지 않은 삼각형 피라미드 모양으로 가늘고 긴 막대기 서너 개로 지었다. 이것은 퉁구스 족의 이동천막을 연상시키는 것이다. 추리마 외에 꼭 만드는 것이 헤베(heve)였다. 이것은 고인의 재산을 위한 특별한 단이다. 이곳에 안장, 이미 못 쓰게 된 물건들을 담은 짐가방들을 쌓아 두었다. 그곳에는 뿔이 달린 순록 머리, 벗기지 않은 가죽과 짐승 다리, 가슴 갈비의 오른쪽 반을 넣어두었다. 장례 방법에는 지상장과 풍장 두 가지가 있었다. 매장지는 고인의 영혼이 땅위에서 조용히 지내도록 언덕 위를 선택하였다. 지상장(地上葬)을 치루는 경우에는 관을 땅위에 똑바로 세워 놓고 그 위에 긴 막대기로 직각형 건물을 세우거나 작은 통나무집을 세웠다.

에벤 족을 포함한 북방 민족의 향후 운명은 태고의 심연에 침잠하여 보이지 않는 그들의 정신적 가치를 어떻게 복원하는가에 달려 있는 것으로 보인다.

3) 유카기르 인의 문화와 종교

• 사회적 관계

요헬손(V.I. Ioxel'son)은 고대 유카기르 인들의 사회적 구조와 조직이 극히 단순하고 원시적이었지만 인류 사회의 진보적 형태로 가는 맹아적 단계에 해당된다고 하였다. 사회적 관계는 정치적 성격을 갖지 않았으며 어떠한 종류의 공권력도 존재하지 않았다. 그러나 공권력의 부재에도 불구하고, 몇몇 인물들은 가족이나 부족 안에서 지시나 규범과 관련한 특권을 누렸다. 이 사람들은 초로의 여인, 사냥꾼, 그리고 무사들이었다. 유목지나 정착지의 선택과 같은 경제생활을 결정할 때 가장 중요한 것은 가족의 원로 즉 리가이아 쇼로모흐(ligaia shoromox)의 말이었다. 두 번째 사람은 톤바이아 쇼로모흐(tonbaia shoromox)로서 강한 사람이란 뜻의 유카기르 무사였다. 무사이며 동시에 사냥꾼인 그는 라불(labul)이라고 하는 뼈로 만든 갑옷을 입고, 순록 뿔을 큰 사슴의 힘줄로 꿰매어 만든 투구를 썼다. 톤바이아 쇼로모흐는 가족과 친족을 보호하고 식량을 구해올 의무가 있었다. 그들이 잡아 온 짐승의 고기를 분배하는 것은 가장 나이 많은 여자가 하였다.

유카기르 사회의 사회생활에서 큰 영향은 알마(alma)라고 하는 샤만-예언자가 가지고 있었다. 고고인류학 자료에 의하면, 샤만은 동북아시아에 오래 전에 나타났다. 키스테네프(S.P. Kistenev)는 콜리마 강 하류 로딘스크 매장지에서 발견된 여인의 해골이 3,600년이 되었는데 의심할 바 없이 여자 샤만, 우다간카(udaganka)에 속한다고 하였다. 무덤에서는 부적, 샤만 의식의 의례 용품, 그리고 유카기르 인에게 특징적인 손북의 T-자형 뼈 방망이가 발견되었다. 여사제는 원시 유카기르 족에 속하는 것으로 추정된다. 전설에 따르면, 고대 유카기르의 지도자는 보통 여자 샤만이었다.

많은 북부 민족에게서처럼 유카기르 인 사회에서 샤만 의식은 먼 태고시대부터 존재하였다. 이것은 언어에 담긴 기억 속에 확인된다. 모든 기본적인 샤만의 부속물들에는 특별한 명칭이 존재한다. 유카기르 어로 "샤만"이라는 단어에는 2가지가 있다. "볼메"(volme)와 "알마"(alma). 이 단어들은 "무언가를 한다", 즉 일가친척의 행복을 위해 일정한 행위를 하는 것을 의미한다. "볼멘"(vlomen')이라는 개념도 있다. 이것은 문자 그대로 "샤만들을 갖는다"라는 의미로 각 친족, 부족에 샤만이 여럿 있다는 뜻이다. 따라서 유카기르의 샤만 의식은 구조적 체계를 갖춘 종교적 신앙이었다고 할 수 있다.

샤만의 의복이나 외투는 유카기르 말로 볼멘 마길(volmen magil) 또는 예르케옌 마길(jerkejen magil)이라 하고, 손북은 예르케예(jerkeje)와 례르케옌(l'erkejen)이라고 하였다. 그리고 샤만의 방망이는 예르케예바이디이(jerkejebajdii), 예르케예빠이디이(jerkejepajdii)라고 하였다. 샤만의 정령-보조자는 유오옌(juojen)이라고 하였다. 샤만의 대립자 즉 악마 꾸꾸야(kukuja)도 있다. 샤만의 용품을 담는 자루나 가방은 오홀레도노이(oxol'edonoj)라 하고, 병으로부터 보호하도록 샤만이 아이들에게 넣어주는 부적은 오도페디에(odopedie)라 하고, 가죽 조각으로 만든 작은 우상은 코데도노(kodedono)라고 하였다. 유목 이동시 물건들과 부속품들을 보관하기 위해 위가 가려진 썰매는 호이단이데(xojdan'ide)라고 하는 특별한 명칭이 있었다.

유카기르 샤머니즘의 또 다른 개념에서는 마술 행위와 연관된 어휘들이 있다. 예언자를 뜻하는 몬체단지예고데(monchedand'egode), '저주하다'라는 의미의 에리엔지이(eriend'ii), '주문을 외우다'라는 의미의 온디에(ondie), '헌제'라는 의미의 오도(odo)가 있다.

유카기르 문학에서는 직업적 샤만이 등장하지 않는다. 이것을 민속학자 투골루코프(V.A. Tugolukov)는 유카기르 인들이 모든 샤만 용품들을 퉁구스 인에게서 차용하였기 때문이라고 하였다.

일상생활에서 샤만의 역할은 문학에서 묘사되는 것 보다 더 비중이 있었다. 유목의 문제, 사냥이나 어로의 시작과 과정, 이웃 부족과의 전쟁, 부족의 의례적 행사 등에서 보통 마지막 말을 하는 사람은 영향력이 있는 사람들이다. 샤만의 말을 경청하는 사람은 최고 여자 연장자, 무사, 사냥꾼, 난로 지킴이였다. 샤만은 동시에 부족의 우두머리, 무사, 사냥꾼의 역할을 맡는 경우가 자주 있었다. 러시아 인들과 처음 조우하였을 때 유카기르의 샤만들은 고향 땅을 지키기 위해 부족을 단결시키는 역할을 하였다.

유카기르 족은 도처에서 현물세를 거부하고 격투를 벌이기도 하였다. 가장 유명한 알라제이의 샤만 중 하나인 올류가네이는 현물세 징수자들에 반대하여 유카기르 부족 동맹을 조직하였다. 1649년 관리를 죽이고 방어용 요새를 세우는데 성공하기까지 하였다. 재미있는 것은 그 뒤 러시아 인들이 올류가네이를 유카기르 추장(ataman)으로 임명한 것이었다.

샤만과 친척들 사이의 상호 관계는 주위의 다른 민족들과 상당히 많은 차이점을 보여준다. 유카기르 샤만 종교는 제물을 산 동물(개), 드물게 사람(보통 소녀)를 바쳤다. 다른 특이점은 샤만의 미이라를 만드는 것이었다. 죽은 샤만의 시신을 부위별로 절단하여 손가락 마디 만하게 부적을 만들었다. 그것을 인형처럼 옷을 입혀 몸에 지니고 다녔다. 린데나우(Ja. I. Lindenau)의 증언에 의하면 유카기르 인들이 "손북을 샤만의 피부로 만들었다. 피부에서 고기와 뼈를 떼어내 해골로 만들어 거기에 옷을 입혀 가지고 다닌다. 때로는 10-15개 조각을 만든다. 그것으로 점을 친다. 가벼우면 행운이, 무거우면 불행이."라고 말하였다는 것이다. 샤만의 두개골은 특별한 존경의 대상이었다. 그것은 그의 아들이 상속받았다. 두개골에는 나무로 만든 몸통을 붙이고 어린 순록 모피로 만든 외투를 입혔다. 눈은 투명한 돌로 만들었다. 방 앞쪽 구석에 "인형"을 세우고 맛있는 것을 먹을 때면 "대접을 하였다".

유목지를 옮길 때는 특별히 만든 나무 상자에 인형을 담아 가져갔다. 두개골은 신성한 존재 호일(xojl)이라 하고 항상 그와 상의하였다. 이러한 특이성은 유카기르 인의 생활에서 큰 의미를 갖는 샤만 의식이 고대 종교였음을 말해준다.

• 가족 생활과 축제

가족은 대가족으로 모계 중심이 기본이고, 상속은 부계 중심이었다. 무자녀 과부를 형제가 취하고, 아버지가 결혼한 아들과 신부와 함께 있는 것을 금지하는 등의 관습이 있었다. 19세기 말에는 결혼 부담금 제도가 퍼졌다. 불과 관련된 관습도 중요하였다. 외부인에게 난로의 불을 전해 주는 것은 금지되었다. 난로와 가족의 어른 사이를 지나는 것도 금지되었다.

전통 신앙으로는 정령-주인 숭배, 기독교 의식과 혼합된 천상신 호일 숭배, 목축 동물(특히 큰 사슴) 숭배, 불의 숭배, 조상과 곰 숭배가 있었다.

우주가 강으로 연결된 상부, 중간, 하부 세계(땅)로 구분되었다는 관념이 발전되었다. 기독교는 17세기부터 전파되었다.

주요 축제로는 봄맞이축제 샤하지네(shaxadzine), 결혼, 사냥 축제, 전쟁의 승리 축제와 같은 것들이 있다. 이때에는 노래, 춤, 설화 공연, 샤만의 주문 등이 있었다. 민속설화의 주요 장르는 전설, 이야기 설화이고, 춤으로는 론돌(londol)이라는 원무, 새를 모방한 2인무 "백조"가 있다.

• 인구 감소의 문제

인구 감소 현상은 수백 년 동안 계속되었다. 구 소련 정부는 유카기르 인을 거의 완전 절멸의 단계에서 찾아내었다. 1939년의 인구조사에서는 숫자가 적은 이유로 그들을 통계에 넣지도 않았다.

구 소련 정부는 유카기르 인을 보존하기 위한 정책적 조치를 취하고, 가능한 한 남아있는 생활 능력을 이용할 수 있도록 하였다. 기본적인 것은 유카기르 인들이 순록, 소, 말의 목축과 같은 경제 활동을 하도록 하는 것이었다. 이에 따라 유카기르 집단농장은 빠른 시간 안에 야쿠티야에서 몇 안 되는 백만장자 국영농장 중 하나가 되었다. 완전히 새로운 방법의 경제 활동에 적응한 유카기르 인들은 훌륭한 생산 능력을 보여 주었다.

그러나 1950년대 말 집단농장 체제로 전환되면서 국영농장의 재산은 국가로 귀속되었다. 다시 유카기르 인들은 대부분 사냥과 어로로 내몰리고 생존을 위한 고난이 시작되었다. 그럼에도 불구하고, 유카기르 인들의 숫자는 20세기 후반에 들어서 상대적으로 안정되기 시작하고, 점진적으로 증가 추세를 보이고 있다. 지식인층이 나타나고, 많은 사람들이 다양한 전문 직업을 갖게 되었다. 2002년 인구조사에 의하면, 유카기르 인들은 야쿠티야의 1,097명을 포함하여 1,509명으로 조사되었다.

오늘날 유카기르 인들은 대부분 야쿠티야의 동북부 콜름스크 지역과 마가단 주의 도시형 촌락들에서 살고 있다. 그들이 살고 있는 전통적인 지역인 넬렘노예(Nelemnoe)와 안드류시키노(Andrjushkino)는 완전히 정비된 촌락들이다. 사하공화국(야쿠티야) 정부는 유카기르 인들의 정신문화를 발전시키기 위해 지원하고 있다.

4) 축치 인의 문화와 종교

• 정신문화

축치 인의 종교는 샤머니즘, 생산과 가족 숭배와 같은 전통적인 신앙이다. 정령신앙이나 우주 발생과 관계된 표상이 많이 발전되었다. 신화적 세계수(우주)는 상부, 중간, 하부의 3개의 세계로 구성된다. 하부세계는 땅 밑이나 서쪽의 황무지에 있다. 땅 밑에서의 생활은 순환적 대칭으로 상상된다. 거기에는 나쁜 정령들이 산다. 그것을 축치 인은 껠레(kele), 코략 인은 깔라(kala), 까막(kamak), 닌빛(ninvit), 이텔멘 인은 까나(kana)라고 불렀다. 이것들은 사람들에게 죽음을 가져오고, 연통을 통해 왼쪽으로부터 난로에 침투해 들어온다. 그리고 사람들의 영혼을 갉아먹고 약탈하며, 화살로 병을 일으킨다. 악령은 짐승이나 뾰족한 머리를 갖거나, 때론 몇 개의 머리를 가지고 있다. 눈은 하나이고, 긴 이빨과 손톱을 가지고 있고, 어떤 악령은 다리가 여러 개다. 축치 인의 신성한 조물주인 떼난똠근(Tenantomgyn)은 무정형의 특성을 가지고 있다. 이것은 천상의 그 무엇이다. 우주, 또는 우주적 질서이기도 하고, 우레를 보내는 존재이며, 태양이나 북극성과 일치되기도 한다. 또 다른 신화에서는 순록과 일치되기도 한다. 꼬략 족에서는 그러한 기능 중 하나가 죽은 친척들의 영혼을 어머니의 자궁으로 보내는 것이다.

동물 숭배의식도 있다. 갈가마귀, 자고새, 고래, 거미, 늑대가 숭배의 대상이다. 북빙양과 태평양 연안에 사는 바다짐승 사냥꾼들은 어미 해마 숭배의식이 발전되었다. 축치 족과 꼬략 족의 신화에서 동물의 주인은 순록과 사냥의 보호자인 삐스부스은(Privus"in)이었다, 그는 키가 작은데 솔개와 쥐를 타고 다니며 냄새를 먹고 산다. 새와 쥐를 연상하기도 한다. 해변의 축치 인들은 그의 권력이 바다짐승에게도 미친다. 바다짐승들의 주인 정령은 께렛꾼(Keretkun)이다. 그와 그의 아내는 얼굴이 검다. 그들을 위해서는 가을에 축제가 열린다. 이 부부는 악령으로부터 사람을 보호하고 바다짐승의 내장으로 만든 옷을 입고 익사자의 시체를 먹는다. 이것은 에스키모의 까삭(Kasak)과 거의 일치한다.

축치의 문화는 감탄할 만하다. 그들이 만든 물건들은 진짜 예술품들이다. 발달된 신화와 창작된 구술문학은 세기를 넘어 오늘날까지 전해 내려온다. 축치 족 가운데에는 정교신앙을 받아들인 사람들이 있다. 정교의 영향은 확대되고 있다.

최근 축치 인들의 생활에는 근본적인 변화가 일어났다. 순록 목축이 재조직되고, 대규모 정착지가 조성되었다. 민족주의적인 지식인 그룹도 형성되었다. 추코트어로 된 교과서와 예술 문학도 발간되고 있다.

• 관습과 축제

축치 인의 전통적 세계관에 특징적인 것은 정령신앙(animism), 즉 인간을 둘러싸고 있는 모든 것, 물건, 동물, 식물 등의 신령화이다. 축치 인들은 착한 정령과 악한 정령이 인간의 생사에 영향을 미치고, 병을 일으키고, 성공을 보장하고 불행을 운명지운다고 믿었다. 모든 가정의 병과 불행을 막기 위해서는 성스러운 수호자의 보호가 필요하다. 그것은 부적 따이늬킛(tajnykvyt)이다. 이것은 여러 가지 물건들을 엮은 것으로, 주로 짐승과 새의 일부이었다. 축치 인들의 상상에 의하면 이 물건들은 짐승과 새들이 본래 가지고 있는 힘, 민첩성, 현명함을 소유하여 소유자을 보호한다고 믿었다. 엮은 것 중에는 나무와 뼈로 만들어진 조상의 형상도 있었다. 주요한 성물은 인간의 형상을 한 목제 부싯돌이었다. 축제 때 그것으로 구멍을 뚫어 성화가 얻어졌다. 악령과의 싸움을 위해서는 손북의 방어적 특성, 외모(머리, 옷)의 변경, 이름들이 이용되었다.

성공적인 사냥을 보장하기 위해 그리고 자연의 주인-정령에게 감사하는 행위로서 경제 활동과 관련된 축제들이 계승되었다. 순록치기 부족에서는 가을과 겨울 순록 도살, 송아지 출산, 여름 목초지로의 가축 이동이나 귀향과 관련하여 축제를 지낸다. 해안 부족에서는 봄에 가죽배를 처음 띄우는 것과 관련한 가죽배 축제가 있고, 여름에는 바다표범 사냥이 끝날 때 지내는 머리 축제, 가을에는 바다에 지내는 제사가 있다. 그런 축제에서는 시합, 춤, 북치기, 무언극이 펼쳐진다.

5) 돌간 인의 문화와 종교

• 정신문화

돌간 족의 정신문화는 기원이 다양한 요소들이 혼합되어 형성된 것이 분명하다. 돌간 족의 민속설화에는 야쿠트 인의 올롱호, 러시아의 설화, 에벤키의 찬기트(도적) 이야기, 그리고 시베리아의 많은 민족들에게서 발견되는 다양한 주제들이 나타난다. "샤이탄"(Shajtan)(야쿠트어 xajtan)이라는 단어는 모든 초자연적 존재를 의미한다. 그러나 사냥의 보호자는 야쿠트 인의 숲의 정령인 바이난이다. 이와 함께 사냥꾼들은 포획한 짐승과 새의 작은 형상들을 몸에 지니고 다녔다. 그것들은 야생동물들을 가리키는 것으로 에벤키 말로 싱껜이라고 하는 것이었다. 악한 정령과 선한 정령을 돌간 족은 야쿠트 말로 아바흐 그리고 아이으라고 하였다. 정령신앙과 샤머니즘이 돌간 인들에게서는 정교신앙과 합쳐졌다. 천막으로 들어가면서 돌간 족은 성호를 그었다. 그들은 가장 잘 보이는 곳에 성상을 두고 그 앞에서 기도를 드렸다.

종교적 신념으로 보면 대부분 돌간 족은 전통적 신앙인 정령신앙을 믿는 정교도 신자들이었다. 숭배의 대상은 사이따-아느(sajta-any)였다. 이것은 평범하지 않은 모습을 한 돌, 나무 등의 물건으로 사냥과 어업의 보호자로 간주되었다. 타이므르 툰드라에서 가장 큰 권위를 가진 인물은 돌간 족 샤만으로 사람과 재산에 손실을 가져오는 악령과의 싸움에서 가장 강력한 존재로 여겨졌다. 돌간 족의 종교적 관념의 복잡성은 장례 의식에서 발견된다. 타이므르 지역의 다른 민족들과 달리 돌간 족은 러시아 인들처럼 죽은 사람을 땅에 묻는다. 그러나 네네츠 족처럼 무덤에 나무집이나 상자를 세우고 그 옆에 죽은 사람의 옷가지를 남겨두고, 생전에 그가 부리던 순록들을 죽이기도 하였다.

3. 소수민족의 언어적 특성

1) 에벤키 어

에벤키어는 사하공화국(야쿠티야)의 소수민족인 에벤키 족의 언어이다. 에벤키 족은 시베리아 북부 지역에 널리 퍼져 있으며, 그 수효는 4만을 넘지 못한다. 러시아 혁명 전에는 에벤키를 퉁구스 족이라 불렀다. 언어도 퉁구스어라 불렀다. 퉁구스(tungus) 라는 어휘는 고대어 둔후(dunxu)와 대비된다. 이들은 2,000년 전에 존재한 퉁구스-만주 족의 조상으로 간주된다. 일부 지역에서 에벤키 족은 오로촌(orochon)이라고도 한다. 러시아 혁명 후 에벤키라는 이름이 공식화 되었다. 이것은 그들 스스로 그렇게 불렀기 때문이다.

언어 분류상 에벤키어는 퉁구스-만주 어족에 속한다.

퉁구스-만주 어족은 퉁구스 어계, 아무르 어계, 만주 어계로 분류된다. 퉁구스 어계에는 에벤키어, 에벤어, 네기달어, 솔롱어가 있다. 아무르 어계에는 나나이어, 울치어, 우데이어, 오로치어, 오로 어(울타어)가 있다.

만주 어계에는 만주어와 중국에 남아있는 시빈어(sibin)가 있다.

- **알타이 어족**
  - **투르크 어족**
  - **몽골 어족**
  - **퉁구스-만주 어족**
    - **퉁구스 어계**: 에벤키, 에벤, 네기달, 솔롱
    - **아무르 어계**: 나나이, 울치, 우데이, 오로치, 오로크(울타)
    - **만주 어계**: 만주, 시빈

퉁구스-만주 어족의 언어들은 어휘 구조 뿐만 아니라 문법 구성에서 상당한 유사성을 보인다. 퉁구스-만주어 연구자들 사이에 일치된 의견은 이들 언어 사이의 공통점은 고대에서의 동계성을 보여주는 것이며, 이들 언어들이 하나의 뿌리에서 나온 것임을 입증한다는 것이다.

아무르 어계는 나중에 생긴 언어들이다. 이 어계는 아무르 강 유역에서 만주 어계와 퉁구스 어계의 방언들이 혼합되어 생겨났다. 오로크어(울타어)는 아무르 주에서 형성된 뒤 나중에 사할린 섬으로 이주한 민족의 언어이다.

일부 언어학자들은 퉁구스-만주어들이 투르크 어족, 몽골 어족과 공통의 기원을 가지고 있으며, 이 언어들과 알타이 어족의 공통된 조상을 형성한다고 주장한다. 또다른 학자들은 퉁구스-만주어, 투르크어 및 몽골어 사이에서 관찰되는 어휘와 문법 상의 공통점은 장기간에 걸친 경제, 문화적 상호 영향 때문이라고 주장한다.

오늘날 에벤키어를 사용하는 에벤키 족은 광범위한 지역에 널리 퍼져 있다. 서쪽으로는 오비 강과 예니세이 강 사이, 동쪽으로는 오호츠크 해와

사할린 섬, 북쪽으로는 북빙양 지역, 남쪽으로는 흥안령 산맥과 일후리-알리니 산맥까지 퍼져 있다.

예니세이 강 서쪽 지역으로는 한티-만시 자치구, 크라스노야르스크 변강(크라이)의 투르한스크 지역, 톰스크 주 북부에서 에벤키 어가 사용된다.

에벤키 인들이 가장 많이 사는 지역은 에벤키 자치구, 이르쿠츠크 주의 카탕가 지역, 타이므르의 남부지역이다.

바이칼 서쪽 지역에서는 이르쿠츠크 주의 카추가, 카자친, 우스티-쿠트, 안긴 지역들이다.

바이칼 동쪽에서는 부랴트 자치공화국의 북 바이칼, 바운토프, 쿠룸칸 지역에 에벤키 인들이 살고 있다. 치타 주의 에벤키 인들은 칼라르, 퉁구스-춘스크, 툰기르 지역에, 아무르 주의 에벤키 인들은 틴딘스크, 제이스코-우추르 지역에서 살고 있다. 사하공화국에서는 알단, 올레크민스크, 톰모트, 텀프톤스크, 우추르스크 지역에 살고 있다. 하바롭스크 변강(크라이)에서는 추미칸, 니콜라예프, 넬카노-아얀, 하바롭스크 지역에서 에벤키 인들의 거주지가 발견된다. 그리고 사할린 섬에도 에벤키 인들의 정착지가 있다.

해외에 거주하는 에벤키 인들은 만주 북서 지역과 몽골 동부지역(바르가)에 거주한다. 에벤키 인들이 이와 같이 수천 킬로미터나 떨어져 아주 널리 분포되어 있지만 그들의 언어는 서로 소통 가능하다.

시베리아 소수 민족 언어 중 에벤키어는 퉁구스-만주어 계통에 속한다. 계통적으로 한국어와 가장 가까운 위치에 있다고 할 수 있다. 그런 증거는 문법적 구성, 어순 등에서 찾을 수 있다. 이러한 계통적 근사성을 보여주는 가장 좋은 증거는 어휘적 측면에 있다. 그러나 에벤키어와 같은 시베리아 소수 민족 언어는 이미 천 년 이상 단절되어 있었기 때문에 그 근사성을 찾기가 쉽지 않다. 그럼에도 불구하고 에벤키어에서 한국어와 유사한 어근을 가진 것으로 추정될 만한 어휘들이 발견된다. 아직 그 수효는 충분하지 않다. 체계적 분석을 이루어낼 만한 정도가 되지 못한다.

지난 1년간 에벤키어를 연구하면서 어휘적으로 유사한 것으로 보이는 어휘들의 예를 들어 보고자 한다. 이러한 어휘적 근사성이 야쿠트어에서는 아주 드물다. 이에 비하면 에벤키어가 보여주는 어휘적 근사성은 상대적으로 대단히 크다고 할 수 있다.

에벤키어 므례예바(Anna Myreeva) 선생님

* 한국어와 유사한 것으로 보이는 에벤키 어휘들

명사	
에벤키어	한국어
djol	돌
djul	둘
djulə (려) '앞', '운명'	둘레
mo	나무
mu	물
mulə	물에(서)
mulə-mi	물을 길어오다
murin	말
tula	둘레
ami '아버지'	아비
əni '어머니'	어미

asi '여자'	아씨 (여자)
aki '큰형'	아찌 (아저씨)

moŋon	목
ljune '습기있는 눈'	눈 (겨울의)
dunnə (둔너) '땅, 나라, 고향'	둔네
buga '땅, 나라, 세계'	부가 (고구려, 부여)
dju	집
amŋa '입'	아구, 아가리
tirgani	때
čolbon '금성'	졸본
čupa	죽
bu	우리

동사와 형용사

djava(-mi)	잡다
djavaŋki	집게
təvli(-mi)	따다
ga(-mi)	가지다
gada(-mi)	가지다
ora(-mi)	오다
duɣ(-mi)	두드리다
tɨk-	떨어지다
haval(-mi)	허벌나다
'돌아다니다', '빈둥빈둥 지내다'	
koŋnorin	검다
ʁara	검다
həgdɨgu	크다

2) 에벤 어

에벤 어는 퉁구스-만주 어족의 북방 어계에 속한다. 이 언어는 표면적으로 에벤키 어와 가장 가까운 것으로 알려져 있다. 형태적으로 에벤 어는 접미사 교착형이다. 명사에서는 단수와 복수의 수 범주가 있고, 조사에 해당하는 어미들이 방언에 따라 11-15개가 있다. 인칭형과 무인칭형의 구분이 있으며, 인칭형에서는 복수 1인칭에서 2개의 형태를 갖는다.

형용사는 수와 격에서 일치하는 범주를 동부 방언에서만 가진다. 수사는 10자리까지 구분된다. 일부 자리수는 지소 접미사와 지대 접미사의 하위 범주를 가진다. 인칭 대명사는 복수 1인칭에서 2개의 형태를 갖는다. 재귀 대명사는 수 형태를 구분하고, 상당수의 한정 대명사가 있다. 의문 대명사 체계는 형태적으로 모든 품사와 상관 관계를 갖는다.

동부 방언에서는 소유 대명사가 개별적으로 있다. 서부 방언에서 소유 대명사는 인칭 대명사와 일치한다. 동사에는 현재, 과거, 미래 I, II 4개의 시제 형태가 있고, 법(mood)에는 8개 형태가 있다. 에벤 어 동사는 행위의 흐름을 나타내는 표지가 27가지나 된다. 그리고 재귀, 수동, 사역, 상호, 공동의 의미를 나타내는 특별한 표지가 있다.

에벤 어에는 분사구문형이 11개가 있는 것으로 간주된다. 이것들은 형태적으로 4 범주로 구분된다. 1) 불변형, 2) 수에 따라 변화하는 형태, 3) 인칭과 수에 따라 변화하는 인칭형, 4) 인칭과 수에 따라 변화하지만, 인칭형과 비인칭형 모두 갖는 형태. 조사 체계는 후치사에서 떨어져 나온 것으로 주로 공간적 관계를 표현한다. 접속사는 별로 발달하지 못하였다. 소사는 대부분 뉘앙스의 양상 의미를 표현한다.

에벤 어는 에벤키 어와 어휘적 측면에서 유사성이 큰 것으로 간주된다. 그러나 이 두 언어 사이에는 문법, 특히 동사의 범주와 형태에서 상당한 차이가 존재한다.

에벤 어에는 20개의 방언이 존재한다. 이것은 동부, 중부, 서부의 3개 언어로, 또는 동부와 서부의 2개 언어로 크게 구분된다. 이들 언어는 음성적으로나 어휘적으로 상당한 차이가 있어 하나의 문어를 발전시키는데 장애가 되고 있다.

에벤 사람들을 위한 책이 처음 만들어진 것은 1840년대 초로 오호츠크의 사제 스테판(포포프)이 성경의 마태복음을 에벤 어로 번역하고 최초의 문자책을 만든 것이었다. 1932-1936년 라틴 문자로 문자가 처음 만들어지고, 1937년에는 키릴 문자로 바뀌었다. 1958년에 에벤 어 알파벳 ӈ, ө, ӫ의 3개 문자가 도입되었다. 60년대에 야쿠티야에서는 ӈ 대신 нг([ŋ])이 이용되었다.

에벤 어로 출판된 책은 창작물과 번역을 포함하여 120여 권이 된다. 대부분은 아이들을 위한 책이거나 설화집들이다. 30년대에 마가단에서는 에벤 어 신문 "아이딧 오로첼"(Ajdit orochel)(1935-1936년)과 "오로뜨 프라브다"(Orotty pravda)(1936-1941년)이 출간되었다. 1990년대에는 추코트카나 캄차트카 같은 지역의 지역 신문에 간헐적으로 에벤 어 기사가 실리곤 하였다. "로조바야 차이카"(Rozovaja chajka)(야쿠티야, 1991-1992년), "아이베렛테"(Ajverette)(추코트카, 1989-1995년)와 같은 잡지 형태의 출판물이 에벤 어로 출판되었다. 야쿠츠크에서는 에벤 어 라디오 방송 "갸반"(Gjavan)이 방송되고 있다.

3) 유카기르 어

유카기르 어는 "범 아시아"어족의 유카기르-추반 어계에 속한다. 유카기르 인과 친족 관계에 있는 부족에는 호드네쯔(xodynec), 추바네쯔(chuvanec), 아나울(anaul)이 있다. 17-18세기 아나드리 강의 상류와 중류에 살았던 이들은 축치, 코략, 러시아 이주민들에 의해 동화되었다.

유카기르 어는 콜름(또는 삼림) 방언과 툰드라 방언으로 구분된다. 이들은 주로 사하공화국(야쿠티야) 북동부 툰드라 지방에 산재되어 있다. 콜름

방언을 구사하는 유카기르 인은 약 130명 정도이고, 툰드라 방언 구사자는 약 230명 정도이다.

유카기르 어는 접미사를 가진 교착형 언어이다. 형태적으로 형용사는 독립적인 품사를 구성하지 못하고, 대신 동사와 동일한 범주로 간주된다. 명사는 수(단수와 복수), 격(7개 형태)과 소속(3인칭 형태)의 범주를 갖는다. 동사 변화에서는 주어형과 술어형이 구분되고, 타동사에 대해서는 목적형이 있다. 시제 범주는 현재, 과거, 미래로 구분된다. 태 범주는 능동, 촉구, 피동, 상호공동의 4개의 형태로 구분된다. 법의 범주는 직설, 명령, 희구, 가정, 당연, 불명료 행위의 6개 형태를 갖는다. 상의 범주에도 몇 개의 형태가 있다. 보조사로는 후치사와 소사가 있다. 어순은 주어-목적어-동사의 순으로 구성된다. 수식어는 피수식어 보다 앞에 놓인다.

4) 돌간 어

돌간 어는 알타이 어족 투르크 그룹에 속하는 야쿠트 어의 방언, 또는 투르크 어족 위구르-오그스 그룹 중 야쿠트 하부 그룹에 속하는 언어로 간주된다. 크라스노야르스크 주의 돌간 족은 러시아 어를 폭넓게 사용하고, 모국어는 일상적 수준에서 사용하고 있다. 돌간 어는 주로 타이므르 반도의 동부와 중부 지역, 그리고 사하공화국(야쿠티야)의 아나바르 울루스에서 널리 사용되고 있다.

현대 돌간 어의 문법은 기본적으로 야쿠트 어와 동일하다. 어휘적으로는 새로운 민족을 형성한 인종들의 언어 요소들을 상당히 가지고 있다. 오랫동안 야쿠트 인과 돌간 인의 언어적 차이는 중부 야쿠트 인과 북부 야쿠트 인 사이에 존재하는 차이 정도에 불과하다.

또 다른 측면에서 돌간 어는 언어외적 조건에서 발전된 북부 야쿠트 인의 방언과 상당한 교류를 하였다. 기본적으로 돌간 어는 17세기 그리고 그 이후 중부 야쿠티야에서 북부로 이주해 간 야쿠트 인 그룹의 언어였다.

5) 추코트 언어

축치 인들은 추코트 언어를 사용한다. 추코트 어는 고대 아시아 언어의 추코트-캄차트카 어계에 속하는 것이다. 그들은 모국어 외에 러시아 어로 소통을 한다. 추코트 언어는 주로 야쿠티야의 추코트 자치구와 니즈니콜름스크 울루스에 산재한다. 방언에는 웰렌스크(동부, 문학어의 기본이 됨), 차운스크(서부), 엔믈린스크, 눈린그란스크, 호트르스크로 나뉘어진다. 꼬략 어처럼 추코트 어가 장기간 고립된 것은 아시아의 다른 언어 가족들과 직접적 관계가 없었다는 것을 말해준다. 음성 체계에 관해서는 모음조화, 아주 다양한 자음 동화와 이화 현상이 있다. 문법 구조에 관해서 추코트 어는 접미사-접두사 형태의 교착어에 속한다. 명사 변화와 동사 변화형의 체계가 발전되어 있다. 명사들은 인칭에 따라 변화하고, 동사들은 주어형과 주어-목적어형의 2개 유형의 변화형이 있다. 통사구조의 특성으로는 주격 구문(nominative construction), ergative, incorporation이 존재한다. 어휘 면에서는 러시아 어로부터 많은 차용어가 있다. 문자는 1931년 라틴 문자를 바탕으로 만들어졌다가 1936년 러시아 어 키릴 문자로 바뀌었다.

IV

문화와 예술의 발전

1. 문화와 예술 정책

야쿠티야는 오랫동안 경제와 문화의 변방으로 간주되어 왔다. 그러나 최근 문화 발전에 관한 비전 있는 프로젝트를 내놓으면서 폭발적으로 발전하는 모습을 내외적으로 보여 주고 있다. 시베리아와 극동 러시아에서 오페라와 발레 극장이 있는 도시는 사하공화국 수도 야쿠츠크가 유일하다.

사하공화국에는 문화와 예술 기관을 연결하는 지역 네트워크가 구축되어 있다. 이 네트워크에는 526개의 문화-여가 기관, 529개의 도서관, 93개의 음악학교, 미술학교 및 예술학교, 88개의 박물관, 10개의 극장 및 공연장, 73개의 영화 상영관이 포함된다.

사하공화국이 추구하는 문화 정책의 기본 목표는 국민의 정신적, 도덕적 발전을 위한 조건을 조성하고, 야쿠트 민족의 창조적 능력을 고양하고, 정신적 유산을 보존하여 일반 시민이 문화 공간과 문화재에 접근하기 용이하게 만드는 것이다.

이러한 목표를 달성하기 위한 노력으로 사하공화국(야쿠티야) 정부는 "2007-2011년 사하공화국(야쿠티야)의 사회-경제 발전 계획"을 추진하고 있다. 이 계획은 사하공화국 내 소수 민족들의 정신적 유물과 문화재를 보존하고 고유의 문화와 예술의 경쟁력을 향상시키는 것이다. 이를 위해 지역 문화 단체 지원, 문화 복지의 강화, 문화 정보 제공 능력 확대, 문학과 예술 작품의 대중적 보급, 인쇄와 전자매체를 통한 출판부문의 생산력 향상, 공화국의 역사-문화유산의 기록을 위한 고문서 재단의 유지와 발전, 소수 민족의 창작 활동의 진흥, 문화적 전통을 가진 지역으로서의 공화국 이미지 형성, 인류 문화유산으로서 야쿠트 영웅 서사시 올롱호의 보존과 같은 프로젝트가 추진되고 있다.

2. 박물관

야쿠티야에서 학문적 연구를 위해 다양한 민속자료를 수집하고 이를 박물관에 소장하기 시작한 것은 이미 18세기 초 표트르 대제 시대부터였다. 제2차 캄차카 원정(1733-1743)과 I. I. 빌링스를 단장으로 한 북동원정대는 학문적 목적을 띤 최초의 원정이었다.

야쿠츠크에 박물관이 처음 설립된 것은 1891년이었다. 최초의 전시품 기증자들은 의사, 상인, 성직자, 정치범 등 다양하였다. 특히 정치범들 중에는 러시아 지식인 사회를 대표하는 뛰어난 사람들이 많았다. 이들은 전시에 관한 전문적 능력을 발휘하여 박물관의 유물 보관과 전시에 큰 기여를 하였다. 1891년 야쿠츠크에 박물관이 세워지기 전에는 북동 시베리아에 그와 같은 문화적 기관이 전혀 없었다. 이 때문에 박물관이 개관되자마자 지역 주민들을 위한 문화와 교육의 중심이 되었다.

시민전쟁 직후 박물관을 중심으로 동북지역 울루스를 연결하는 지역 네트워크가 형성되고, 지역의 문화와 역사를 보존하고자 하는 지방 정부의 관리을 받게 되었다. 그 이후 야쿠츠크의 박물관은 전쟁과 사회 혼란으로 어려운 시기도 있었지만, 지역 사회의 관심과 정부의 지원으로 그 역할을 유지하여 왔다. 1970년대에는 사하공화국의 박물관 네트워크가 확대되고, 소장품의 질과 종류가 더욱 다양해졌다. 1978년 야쿠티야는 러시아연방에서 최초로 박물관 네트워크의 조직을 개혁하였다. 야로슬랍스키 야쿠티야 국립 북방민족역사문화 박물관(그전까지는 야로슬랍스키 야쿠츠크공화국 지역박물관)을 기반으로 지역의 유적을 심층적으로 발굴하고 박물관에 대한 고정관념을 극복하도록 조직 내부로부터의 개혁이 도입되었다. 그 결과 학문적, 문화적 잠재력이 크게 향상되고 창조적 전문성이 강화되어 모스크바, 상크트-페테르부르그, 탈린, 르보프, 카잔, 울란우데 및 기타 외국에서의 전시 활동이 활발해졌다.

현재 사하공화국에는 283개의 박물관이 있다. 사하공화국(야쿠티야) 문화부는 산하에 78개의 박물관 네트워크를 가지고 있다. 기관별 박물관은 205개로 그중 학교 박물관이 185개에 이른다.

• 국립 북방민족 역사문화박물관

1891년 야쿠츠크에 야쿠츠크 지역박물관이 설립되었다. 박물관 설립은 1887년 야쿠츠크 주 통계국 서기 포포프(A. I. Popov)에 의해 주도되었다. 박물관 기금을 형성하는데 막대한 기여를 한 사람들은 정치범들이었다. 그들은 사회-정치적, 학문적 활동을 통해 박물관의 활동을 유기적으로 도왔다. 박물관 업무에서 새로운 정책이 도입된 것은 1920년대였다. 그 당시 야쿠츠크 자치정부에 의해 야쿠츠크 구세주 수도원 자리에 박물관을 위한 2층 시멘트 건물이 준공되었다. 1930년대에 사하공화국 전역에 대한 고고학 탐험이 진행되었다. 여기에는 고고학자 I. A. 노브고로도프, S. I. 볼로, M. I. 코비닌이 들어 있었다. 18세기의 고대 야쿠트 인의 무덤에서 잘 알려지지 않은 물건들이 발굴되고, 이로 인해 야쿠트 민족의 과거를 새로이 조명할 수 있게 되었다. 연구 대상이 된 기념물들 중에는 유명한 역사적 인물들이 있었다. 예를 들어, 칸갈라스 야쿠트 부족장인 전설적 트근 마자라의 손자 보제코프와 그의 아들 소프론 스라노프, 메기노-칸갈라스 지역 모루크 촌의 부족장 아바-워스-조르고 이델긴, 오줄룬스크 촌의 부족장 오무오루이야 바라이 등이다.

역사문화박물관

최근 박물관은 박물관 네트워크를 복원하고 확장하였다. 추랍친스크, 타틴스크, 빌류이스크와 그밖의 큰 지역에 박물관들을 새로이 지었다.

1978년 야로슬랍스키 야쿠츠크 국립 북방민족 역사문화박물관의 개원으로 사하공화국에서는 박물관의 발전에 새로운 획을 긋는 중앙 박물관 네트워크가 수립되었다. 과거의 지역 중심 박물관 대신 다양한 박물관이 세워졌다.

야쿠츠크 국립박물관은 사하공화국 전체 박물관을 위한 학문연구 센터의 기능을 한다. 이 박물관은 러시아 및 해외 박물관과 밀접한 관계를 맺고, 캐나다, 독일, 루마니아, 오스트리아, 몽골, 프랑스, 일본, 폴란드에서 해외 전시회를 열었다.

야로슬랍스키 야쿠츠크 국립 북방민족 역사문화박물관이라는 공식 명칭을 가진 이 박물관은 러시아 연방 동북부 지역의 대규모 박물관 중 하나로 러시아 박물관 연맹의 협동회원이다. 이 박물관은 야쿠트 민족의 역사와 문화 유적을 보관 전시하고 있으며, 문화와 교육의 중심 역할을 하고 있다. 박물관의 기본 연구 방향은 사료 연구이다. 여기에서 우선적인 것은 수집품의 카탈로그 작성, 야쿠티야의 고고학과 인종학 연구, 사하공화국과 시베리아의 박물관 역사 연구이다. 2006년 12월 31일자로 본 박물관의 기본 소장품은 73,848 품목에 달하며, 학문적 보조 소장품이 14,978 품목이다. 박물관 직원은 126명으로 그중 38명이 연구원이고, 2명이 역사학 준박사이다.

• 맘모스 박물관

1991년 야쿠츠크에 세계 유일의 맘모스박물관이 설립되었다. 여기에서는 유일무이한 고생물 전시품들이 보존, 연구되고 있다.

맘모스화석

야쿠티야의 지표 아래에서는 전 세계에 잘 알려진 유일한 맘모스, 털이 있는 코뿔소, 들소, 사향소, 동굴사자 등 지금은 사라진 여러 동물들이 상당히 발견된다. 그것들 중에는 "아담스의 맘모스"라 불리는 맘모스 해골이 1799년 전 세계에서 최초로 레나강 델타 유역에서 발견되었다. 또한 잘 보존된 맘모스 시체가 베레조프키 강(콜리마 강 오른쪽 지류)에서 페테르부르그 학술원 탐험대(대장 O. F. 게레츠)에 의해 1901-1902년에 발굴되었다. 그 뒤 계속 여러 지역에서 동물들의 시체가 발견되었다. 추랍친스크에서 가죽과 털이 보존된 완전한 상태의 코뿔소 해골(1972), 샨드린스크에서 내장이 있는 맘모스 해골(1971), 베렐레흐 지역의 맘모스 무덤에서 털이 있는 외피를 가진 맘모스 발(1970), 셀레리칸스크에서 말의 시체(1968), 믈라흐친스크에서는 태어난 지 1년 반밖에 안 되어 부드러운 가죽과 털을 가진 들소(1971) 등이 발견되었다. 동물의 유해들은 러시아 박물관들의 주요 전시품목이 되었다. 이러한 전시품들 중 완벽한 해골 하나는 파리의 자연사 박물관에 전시되어 있다.

세계 맘모스 박물관 프로젝트

현재 야쿠티아에서는 전 세계 맘모스 박물관 프로젝트가 진행되고 있다. 이 프로젝트는 뉴욕의 "Leeser Architecture"가 추진하고 있다. 야쿠티야 제1부총리를 의장으로 하는 위원회는 미국의 프로젝트가 야쿠츠크 주변의 풍경과 가장 유기적으로 융합되고, 내부 인테리어도 이 건물의 의미에 가장 잘 부응한다는 이유로 선택하였다.

"Leeser"의 전문가들의 의도는 본 맘모스 공원이 개인이나 가족들의 산책을 위한 공원으로서 그리고 환경, 인종, 역사 연구 주제로서 종합적인 프로젝트의 일부가 되어야 한다는 것이었다. 이 공원의 중심지가 바로 전 세계 맘모스 박물관이다. 이곳에는 현대기술을 응용하여 털 있는 맘모스의 서식 환경이 복원되고, 멸종된 동물의 대표 중 하나로서 맘모스와 인간과 자연의 "상호 관계"의 발전에 맞추어진 전시관이 설치될 것이다.

박물관 건물은 동토라는 주변 환경 조건을 보호할 수 있도록 건설될 것이다. 지표면과 건물의 접촉에 의해 온도가 과도하게 전달되는 것을 피하도록 지하 갤러리와 연결된 박물관의 기본 건물은 6m 높이의 말뚝 위에 건설될 것이다. 박물관의 총면적은 5,300㎡이다. 박물관 내부에는 공기 정화와 습도 조절 시설을 갖추어 정원에서 연중 꽃이 피도록 할 것이다. 건물 구조는 햇빛을 최대한 이용하고, 전기는 풍력 발전기와 태양 건전지를 이용할 것이다.

전 세계 맘모스 박물관은 선진 기술과 현대 박물관학을 융합한 세계적인 자연과학 연구 박물관으로서뿐만 아니라 맘모스 연구와 동토 연구, 관광 센터로서의 기능을 할 것이다.

3. 조형예술

야쿠티아에서 조형예술은 20세기 초 러시아 정교회의 지원 아래 발전하였다. 러시아 정교회 건축에 야쿠트 인들이 참여하면서 벽화, 성상화 등을 그리게 되었다. 그중 대표적인 화가가 I. I. 십체프-므트이으크(Sivtsev-

Mytyjyk)(1870-1928)이다. 그는 성상화가로서, 조각가, 귀금속공예가로서 많은 작품을 남겼다. 메긴스크 울루스의 뷰테이다흐 촌에 있는 보고로츠카야 교회의 프레스코는 그의 대표작이다.

20세기에 야쿠츠크의 조형예술은 러시아 예술의 고전적 전통 속을 이어받았다. 러시아 예술교육 시스템의 지원을 받아 야쿠츠크의 예술가들은 독특한 예술세계를 확립하여 다민족적 러시아 조형예술에서 상당한 위치를 점하게 되었다.

메긴스크 울루스 뷰테이다흐 마을의
폐허화된 보고로츠카야 교회

보고로츠카야 교회 내 프레스코화(19세기 중엽). 십체프-므트이으크 작품
(도록에도 실려 있지 않아 야쿠츠크에서 자동차로 5시간을 달려가 찍은 사진)

• 사하공화국(야쿠티야) 국립미술관

사하공화국(야쿠티야) 국립미술관은 1928년 11월 8일 건립되었다. 건립을 추진한 사람들은 M.K. 암모소프, A.I. 소프로노프, 인종학자 S.I. 볼로, 야쿠티야 1세대 화가 P.P. 로마노프, M.M. 노소프 같은 당시 뛰어난 활동가들이었다.

미술관의 기반을 만든 사람은 L.M.가비셰프(1952-1975 관장 재임)와 V.G. 페트로프(1953-1983 미술관 재직)였다.

1995년 가비셰프 야쿠츠크 조형미술관을 기반으로 사하공화국(야쿠티야) 국립미술관이 설립되었다. 오늘날 이 미술관은 미술 분야의 학문적 연구와 조직의 센터로서, 산하에 순타르스크, 남스크와 타틴스크 울루스, 불룬스크 울루스의 틱시에 분원을 두고 있으며, 러시아연방 대통령 부속 사하공화국(야쿠티야) 상설전시관 "Sakha-Art-Gallery"를 운영하고 있다.

미술관은 16-19세기 야쿠티야, 러시아, 해외 미술과 20-21세기 초 야쿠티야 미술로 구분되어 있다. 가장 중요한 수집품은 18-20세기의 야쿠티야 미술이다. 여기에는 야쿠티야에서 여러 세대에 걸쳐 생산된 작품들이 망라되어 있는데, 전 수집품의 70%에 해당된다.

사하공화국(야쿠티아) 국립미술관(이전에는 '가비셰프 M.F. Gabyshev 야쿠트미술관')은 1928년에 세워졌다. 이 미술관의 설립을 주도한 것은'야쿠트 인의 미래'라는 뜻을 가진 "사하 케스킬레" 학술협회였다. 본 협회의 예술 부문을 처음 이끈 사람은 바로 민족지도자이며 문학가인오윤스키(P.A. Ojunskij)였다. 소프로노프(A.I. Sofronov)가 그 뒤를 이었다.

1925년 "사하 케스킬레" 협회는 야쿠츠크 시에 화랑을 개관하는 프로젝트를 제안하였다. 이 제안은 1927년 야쿠티아 정부에 의해 검토되었다. 야쿠트 중앙위원회와 소비에트인민위원회 위원장 암모소프(M.K. Ammosov)는 소련 학술원 야쿠티아 위원회를 통해 러시아 교육위원회 미술관부와 협상하여 러시아와 서유럽 고전주의 작품들을 양도하여 미술관 건립을 도와

줄 것을 요청하였다. 시베리아 예술가들의 작품들은 야쿠트 인들의 개별적인 기부를 통해 구입되었다.

최초로 그림전시실이 1928년 11월 8일 문을 열었다. 이것은 지역연구 박물관의 일부로서 미래의 국립화랑의 기틀이 되었다. 전시된 작품들은 106편의 그림과 습작이었다. 이 중에는 최초의 야쿠트 화가인 포포프(I. Popov), 노소프(M. Nosov), 로마노프(P. Romanov), 시베리아 풍경화가 안드레예프(N. Andrejev), 로데이시코프(N. Lodejschikov), 레닌그라드 화가 트라빈(N. Travin) 등이 있었다. 국립 트레티야콥스키 화랑에서 온 작품들은 전시회의 의의를 더욱 고양시켰다. 그중 특기할 작품들은 트로피닌(V. Tropinin)의 "검은 코트를 입은 이방인의 초상"(1838), 작은 풍경화인 레비탄((I. Levitan)의 "늦가을", 폴레노프(V. Polenov)의 습작들, 코로빈(K. Korovin)의 정물화 "화환"(1908), 2명의 매력적인 여인상을 보여 주는 마콥스키(V. Makovsky)의 "스네기레바의 초상화"(1897)와 "검은 옷을 입은 여인"(1864)를 들 수 있다. 이 작품들은 전시회의 작품 수준과 의미를 보여 주고, 향후 미술관 작품 수집의 기준이 되었다.

미술관은 1946년 독립적인 전시관이 되었다. 미술관의 대표는 칸딘스키(V.A. Kandinskij)였다. 그러나 50년대 초부터 70년대 중엽까지 미술관 구

사하공화국 국립미술관

성을 주도한 것은 관장 가비셰프(Lev M. Gabyshev)였다. 예술가이자 화가였던 그는 뛰어난 인품과 순수한 열정의 소지자였다. 그는 미술관을 발전시키는데 혼신을 다 바쳤다.

미술관의 역사에서 가장 획기적인 사건은 유명한 야쿠트 과학자이며 경제학 박사인 미하일 가비셰프(Mikhail F. Gabyshev)교수가 개인 소장품을 기증한 것이었다. 국립미술관에는 1970년부터 1995년까지 그의 이름이 명칭으로 사용되었다. 1962년 가비셰프(M. F. Gabyshev) 일가는 16세기에서 19세기에 이르는 서유럽 작품 250점을 아무런 보상도 받지 않고 야쿠티아에 기증하였다. 소장품들은 유럽의 화파들을 대표하는 것들이었다. 이것들 중에는 이탈리아 화가 니콜로 레니에리, 지오반니 바티스타 피토니의 그림들, 네델란드 화가 프레데리코 드 무쉐론과 빌렘 반 미에리스의 그림들, 17세기 초 플란더즈의 대가의 초상화들, 알브레흐트 듀러, 렘브란트, 안토니스 반-데익, 아드리안 반 오스타데, 자코 칼로의 판화들이 포함되어 있었다. 이 소장품들의 가치가 더 올라가게 된 것은 국립 에르미타쉬 미술관과 푸시킨 국립순수미술관의 전문가들 덕분이었다. 이 기증품을 기반으로 분원인 서유럽미술관이 개관되고, 1995년에는 가비셰프 교수 해외미술관으로 재개관되었다.

다른 미술관의 수장고에서 기증된 작품들로 미술관의 소장 작품들은 더욱 다양화되었다. 그중 중요한 것들은 1954년에서 1955년 사이 동방미술관에서 기증받은 작품들이다. 그 수효는 적지만 청동과 상아로 만든 순수조형예술품, 도자기, 족자 등의 재미있는 작품들이었다. 이 작품들은 17세기에서 20세기의 일본, 중국, 티베트, 몽골의 작가들 것이었다.

야쿠트미술관이 개관된 이후 러시아 작품에 대한 수집은 계속되었다. 유화 뿐만 아니라 18-19세기의 화가들의 독특한 판화, 데생, 수채화들이었다. 그들은 A. 우흐톰스키, M. 마하예프, N. 체르네초프, I. 크람스코이, I. 레핀, V. 세로프 등 이었다. 그 외에 러시아 황실 도자기, 러시아의 유명한

도자기 제조업체인 가르드네르, 코르닐로프, 포포프, 쿠즈네초프의 작품들, 클로트와 란세레의 조각 작품들, 그리고 금은세공품들이 수집되었다.

괄목할 만한 수집은 '러시아 미술실'이다. 대표적인 작품으로 시시킨(I. Shishkin)의 풍경화 "숲속의 여명"(1883), 퀸지(A. Kuindzi)의 "달밤"을 들 수 있다. 70년대의 성공적인 수집품으로는 브루벨(M. Vrubel)의 "그루지아 여인의 초상"과 레핀(I. Repin)의 "예기치 못한 귀환"의 습작품, 그리바노프 소장품에서 수집한 아이바좁스키(I. Ajvazovskij)의 "여주인공 바볼리나"(1880)를 들 수 있다.

처음부터 야쿠트 미술 수집품을 포함한 20세기 야쿠트 미술실은 규모에서 두 번째였다. 이 미술실에는 콘찰롭스키, 코린, 랴쉬스키, 오스트로우모바-레베데바, 파보르스키, 마트베예프의 작품들이 전시되어 있다. 모든 분야의 장르가 망라된 이 미술실은 10년마다 콜렉션이 구분되어 야쿠티아에서 일어난 화풍의 변화를 보여 주고 있다. 80년대 말에서 90년대 초 사이 20-30년대 화가들인 루치시킨, 벨랴예프, 미트로힌의 작품들과 현대 작가들인 코르줴프, 오솝스키, 나자렌코, 네스테로바, 코모프, 두마냔의 작품들이 수집되었다.

미술관은 개관 당시부터 야쿠트 미술품 수집에 가장 큰 역점을 두어 왔다. 콜렉션의 대상은 사하공화국의 순수예술, 민족예술, 공예작가들의 대표적 작품들이다. 이것은 야쿠트인의 예술정신과 철학, 미적 세계관을 대표하는 것으로 본 미술관 소장품의 주류를 형성한다.

사하공화국에서 순수예술이 발전하면서 60년대 중반부터 야쿠트 미술실이 풍부해지기 시작하였다. 야쿠트 미술실은 50년대 말에서 80년대에 이르기까지 야쿠티아와 러시아에서 대규모 미술전시회를 주관하였다. 이것은 지역의 많은 예술가들의 창작 의욕을 자극하였다. 이를 계기로 능력있는 젊은 화가들이 나타나기 시작하여 미술관 수집품에서도 장르와 경향의 다양화가 이루어졌다.

다양한 소재를 다룬 작품들이 쏟아졌다. 이들 중에는 화가 오시포프, 루킨, E. 바실리예프, 카피토노프, 파블로프, 쥐구소프, 판화가 십체프, 문할로프, V. 바실리예프, 카람진, 라흘레예바, 조각가 예고로프, 자하로프, 부르체바, 프로코피예프, 장식응용 예술가 암모소프, 페스테레프, 페트로프, 마르코프, 암모소바, 시프체바 등이 있다. 이들은 주제, 양식, 화풍과 전통에서 야쿠티아의 예술을 대표한다. 미술관은 체계적으로 이들 미술가들의 작품을 수집하였다.

미술관의 수집품에서 야쿠티아의 조형예술의 진수를 보여주는 곳은 “민속 및 장식응용예술실”이다. 여기에는 18-19세기 생활용품에 관한 뛰어난 작품들이 전시되어 있다. 이 작품들은 말갈기 장식, 모피 모자이크, 자수, 은세공, 자작나무 세공품들의 전통을 보여준다.

미술관의 대표적 전시품은 19-20세기 상아 조각이다. 이 작품들은 민족적 독창성, 예술적 완성도, 전통의 계승성을 보여준다. 대표적 골재 조각가는 레핀 러시아국가상 수상자인 암모소프(T. Ammosov), 페스테레프(S. Pesterev), 페트로프(S. Petrov)이다. 이 작가들은 작품에서 민족의 기반과 개인적인 세계관을 조화있게 융합하는데 성공하였다.

전체적으로 미술관의 야쿠트 작품들의 양식적 개념은 작가의 창조적 개별성과 동시에 공통성을 표상한다. 이것은 세계적 유산과 민족적 예술 전통을 바탕으로 한 조형성을 추구하는 것이라고 할 수 있다.

미술관의 수집품은 작품 수집, 분류와 보존을 체계화하기 위해 몇 세대에 걸쳐 연구하고 노력해 온 미술관 운영자들의 끊임없는 열정의 소산이다. 최근 미술관에 입수된 작품들로는 판화가 바실리예프(V. Vasil’jev), 보탸코프(Ju. Votjakov), 이바노프(V. Ivanov), 코발렙스키(O. Kovalevskij), 조각가 예고로프(S. Egorov), 골재 조각가 페트로프(S. Petrov), 페스테레프(S. Pesterev), 화가 마가티로바(M. Magatyrova), 코랴킨(I. Korjakin)을 들 수 있다.

· 야쿠티야의 대표적 화가들

아파나시 오시포프작

· 이반 바실리예비치 포포프(1874-1945)

포포프(I. V. Popov)는 야쿠티야 미술의 창시자이다. 타틴스크 울루스의 체르케흐 촌에서 태어났다. 야쿠츠크 신학교를 다니고, 성화를 그리며 교회의 벽화를 그렸다. 제도 교육은 A.V. 마콥스키 교수에게서 사사한 것이 전부이다. 야쿠티야로 돌아오는 길에 고고학 위원회에서 일하면서 민속예술품들을 수집한 게 계기가 되어 그의 초기 작품에 이때의 경험이 반영되어 있다. 초기 작품으로 "야쿠츠크의 저택", "야쿠츠크 유르타의 내부", "아란가스", "샤만의 나무", "샤르다아트, 샤만의 무덤"이 있다. 그의 예술적 표현력이 나타나는 대표작은 "샤만"(1927), "17세기 말의 야쿠츠크"(1928)이다. 이 작품들은 과거에 대한 인식과 민족적 특성에 대한 확신이 담겨 있다. 이것은 20세기 페테르부르그의 예술적 분위기를 반영하는 것이다. 그의 심미적 취향은 복잡한 1930년대의 현실에 대해 가식적 윤색과 허구적 찬양으로 일관한 공산당의 구호와 타협할 수 없게 하였다. 그는 작품 "올롱호 낭송가 I. P. 비노쿠로프-타바흐로프"(1930)과 "으특-켈레의 학교 건설"이라는 주제를 중심으로 새로운 화풍을 주도하였다.

· 티모페이 안드레예비치 스테파노프(1943-2005)

스테파노프(T.A. Stepanov)는 1977년 레닌그라드의 "레핀 회화, 조각 및 건축 대학" 회화학부 복원전문학과를 졸업하였다. 27년간의 작품 활동을 통해 수백 편의 대형 유화들을 그렸다. 주제는 서사시 올롱호, 샤머니즘, 사하족의 고대 역사의 영웅과 소재를 인간 문명의 특성으로 표현하는 것이었다. 올롱호를 주제로 하는 대형 작품들은 우주의 3 세계에서 일어나는 환상적 사건들을 형상화하였다. 작품 시리즈 "샤만"은 숙명을 안고 태어난 샤만의 길을 탄생에서 죽음까지 철학적 비유로서 담아내고 있다. 화가의 독특한 조형적 사고에 의한 억제할 수 없는 환상의 날개는 그의 작품들을 독창적인 것으로 만들었다.

· 아파나시 니콜라예비치 오시포프(1928-)

수리코프 모스크바 예술학교 졸업생인 오시포프(A. N. Osipov) 는 이미 반 세기 동안 야쿠츠크 화단을 대표하는 작가로서 활동하고 있다. 그는 회화의 모든 분야에서 혁신적 변화를 주도해 왔다. 1960년대 삼폭화 "휜 빌류이"에서 그는 이전 단계의 정밀한 교훈적 서사성 대신 "엄격한 화풍"의 보편화, 감정의 절제, 형상의 장대화로 옮겨간다. 인간적 가치와 정신적 통합의 새로운 개념을 집단 초상이라는 장르에서 "야쿠티야의 국민작가들", "부랴티야 화가들", "으스아흐"를 통해 보여준다. "으스아흐"를 주제로 한 음악극을 배경으로 장대한 벽화에 국민 축제 참여자들이 개별적인 개성으로 구성된 단일 조직으로 제시된다. 야쿠티야 - 몽골 - 알타이 - 히말라야는 중앙 아시아 고대 민족의 탄생과 이주의 비밀을 간직한 초원과 산으로 이루어진 거대하고 아름다운 세계를 표상한다. 러시아의 국민화가이며 사하공화국(야쿠티야)의 정신문화 연구원 원장 A. N. 오시포프는 왕성한 창작 활동을 적극적인 사회 활동과 결합시킨다.

· 아파나시 페트로비치 문할로프(1935)

1966년 문할로프(A. P. Munxalov)는 60년대 러시아 판화의 고전적 유형에 따른 일련의 리놀륨 판화 "나의 북쪽 나라"로 야쿠티야 자치공화국에서 최초의 국가 대상을 받게 되었다. 선에 의한 표현성, 작품을 관통하는 절제된 구성의 역동성, 시적 낭만 정신은 본질적으로 새로운 체계의 예술적 사고의 형성을 보여준다.

· 발레리안 로마노비치 바실리예프(1938-1970)

바실리예프(V. R. Vasil'ev)는 1962년 모스크바 고등 예술산업학교(전에는 스트로가놉스코예) 산업예술학부를 졸업하였다. 작품의 특성은 민족적 세계관을 배경으로 철학적 통찰의 깊이, 개인적 체험, 실제 형상과 조형적 은유를 이용한 예술성에 있다. 이러한 특성은 리놀륨 판화 "옛것과 새것", "과거 야쿠티야 장인들", 목판화 "전사 뉴르군 보오투르", 석판화 ""비애", "불 옆에서", "나의 딸" 등에 나타난다.

· 게오르기 미하일로비치 투랄리소프(1903-1970)

투랄리소프(G. M. Turalysov)는 올레크민스크 울루스의 클라흐스크 촌에서 태어났다. 화가, 음악가, 분장사, 장식가로서 그는 D. D. 볼세프와 M.N. 지르코프의 지도 아래 1920년대 빌류이스크에 생긴 '민중의 집'에서 일하였다. 1929년 미술학교를 졸업하였다. 그곳에서 그는 I.M. 라비노비치와 P.P. 콘찰롭스키에게서 지도를 받았다. 그 후 30년 동안 연출가 V. 메스트니코프, S. 그리고리예프와 함께 야쿠츠크 연극극장의 주임 화가로 일하면서 고전 연극과 민족 연극의 모든 연극과 음악 무대의 구성을 담당하였다. 특별히 성공을 거둔 작품으로는 1957년 모스크바의 야쿠트 문학-예술 10일제에서 M. M. 지르코프와 G. I. 리틴스키가 스타니슬랍스키와 네미로비치-단첸코 극장에서 연출한 오페라 "전사 뉴르군 보오투르"가 있다. 이 작품에서는 대규모 장식을 갖춘 고전적 극장 장식 회화의 원칙이 지켜졌다.

4. 연극

야쿠츠크에는 오윤스키 사하극단, D.K. 십체프-수오룬 오몰론 오페라 발레 극단, 푸시킨 연극 극단, 뉴르바 이동 연극 극단, 네륭그리 인형 극단, S.A. 즈베레프-크을 웰 국립 무용단, 국립 유머-풍자 극단, 국립 경연 극단, 국립 서커스 극단이 있다.

오윤스키 사하극단의 창립일은 1925년 10월 17일이다. 이 날은 러시아 민속극단의 야쿠티야 민족팀이 야쿠트 문학의 고전인 N. 네우스트로예프의 "악령"을 상연한 날이다. 극단의 초대 단장은 시인이자 연출가인 A. 소프로노프-알람프였다. 1934년부터 본 극장에는 야쿠티야의 소비에트시대 문학 창시자인 P.A. 오윤스키의 이름이 주어졌다. 1990년부터 사하극장의 예술감독은 러시아 연방과 사하공화국(야쿠티야)의 공훈 예술가이며 소연방과 러시아 연방의 국가 예술상과 사하공화국 국가예술상을 수상한 안드레이 보리소프(A. S. Borisov)[1]가 맡게 되었다. 이후 사하극장은 야쿠티야 연극 예술 발전의 새로운 단계에 접어들게 되었다. 칭기스 아이트마토프(Ch. Ajtmatov)의 원작 소설 "바닷가로 달리는 얼룩개"를 각색하여 연출한 "가고픈 파란 해안가"는 야쿠티야와 러시아 연극계의 일대 예술사적 사건이 되었다. 1986년 A. 보리소프, 예술감독 G. 소트니코프, 주연 배우 E. 스테

1) 보리소프 장관은 연극배우, 극작가, 연출가, 사하극장장으로서 러시아 황금가면상 획득, "사하의 푸시킨".

사하국립극장

A.S. 보리소프 문화부장관(가운데)

파노프, S. 페도토프, G. 바실리예프는 소연방 국가 대상을 받았다.

2000년 사하극단은 75주년을 맞아 처음으로 독립 건물을 갖게 되었다. 이 무대의 최초 공연 작품은 올롱호의 독창적 미학을 발전시킨 "크을 데벨리예"(소녀 데벨리예)였다. 2002년 이 작품은 러시아 예술계의 인정을 받아 "연극비평가상"의 후보작에 지명되어 "황금가면상"을 수여받았다.[2] 2005년에는 젊은 연출가 S. 포타포프가 이오네스크의 희곡을 바탕으로 한 연극 "맥베쓰"에서 높은 예술성을 이루어내고 민속적 전통과 유럽의 전위 예술적 시학을 결합한 공로로 "황금가면상" 심사위원상을 받았다.

2) 러시아 최고의 권위의 연극상으로 모스크바와 페테르부르그를 제외한 지역에서 이상을 받은 것은 야쿠츠크국립극장이 유일하다.

· 안드레이 사비치 보리소프

보리소프(A. S. Borisov)는 러시아 연방과 사하공화국(야쿠티야)의 공훈예술가로 소연방 국가 대상 (1986), 러시아 연방 국가 대상(1999), 쿨라콥스키 국가대상(2004)을 수상하였다. 그는 1951년에 야쿠티야 자치공화국 니질리 코뱌이스크 지역에서 태어났다. 솁킨 모스크바 고등예술학교 배우학부(1974), 루나체르스키 국립연극대학 연출학부(1982)를 졸업하였다. 1983년 야쿠츠크 극단의 주임 연출가로 임명되고, 곧 이어 오윤스키 연극극단의 예술단장이 되었다. 연출가로서의 독창성과 비범한 창조적 능력은 그의 첫 번째 작품에서부터 드러났다. "가고픈 파란 해안가"는 러시아 연방 차원에서 뿐만 아니라 야쿠티야 연극예술 발전의 기폭제가 되었다.

안드레이 보리소프는 소연방 국회의원(1989-1991), 정치사회연맹체 "사하 오묵" 회장, 러시아 연방 문화장관 조정회의 회원, 투르크어 사용국 문화장관 상설협의회 "TJURKSOJ" 회원, 국제유라시아운동 최고회의 회원, 국제유라시아 창작동맹 의장, 북극 문화예술대학 학장으로 왕성한 활동을 하고 있다. 1990년부터 그는 사하공화국(야쿠티야)의 문화부 장관을 맡고 있다.

연극 전용 푸시킨 극장

5. 음악

사하공화국의 음악 교육과 활동 기관으로는 사하공화국(야쿠티야) 작곡가 연맹, 국립합창단 "투이마아다", 국립관현악단, 국립 바이올린 앙상블 "야쿠티야의 명인"이 있다.

사하공화국(야쿠티야) 작곡가 연맹은 1979년에 창립되었다. 연맹의 창립자는 N. 베레스토프와 Z. 스테파노프였다. N. 베레스토프는 러시아 연방과 야쿠티야 자치공화국의 공훈 예술가, 오윤스키 국가 대상 수상자, 프로코피예프 국제 콩쿨 수상자로서 러시아 연방 작곡가 연맹 스베르들롭스크 지부 회원으로서의 경험이 있다. Z. 스테파노프는 최초의 전문 작곡가로서 러시아 연방과 야쿠티야 자치공화국 공훈 예술가, 오윤스키 국가 대상 수상자, 쇼스타코비치 러시아연방 작곡가 연맹 대상 수상자이다.

국립합창단 "투이마아다"는 1987년 M. N. 지르코프 야쿠츠크 음악학교 합창 및 성악학부의 학생들로 창립되었다. 1993년 합창단은 사하공화국(야쿠티야) 국립합창단으로서의 지위를 얻게 되었다. 야쿠트 민족의 독창적 노래 문화를 대표하면서 전통 음악과 고전 음악, 현대 음악과 학교 음악의 결합을 시도하고 있다.

1991-1995년에는 러시아와 우크라이나의 여러 도시를 순회 공연하였고, 일본에서의 공연은 커다란 음악적 성공을 거두었다. 1995년에는 폴란드와 이탈리아에서 공연을 하고, 스몰렌스크(1991), 모스크바(2001), 하바롭스크(2002), 모스크바(2003)의 예술 축제와 경연대회에 참가하여 많은 상을 받았다.

국립오케스트라단은 1991년 알단, 톰모트, 니즈니쿠라나흐스크 음악학교 교사와 학생들로 구성되어 창립되었다. 1995년 5월 사하공화국(야쿠티야) 음악예술 지원법에 따라 본 오케스트라는 알단 국립오케스트라단으로 승격되었다. 2003년 2월부터 본 악단은 야쿠티야 국립오케스트라로서 사하공화국을 대표하게 되었다.

국립 바이올린 앙상블 "야쿠티야의 명인"은 1994년 사하공화국(야쿠티야) 영재음악학교 부속으로 창설되었다. 구성 단원은 영재음악학교 현악부 학생들이고, 예술단장은 사하공화국(야쿠티야) 공훈예술가 L. 가브셰프와 사하공화국(야쿠티야) 공훈예술가 S. 아파나센코이다. 앙상블 단원들은 모두 사하공화국, 러시아 및 국제 콩쿨 수상자들로서, 므라빈스키 국제콩쿨(1998), 시베리아 청소년 콩쿨(2000), 제2회 "세계 소리와 색깔" 국제 페스티발(2002), 이탈리아(2004), 헝가리(2005), 프랑스(2000, 2006) 국제 콩쿨과 페스티벌에서 수상하였다.

본 앙상블은 야쿠티야 뿐만 아니라 모스크바. 페테르스부르그, 노보시비르스크, 하바롭스크, 영국, 포르투갈, 이스라엘, 몽골, 중국, 오스트리아 등 여러 나라를 순회 공연하였다. 이외에도 페테르스부르그 300주년 기념 콘서트, APEK 의회 문화 프로그램에 초청 공연하였다.

2005년 12월 30일 사하공화국(야쿠티야) 대통령령으로 사하공화국(야쿠티야) 국립앙상블은 "야쿠티야의 명인"이라는 칭호를 받았다.

6. 문학

· 니콜라이 알렉세예비치 루기노프

루기노프(N. A. Luginov)는 러시아 연방 작가동맹 공동의장이다. 그는 사하공화국(야쿠티야) 국민작가이며 동시에 사하공화국(야쿠티야) 공훈예술가로서 국제문학상 "문화교차로의 알제리" 상, 러시아 볼쇼이 문학상, 카자흐스탄 공화국 문학상 "알라시" 상을 수상하였다.

1948년 코뱌이스크 울루스 태생인 그는 1972년 야쿠츠크국립대학교 물리수학부를 졸업하였다. 그뒤 고리키 문학대학 고급문학학부를 마치고, 몇 년간 중학교에서 수학을 가르치기도 하였다. 현재는 오윤스키 문학박물관 관장, 러시아 작가동맹 서기, 야쿠티야 작가동맹 부의장, 사하공화국(야쿠티야) 정신문화원 부원장, 국제 투르크어 학술원 정회원, 사하공화국(야쿠티야) 대통령위원회 위원으로 활동하고 있다.

(왼쪽부터) 도재영 회장, 소설가 루기노프, 이광규 교수

1974년부터 작품을 발표하기 시작한 작가는 소설 "세르겔레에흐"에서 젊은 학생들의 생활, 젊은 전문가들의 기쁨과 슬픔을 그렸다. 소설 "누오랄지음의 숲"에서는 어린 시절 겪은 전쟁의 어려움을 묘사하였다. 소설 "층계"에서 작가는 북부 도시에서의 건축가들의 창조 정신을 과감하게 보여주고 있다. 작가는 많은 단편소설과 장편들을 발표하였다. 그중 "까멘느이 므스"(돌로 된 곶)은 작가에게 커다란 성공을 가져다주었다. 이 작품으로 그는 국제문학상을 받았다.

1997년 새로운 소설 "칭기스칸의 명령에 따라"의 제1권이 출판되었다. 다음 해에 모스크바에서 러시아어 판 번역본이 나왔다. 이 소설은 3부작으로서 러시아에서 뿐만 아니라 국제적으로도 높은 평가를 받고 있다.

N. A. 루기노프는 소설가이자 혁신자로서 민족적 색채와 독창성이 뛰어나다. 러시아와 세계의 고전 문학을 창조적으로 수용하면서 작가는 야쿠트 민족과 야쿠티야 북부의 여러 민족의 삶을 철학적으로 고찰하고 윤리적으로 인류 보편적 가치를 확인하고자 한다.

야쿠티야 연극에 대한 작가의 기여도 매우 크다. 연극 무대에 상연된 희곡 "알람파, 알람파"와 "안녕"은 대단한 성공을 거두고 사하 민족으로 하여금 역사적 과거에 대한 객관적 고찰을 하도록 하였다.

· 나탈리야 이바노브나 하를람피예바

하를람피예바(N. I. Xarlamp'eva)는 야쿠티야의 국민시인이며 사하공화국(야쿠티야)의 공훈 문화활동가이다. 이 시인은 사하공화국(야쿠티야)의 정신문화학술원 회원이며 동시에 야쿠티야 작가 동맹 의장이다. 또한 야쿠트 어로 발간되는 신문 "사하 시레"의 편집인이다. 야쿠티야 콤소몰 문학상, 러시아 볼쇼이 문학상, 카자흐스탄 공화국 문학상 "알라시" 상을 수상하였다.

하를람피예바는 야쿠츠크에서 2시간 정도 북쪽에 있는 마간 촌에서 1952년 태어났다. 야쿠츠크 대학교 역사-철학학부를 졸업하였다. 최초의 시집 "아에로플란"은 1976년에 출판되었다. 나탈리야 하를람피예바는 10권 이상의 시집을 내었다. 그의 시집들은 러시아 어, 카자흐 어, 타타르 어 및 우크라이나 어로 번역되었다. 창작의 주요 주제는 현대 야쿠트 여자의 정신 세계와 야쿠트 민족의 운명에 대한 고찰이다.

하를람피예바는 창작 동맹의 의장으로서 신세대의 문학 교육에 큰 관심을 기울이고 있다.

순록치기

〈시〉 순록치기의 노래

나탈리아 하를람피예바

반년 세월 긴 겨울이 가고 나면
햇빛 젖은 노을을 축복합니다.
무릎을 꿇고
당신 앞에 감사 드립니다.
어머니 대지여!

돌아오는 길이
아무리 힘들지라도
봄이 야쿠트 인을 잊지 않게 하소서.
공작석처럼 새로이
끝없는 툰드라를 푸르게 하소서.

일 년 내내 지평선 끝까지
쪽빛 빛은 하늘 아래 툰드라에서
순록들을 셀 수 없이 거닐게 하고
순록치기가 그들 옆에 머물게 하소서.

· 예고르 페트로비치 네이모노호프

네이모노호프(E. P. Nejmonoxov)는 1950년 3월 30일 톰폰스크 지역 메기노-알단 촌에서 출생하였다. 1973년 야쿠츠크국립대학교 역사철학학부를 졸업한 그는 신문사 특파원, 언어, 문학, 역사 연구소 연구원, 잡지 "호투구 술루스" 부편집장, 잡지 "아르그스"와 "아이스베르그" 편집장, 야쿠츠크 국립대학교 야쿠트문학 조교수, 사하공화국(야쿠티야) 대통령 직속 포상위원회 책임비서, 상크트 페테르부르그 상주대표를 역임하고, 사하공화국(야쿠티야) 작가동맹 간부회의 의장으로 활동하고 있다.

그는 사하공화국(야쿠티야) 국민작가로서 야쿠티야 콤소몰 상, 오윤스키 상을 수상한 바 있다. 최초의 단편소설 "세르겔랴흐의 봄날"을 신문 "에데르 공산당원"에 발표하여 등단한 이후 스포츠맨, 예술인, 학자, 농민을 주제로 많은 작품 활동을 하였다. 유리 세르게예프의 "왕의 사냥"을 야쿠트어로 번역하였다. 그리고 그의 소설 "격투"를 각색한 연극이 오윤스키 극장에서 공연된 바 있다.

· 블라디미르 니콜라예비치 표도로프

코뱌이스크 울루스의 타아스-투무스 촌에서 1951년에 출생한 표도로프(V. N. Fedorov)는 1975년 야쿠츠크국립대학교 지질학부를 졸업하였다. 현재는 신문 "야쿠티야"의 편집인으로 활동하고 있다. 최초의 시집 "눈 속의 별"을 1982년 출판하여 등단한 후 "사랑의 공식", "하늘의 순례자" 등 5권의 시집을 출간하였다. 그는 야쿠트 어, 에벤 어, 유카기르 어, 에벤키어 작품들을 러시아 어로 번역하기도 하였다. 기독교 2000주년에 쓴 "야쿠트 수도승의 오디세이"는 커다란 반향을 일으킨 바 있다.

그는 러시아 시인, 번역가로서 사하공화국 오윤스키 문학상과 러시아 볼쇼이 문학상을 수상하였다. 최근 그는 야쿠트 샤만의 연구에 몰두하여 이미 4권의 책을 저술한 바 있다.

· 안드레이 바실리예비치 크리보샵킨

크리보샵킨(A. V. Krovoshapkin)은 에벤 족 출신 작가로서 사하공화국(야쿠티야)의 국민작가이며 에릴릭 에리스틴 문학상을 수상한 바 있다.

그는 1941년 에베노-비탄타이스크 울루스의 세뱡-큐엘 촌의 순록치기 가족에서 출생하였다. 1962년 레닌그라드 게르첸 사범학교에 입학하였다. 학교 졸업 후에는 교사로 활동하였다. 1969년 최초의 책 "오포"를 에벤어로 출판하여 작가의 길에 들어선 그는 중편 "나의 어린 시절의 순록들", "우얌칸들이 북으로 가다", 장편 "나의 운명의 강변"(1988), "황금 순록"(1990) 등으로 큰 인기를 끌었다. 현재는 국회 "일 투멘"의 국회의원이며 "야쿠티야 북부 민족 연맹" 총재로 활동하고 있다.

· 야쿠티야의 국민작가 D.K. 십체프-수오룬 오몰론

십체프-수오룬 오몰룬

십체프-수오룬 오몰론(D. K. Sivtsev-Suorun Omollon)은 국민작가로서, 사회활동가로서 국민적 추앙을 받는 인물 중 하나이다. 그의 탄생 100주년 행사가 2006년 9월-10월 야쿠티야에서 있었다. 이 행사는 그의 고향 으투큐엘 타틴스크 울루스의 체르케흐 촌에서 시작되어 모스크바에서 막을 내렸다.

희곡 "상인 큐큐르"(1932)는 야쿠티야 희곡 작품 중 최고로 평가되고 있다. 또한 그가 쓴 대본에 따라 오페라 "뉴르군 보오투르"가 최초로 야쿠트어로 공연되었다. 최초의 민족 발레 "야생화"도 그의 작품이었다.

오몰론은 야쿠트어 초급 독본의 공동저자이기도 하다. 이 책은 지금까지도 교재로 쓰이고 있다.

그의 사회적 활동 덕분에 독특한 박물관들이 세워졌다. 역사민속 박물관은 정치적 유배자들에 관한 기록으로 체르케흐에 세워졌다. 소틴쯔의 금렵지역 "우정"에 지워진 렌스크 역사건축박물관, 하다아이으에 건설된 문학예술박물관과 오윤스키 저택박물관은 그의 노력과 열정의 결과이다.

그는 마지막으로 신약성서를 야쿠트어로 번역하는 작업에 몰두하였다. 야쿠트어판 신약성서는 2004년 출판되었다. 그는 오늘날 야쿠트 민족의 정신적 지도자로 추앙받고 있다.

· P.A. 오윤스키 – 소비에트 야쿠트 문학의 창시자

2003년 야쿠티야에서는 시인, 산문작가, 극작가, 학자, 사회활동가로서 소비에트 시대 야쿠티야 문학의 창시자이며 야쿠티야의 소비에트 정권 수립자인 플라톤 알렉세예비치 슬렙초프-오윤스키(A. S. Ojunskij)의 탄생 110주년 행사가 성대하게 개최되었다. 오윤스키의 이름은 공화국의 도시와 촌락의 거리 이름에 붙여지고, 사하 연극학교와 문학박물관에 붙여졌다. 1966년에 이미 문학, 예술, 건축 분야의 최고 작품에 주어지는 "오윤스키 국가상"이 제정되었다.

2003년은 대통령령으로 오윤스키의 해로 지정되었다. 첫 번째 행사는 고향 체르케흐 촌에서 열린 "오윤스키의 해" 개막 기념식 "플라톤 – 조국의 아들"이었다. 여름에는 이곳에서 국가 차원의 으스아흐 축제가 열렸다.

오윤스키의 공적 중 하나는 야쿠티야가 국가적 지위를 획득하게 된 활동이었다. 그의 노력으로 야쿠티야는 1922년 4월 27일 야쿠츠크 자치공화국이 수립되었다. 1923년 1월 23일 공화국의 최고 권력 기관인 중앙집행위원회가 구성되고, 오윤스키는 28세의 나이에 최초의 의장으로 선출되어 국가를 이끌게 되었다. 오윤스키는 사회 활동 이외에도 작가로서, 시인으로서, 극작가로서 뛰어난 업적을 남겼다.

1935년 오윤스키는 공화국 최초의 언어학 준박사 학위를 받았다. 그리고 야쿠티야 작가동맹 의장, 야쿠티야 최초의 학술 연구소 "언어문화 연구소"를 창설하고 초대 소장이 되었다. 이 연구소는 오늘날 러시아 연방 동북부 지역의 최고 학술 연구소 중 하나가 되었다.

오윤스키는 야쿠티야 문학 발전의 주춧돌 역할을 하였다. 그는 시, 희곡, 산문의 장르적 발전, 야쿠트 문학어의 규범 확립과 시문학의 이론적 체계화 등 모든 분야에서 혁신적 역할을 하였다. 그는 올롱호 연구와 발전에도 커다란 기여를 하였다. 또한 러시아와 세계의 많은 문학 작품을 야쿠트 어로 번역하였다. 그의 대표작은 1932년에 발표한 영웅 서사시 "전광석화 뉴르군 보오투르"이다. 이 작품은 영어를 포함한 외국어로 번역되었다.

7. 올롱호: 영웅 서사시

올롱호는 2005년 11월 25일 유네스코에 의해 "인류의 구술 정신문화 유산의 걸작"으로 지정되었다. 이것은 사하 인들에게 역사상 가장 큰 사건이다. 왜냐하면 유네스코의 결정으로 인해 사라질 위기에 있던 문화유산이 보존될 수 있는 원동력을 얻게 되었기 때문이다. 사하공화국(야쿠티야)에서 11월 25일은 "올롱호의 날"로 지정되었다.

올롱호는 지나간 세월의 증언이자 후대에게 주는 기념비이고, 민족을 결합시키는 정신적 원천이며, 사회 발전을 위한 명분을 제공해 주고 있다.

첫째, 이것은 중간 세계에 사는 인간의 단결 사상이다. 주요 영웅들이 벌이는 모든 행위의 의미는 자기 종족의 통일과 민족 간 일치, 민족들의 우의와 협력의 성취이다. 이것이 서사시의 중심 사상이다. 올롱호에 등장하는 주요 영웅들의 위대성은 그들의 고결성과 관대함, 다른 민족들에게서 가장 훌륭한 점을 발견해 내는 특성과 어려운 시기에 도움의 손을 내밀 줄 아는 용기에 있다.

둘째, 민족적 명예와 애국심. 바로 이것이 가장 혹독한 시기에 주요 영웅들이 그들의 동료와 민족을 이끌었던 철학이다.

셋째, 행복과 번영을 위한 세심하고 끊임없는 노력과 지식의 추구이다. 서사시에서는 가장 훌륭하고 현명한 사람들이 이끌어 나가고, 그들의 도움으로 서사시의 주인공들이 성공을 거두게 된다.

넷째, 휴머니즘, 관대함과 인내심의 사상이다. 서사시의 가장 중요한 주제 중 하나가 선과 악의 투쟁이다. 인류 공동체의 안정성의 징표로서 인간미와 인류애가 결국 승리하게 된다.

다섯째, 자연과 조화의 사상이다. 전율적일 만큼 자연에 대한 경건한 태도, 자연과 일치하여 살아가는 능력은 민중의 철학적, 환경적 문화의 주춧돌이다. 오늘날 이것은 지구적 관점에서 세계 발전을 위한 가장 현실적 문제 중 하나가 되었다.

여섯째, 자기 민족, 종족과 국가의 보호와 강화 사상이다. 이것은 서사시의 영원한 주제이며, 조상들의 삶은 이러한 고결한 사상을 우선으로 하였다. 사람들에게 기쁨을 선사하는 올롱호 전수자들은 항상 존경을 받았다. 제2차 세계대전 전까지 올롱호 전수자는 400명 이상에 이르렀다. 그 중 현재 활동하고 있는 대표적 전수자로는 표트르 레셰트니코프(P'otr E. Leshetnikov)가 있다.

야쿠트 민족 영웅 서사시의 정신문화적 가치를 가장 높이 평가한 것은 야쿠티야 민족 작가이며 사하공화국(야쿠티야) 학술원 회원인 십체프-수오룬 오몰론과 소연방 학술원 회원인 오클라드니코프(A.P. Okladnikov)였다.

· 올롱호에 대한 십체프-수오룬 오몰론의 평가

야쿠트 인은 거대한 레나 강을 닮아 얼굴이 검은 용감한 아이들이며, 추위로 유명한 베르호얀스크 산맥의 눈덮인 정상에서 태어난 북부의 미인들이다. 드넓은 타이가와 끝없는 툰드라의 주민인 이들은 수 세기 동안 축적

된 지혜와 시인의 기질을 지닌 민족이다. 야쿠트 인들이 구전 문학에 모든 희망과 꿈을 담아 그것을 서사시로 만든 것이 바로 올롱호이다.

"사하"라는 이름을 가진 이 민족은 고향이 머나먼 남쪽이다. 민족 대 이동의 시기에 그들은 북동쪽으로 내밀려졌다. 어린 시절을 뜨거운 태양 아래 보내고 유년과 성년 시절에 북부의 자연조건과 혹독한 싸움을 이겨낸 경험이 그들의 기억 속에 남아 있다. 무더운 남쪽의 열정적 이미지가 북쪽의 색깔과 결합되었다. 이 때문에 올롱호의 위대함과 장대성은 예를 들어 용감한 사냥꾼과 용맹스런 무사들에 대한 묘사에서 드러난다. 예사롭지 않은 과장은 동양적인 화려한 장식선과 색채를 보여준다.

야쿠트 인이라면 누구나 올롱호를 이른 저녁부터 다음 날 아침까지 들으며 한 소절도 놓치지 않으려고 귀를 기울인다. 노래말과 가락은 파도처럼 일렁이며 끝없이 흐르면서 파노라마처럼 놀라운 그림을 그려 나간다. 청중은 모든 근심과 걱정을 잊고 황홀한 몽상의 세계로 빨려 들어간다.

완벽한 심포니와 같은 올롱호는 비견할 나위 없이 독창적이다. 올롱호의 아름다움과 매력은 "인류사회의 유년기"를 형상화한 데 있다. 힘과 아름다움은 고대성과 원시성, 아이와 같은 순진성과 순수성에 있다. 야쿠트 인에게 민족 서사시 올롱호는 20세기에도 여전히 청중을 사로잡는 "영원한 매력"을 지니고 있다.

야쿠트 인에게 올롱호는 지혜와 예술과 시의 백과사전이다. 이것은 천재적 민족 시인들의 작품집이며 과거에 이루어진 정신적, 물질적 창작품의 박물관이다. 올롱호에서 요술단지처럼 야쿠트어의 매력도 발견할 수 있다. 민족이 배출한 천재들의 사상적 깊이를 이해할 수 있는 사람들은 누구든지 올롱호에서 자연과 사회의 엄청난 모순과 싸우며 민족을 위해 앞장서서 자신의 높은 이상을 향해 목숨을 초개와 같이 버리는 인간에 대한 찬사를 들을 수 있다.

장르 면에서 올롱호를 그 어떤 구체적인 문학 장르와 연결시키기는 어렵다. 이것은 세상에서 유일무이한 것이다. 많은 연구자들이 올롱호를 동화, 옛날 이야기, 서사적 장시, 영웅 서사시 등 다양한 이름으로 부른 것은 결코 우연이 아니다. 올롱호는 적어도 여러 장르의 독창적 통합으로서 서정시, 서사시, 연극적 요소를 두루 가지고 있다. 동시에 그것은 완벽하게 구체화된 야쿠트 민족 문학이다.

올롱호를 영웅 서사시라고 하지만, 이 작품에 "영웅적"이라는 명칭이 꼭 부합되는 것은 아니다. "영웅적"이라는 용어는 역사성을 내포하고 있다. 그러나 역사성이 구체적 역사적 인물이나 사건을 가리킨다면, 그런 의미에서의 역사성은 올롱호에 없다. 올롱호의 역사적 성격은 사하민족의 생활상, 윤리, 과거사, 지리적 환경, 정신적 물질적 문화와 관계가 있다.

올롱호는 순수하게 문학 작품이지만 동시에 음악적 창작품이기도 하다. 올롱호 전수자들은 기술 부분을 창으로 풀어내면서 주인공들의 대화를 노래로 전개한다. 올롱호는 음악적 민속작품을 가장 오래되고 가장 독창적인 형태로 제시한다. 올롱호의 멜로디는 다양하여 영웅들의 성격에 따라 때로는 영웅적으로, 때로는 서정적으로, 때로는 코믹하게 표현한다. 사하 민족의 사랑을 받는 음악극으로서의 올롱호는 사하 민족의 뮤즈가 살아 있는 예술 작품이다.

올롱호는 삶의 환희, 승리의 기쁨, 태양의 자손으로서의 인간의 행복이 담겨 있다. 올롱호에 좌절은 없다. 올롱호는 근면한 민족의 창작품이다. 따라서 올롱호의 철학은 낙관적이다. 내용과 형식의 완벽한 조화를 바탕으로 만들어진 올롱호의 아름다움과 사상적 깊이는 전 민족의 집단적 힘과 사고로 설명할 수 있다.

올롱호에서 인간은 자연의 노예가 아니라 깨뜨릴 수 없는 힘과 지혜로 자연을 복속시킨 주인이다. 인간은 생명수의 도움으로 죽음조차 이겨낸다. 인간은 수정처럼 맑고 아름답고 강한 신체와 정신을 가지고 있다. 인간은 이기주의, 탐욕, 허세와는 거리가 멀다. 그는 강하고 무적이다. 왜냐하면 그는 혼자가 아니라 그의 뒤에는 창조의 종족이 뒤따르고 있기 때문이다. 그는 유일하게 거짓, 폭력, 적의, 불공정과 연관된 모든 파괴적인 악을 없애라는 소명을 받고 태어났다. 그래서 그는 올롱호의 인간으로서 아주 큰 힘을 가지고 태어났다. 우주에 손잡이가 달려 있다면 우주를 뒤엎을 수 있고, 지옥에 빗장이 달려 있다면 비틀어 뽑을 수도 있을 것이다.

바로 이런 사람이 야쿠트 올롱호에 등장하는 무소불위의 인간이다. 그는 날개 달린 말을 타거나 구름을 타고 공중을 날아 다녔다. 철로 만든 물고기가 되어 불길이 솟는 강과 죽음의 바다를 잠재웠다. 눈 깜짝할 사이에 우주의 저편 끝에 도달하기도 하였다. 천둥 같은 목소리로 온 세상을 놀라게도 하였다. 발자국은 땅이 견디어 내지 못하고, 몸은 아픈 줄을 모르고, 근육은 약한 곳이 없고, 유연한 허리는 다섯 아름이나 되고, 넓은 어깨는 여섯 발이나 되었다. 그는 불에도 타지 않고, 물에도 빠지지 않았다.

올롱호의 인간, 그는 무소불위의 인간으로 부서지지 않는 인간적 힘의 화신이었다. 팔각형에 팔면체로 생긴 그는 그런 능력으로 구릉과 언덕이 많고 울창한 숲이 우거진 아름다운 어머니 대지에 행복과 기쁨과 자유가 넘치게 할 수 있었다. 운명의 뜻에 따라 사하 민족은 칭기스칸의 군대에 의해 황량하고 먼 북녘으로 밀려나 오랫동안 글자 없이 지내왔다. 그러나 사하 민족의 강력한 정신문화는 수 세기에 걸쳐 쌓이고 쌓여 구전 민중시가로 발전되고 연년세세로 이어져 내려와 위대한 시 올롱호가 되었다. 문자가 생기고 문학어가 만들어진 다음, 올롱호는 사하 민족의 진정한 서사시로 발전하게 되었다.

· 엘레스 보오투르

다음은 야쿠트 족에게 구전되어 내려오던 올롱호 중 하나인 영웅 서사시 "엘레스 보오투르"(표트르 오고토엡 저, 강 덕수 역, 2005)에서 일부를 인용한 것이다.

제 1 부

둥그런 금반지 같이
온화한 태양같이
밝게 빛나는 눈빛으로
격동이 일렁이는
태고의 산등성 너머,
오래 전에 잊혀진
세월의 전쟁터 저편,
태고적 말싸움에 지친
광야 건너편,
그곳에는
중간세계 튜숼게[3]가 있다.
그곳에서는
깜박이며 미소짓는
밝은 별,
밤안개 속에서
길 잃은 나그네에게
길을 비춰주는 하얀 달,
모든 미물에게
생명을 선사하는 은혜로운 태양이 있다.

중간세계 튜숼게,
하늘가를 비상하는
무중력의 세계가
두 눈을 가린다.
비밀의 요새가 되어
적의와 질투로 가득 찬

3) 튜숼게: 중간세계

엘레스 보오투르

심연 같은 하늘로
둥근 지붕을 얹어놓은
금박 입힌 그릇처럼
강렬한 반사광에
밑도 끝도
보이지 않는다.
그곳에 아이으으[4]족이 있었다.
그들은 마음이 온유하고
고귀한 족속.
말고삐를 하늘에 얹어 놓은
검은 얼굴의 우랑카이 족,
어깨 위 머리는 반듯하고
뼈마디는 유연하고,
정신은 고향에 뿌리내려
불행과 비통은 알지 못했다.
두 발 달린 존재들은
누구의 삶에 곡절이 있는지
누구의 머리가 간교함에 젖었는지
누구의 몸이 욕망으로 꿈틀대는지
혓바닥을 놀리고파도
불화를 아직 만들지는 못하였다.

둥그런 두 눈을 하늘로 향하고
두 팔을 펼쳐 든
아름다운 어머니 대지는
얼마나 위엄 있고 당당한가.
밑도 끝도 없는
하늘을 천장 삼고

4) 아이으으족: 야쿠트족의 시조로서 보통 – 우랑카이족과 사하–우랑카이족으로 구분됨.

팔면 팔각으로
부드러운 초록을 휘감아
화려하게 빛나는 매력이여.
강인한 몸매는
어떠한 압력에도 굴하지 않고
넓은 가슴은
어떠한 충격도 이겨낸다.
굳센 허리는
어떠한 권력에도 굽히지 않는다.
나무는 쓰러지고
물은 술렁이고
대지는 메마르고
이글거리는 태양이
지평선 너머에서 떠올라도
눈처럼 흰 달은
그 옆으로 미끄럼 탄다.
깎아지른 바위 절벽은
산을 에워싸고
산들은 멍석처럼 깔려있다.
흙산을 타고 넘치는 여울을
암벽으로 둘러치고
모서리마다 막아섰다.
태양이 게워내는 거품은
카펫이 되고
폭풍우 치는 바다는
울타리 되어
텅 빈 중심은 불꽃으로 채우고
머리 위에 안개를 흩뿌리니
창공은 창연하게 빛났다.

아름다움과 풍요가 넘치는
놀라운 세계를 찾고자
저 먼 곳을 응시하면
우리 앞에
중간세계 튜슐게가 나타난다.
행복이 가득한 광야
그 너른 가슴팍은
풍요의 둥지가 되고
우리는 경외심에 젖는다.
그곳에서는
일흔 일곱의 초록빛 개울이 모이고
심드렁 심드렁
여든 여덟 깊은 시내가 만나고
우르렁 우르렁
아흔 아홉 물살 센 강이 만난다.
아름다움과 풍요를
아낌없이 나누어
유례없는 땅을 이루니
그 이름은
위대한 평원 알라스
풍요로운 대지여.
길이가 사흘걸이요
둘레는 천리 길
무엇과도 견줄 수 없이
깊은 계곡
당신은 어머니 대지
위대한 투이마아다.[5)]
…

5) 투이마아다: 대평원을 가리키는 야쿠트어.

엘레스 보오투르

“지이에 부오! 지이에 부오!
우랑카이족의
피 끓는 후예들이여
행동이 가볍고
성격이 변덕스러운 자들아!
가식의 설탕을 혓바닥에 바르고
눈 녹은 물처럼
말을 쏟아내는 자들아!
눈은 생기를 잃고
배는 올챙이 같고
발바닥은 코끼리 같구나.
얼굴은 믿을 수 없이 온화해도
마음은 질투와 탐욕과
온갖 경쟁심으로 가득하구나.
바위처럼 무겁게 짓누르는 허세는
힘센 말도 버티지 못한다.
길들여지지 않은 종마가
빠른 발로 이룬 영광을
방패삼아 숨어서
하늘을 찌르는 오만함으로
나와 대화하는 것을
가치 없다 생각하는구나.
교만함으로 등을 돌렸다면
이제 감히 얼굴을 보이지 말라.
나의 매는 그대 입을 일거에 찢으리라.
채찍으로 그대의 등을 장식하고,
수치가 영광스런 얼굴을 덮게 하리라.”
들끓는 분노가

밖으로 분출하였다.

...

...
끝없는 동녘 하늘
자비로운 여신 이에이에흐싯[6)]이
살고 있는 곳에서
예리한 칼날의
날카로운 빛살처럼
한 줄기 여명이
밝아 올랐다.
삭풍이 몰아치는
광활한 북녘 하늘을
우랑카이-사하족은
눈물이 시야를 가려
눈을 뜰 수 없었다.
살을 에이는 바람이 거세게 불고
맹렬한 눈보라가 얼굴을 휘감고
멈출 줄 모르는 회오리바람이
머리끝에서 발끝까지
무너뜨릴 듯 덤벼들었다.
광분한 눈보라가 몰아치고
폭풍이 울부짖기 시작했다.
...

6) 이에이에흐싯: 수호여신, 가축의 보호자

세 자매

축복

“황금빛 종다리여
구릿빛 작은 새여
우리의 축복이
바람과 안개로 가득 차고
교차로가 여덟이나 되는
먼길을 인도하고
행운이 동반하여
저 먼 둥지에 이를 때까지
건강하게 하소서.
말과 힘이 하나되게 하소서.
삶의 빛을 태우소서.
강한 민족의
조상이 되게 하소서.
가축을 기르게 하시고
아이를 생산하게 하소서.
행복의 운명을 누리게 하소서.
뜨거운 시선의 표적이
되지 않게 하소서.
날카로운 말에 우연이라도
다치지 않게 하소서.
불행과 재난이
당신을 비켜가게 하소서.
잘 가시오.”

바람과 안개로 가득 차고
교차로가 여덟이나 되는
먼 길을 축복으로 열고
관문이 아홉이나 되는

축복

먼 길을 다지고 다져
깊은 계곡
어머니 대지
투이마아다에 도달하였다.
견고한 기둥 넷을 박고
따뜻한 집을 지었다.
아이들을 낳고
가축을 길렀다.
구리 장승을 만들고
성스러운 기둥을 세웠다.
그것은 미래를 위한 굳건한 바탕이었다.
하나가 걸려 넘어지면
다른 사람이 손을 뻗어 받쳐주고
다른 사람이 뒤로 자빠지면
또 다른 하나가 뒤를 받쳐주었다.
밤낮으로 일하는 만큼
행복이 날로 배가되었다.
사랑은 식지 않고
열정은 꺼지지 않았다.
곁눈질도 주지 않고
상처주는 말은 하지도 않았다.
추운 사람들은 따뜻이 덮여주고
빼앗긴 사람들은 넉넉히 채워주고
힘없는 사람들은 부축하여 주고
굶주린 사람들은 음식을 대접하고
가난해진 사람들은 들어올려 주고
죽어가는 사람들은 구원해주면서
축복의 말씀에 따라
오늘까지 행복하게 살아오고 있다.

8. 관광자원

지리적 환경과 기후 조건이 창조 시대의 모습을 그대로 간직하고 있는 독특한 야쿠티야의 자연은 관광 발전을 위한 중요한 기반이다. 이에 따라 2003년 사하공화국(야쿠티야) 관광 발전 프로젝트가 만들어졌다. 관광 사업이 일자리를 창출하고 소득을 증대시킬 수 있는 주요 분야로 인식되고 있기 때문이다. 이에 따라 관광 진흥을 위한 물질적 기반을 조성하고 홍보를 하기 위해 상당한 재원을 준비하였다. 최근 사하공화국을 방문한 관광객 숫자는 연평균 3,000명에 이르렀다. 인기있는 관광 코스로는 레나강에서의 선상 유람, 사냥과 낚시, 극지방과 민족 공원, 우스티-렌스크의 금렵구역 같은 특별 보호 구역, 암가, 고르니, 순타르스크 울루스의 민속관광, 문화 체험 프로그램 “야쿠츠크와 그 주변”이 있다. 관광객들은 주로 일본, 독일, 프랑스, 미국 등 세계 여러 나라에서 온다. 최근에는 업무적 관광이 증가하고 있다.

공화국에는 60개의 관광 회사가 있고, 그중 48개가 개인 기업이다. 사하공화국 정부는 관광산업의 인프라를 구축하는데 많은 관심을 기울이고 있다. 야쿠츠크에 “폴랴르나야 즈베즈다”(북극성), 오이먀콘 울루스에 “폴류스 홀로다”(한극지)와 같은 새로운 호텔이 세워졌다. 새로운 관광 단지로서 야쿠츠크에 “초추르-무란”, 메기노-한갈라스크 울루스에 “바실리 만차아르”가 세워졌다. 오이먄스크 울루스의 한극지에는 산타클로스 저택이 세워졌다. 국제적인 관심을 불러 일으켜 관광 분야에 투자를 끌어들이기 위하여 매년 전통 축제인 “한극지(**Poljus xoloda**)” 축제를 개최하고 있다.

새로운 관광 코스도 개발되고 있다. 중부 야쿠티야의 관광지를 연결하는 관광 휴식 단지인 “올롱호의 땅” 프로젝트가 시작되었다. 오이먀콘과 알단스크 울루스에서는 금광 지역에서 금 채취 과정에 직접 참여하는 “황금트랙”(zolotoj tur)의 공동 운영 계획이 개발되었다. 한갈라스크 울루스의 엘라나 촌의 "역마촌" 단지, "렌스크 스톨비"와 "디링-유랴흐"의 방문센터와 같은 관광 단지들이 조성되었다. 가장 인기있는 관광 코스는 "북극광", "한극지", "맘모스 여행", "성산 키실랴흐", 승마여행 "만차아르의 길을 따라서", "레나-알단" 환상코스 등이다.

국제 시장과 러시아 시장에 관광 상품을 홍보하고 사하공화국에 대한 긍정적 이미지를 조성하기 위하여 매년 모스크바 국제관광전시회를 비롯하여 독일, 일본, 영국의 국제관광전시회에 참여하고 있다. 앞으로 사하공화국의 상주 대표부로서 상크트-페테르부르그, 하바롭스크, 노보시비르스크에 관광정보센터를 둘 계획이다. 경쟁력있는 관광단지를 조성하고 국내외 여행을 촉진하기 위하여 "2005-2010년 사하공화국(야쿠티야)의 관광 발전" 프로그램을 수립하였다.

북반구의 가장 독특한 한극지인 오이먀콘에서는 2001년부터 매년 3월 관광 페스티벌 "한극지"와 야쿠츠크-오이먀콘 간 자동차 경주가 열린다. 한극지의 1월 평균 기온은 영하 61도이고, 가장 추운 날은 영하 68도까지 내려간다. 자동차 경주는 총 1,270km로서 그중 403km는 랠리 형식으로 달

레나 강의 렌스키 스톨비

1. 야쿠츠크 시의 얼음 동굴
2. 동토대의 눈 할아버지
3. 레나 강 렌스키 스톨비에서 등산에 앞선 의식
4. 삼엽충 화석: 레나 강 중류 렌스키 스톨비에 있음
5. 사냥꾼을 위한 툰드라의 쉼터
6. 레나 강의 유람선

린다. 자동차 경주는 여행 탐방 성격으로 박물관, 유적지와 문화인류적인 의미가 있는 장소들을 방문한다. 이것은 가파른 산악 도로, 위험한 경사지 등을 지나는 익스트림 행사이다. 이 경주의 목적은 야쿠티야의 관광 잠재력을 보여주어 투자를 유치하고, 대내외 서비스 시장에서 공화국의 잠재력을 보여주는 것이다.

이와 함께 야쿠츠크-오이먀콘 간 자전거 경주도 개최되고 있다. 2004년에는 자전거여행연맹 대표 5명(상크트 페테르부르그 "VeloPiter"클럽)이 참가하였다. 2005년과 2007년의 경주대회는 야쿠츠크 시의 자전거스포츠 연맹이 주관하였다. 매년 축제에는 "겨울이 야쿠티야에서 시작된다"라는 슬로건을 지지하는 의미에서 벨리키 우스튜그의 전 러시아 산타클라우스와 라플란디야의 산타클라우스가 참여한다. 축제에서는 화려한 공연, 민족의상과 응용예술 전시회, 북부 민족 음식 시식회, 한극지에서의 순록축제, 순록썰매 경주, 올가미 던지기, 썰매 건너뛰기, 모의 수렵 등의 행사가 벌어진다.

관광 축제 "한극지"(Poljus xoloda)는 야쿠티야의 관광에 대한 흥미를 촉진하고 관광산업과 지역 산업의 진흥, 박물관의 발전, 교통체계의 향상을 위한 투자를 유치하기 위해 개최되고 있다.

렌스키 스톨비

레나 강과 렌스키 스톨비의 기암괴석

레나 강

9. 스포츠와 아시아유소년게임

사하공화국(야쿠티야)는 건강한 생활 문화를 향상시키기 위해 국가적으로 많은 노력을 하고 있다. 3개 시와 도에 해당하는 30개 울루스에는 건강생활문화센터가 활동하고 있다. 이 센터를 중심으로 울루스 마다 독립적인 프로그램을 운영하여 주민들의 건강과 체력 증진을 위한 활동을 하고 있다. 이를 조직적으로 수행하기 위해 사하공화국 정부는 "생활운동 지도자"를 양성하여 자격증을 수여하고 있다.

사하공화국 정부는 특히 스포츠를 통한 심신의 조화를 강조하여 다양한 스포츠 행사를 시행하고 있다. "아시아 유소년 경기"(Games for Children of Asia), 만차아르(Manchaar) 배 스포츠 제전, 국가공무원 체육대회, 여성 체육대회, 공화국 유니버시아드, 종합 체전 "에렐"(Erel), 사하공화국(야쿠티야) 대통령 배 육상대회, 전통경기 축제, 장애인스포츠 대회, 학생 체육대회 "야쿠티야의 올림픽 희망" 등이 있다.

이 중 가장 중요한 국제적 행사는 "아시아 유소년 경기"(Games for Children of Asia)이다. 이 행사는 사하공화국이 자치권을 획득한 1992년 이후 비록 자치공화국이지만 국제적 위상을 높이고 사하 국민들의 진취성을 향상시키기 위해 범 정부적 차원에서 지원하는 프로그램이다. 이것은 4년 마다 7월 중에 실시되는 국제적 행사로 러시아 연방 내 공화국과 동북아시아 인근 국가의 대표들을 초청하고 있다. 중앙아시아와 몽골, 중국 등 20여 개 국가 대표가 참여한 2008년에 한국은 태권도팀을 파견한 바가 있다.

야쿠티야에서 인기있는 스포츠 중 하나가 태권도이다. 태권도가 본격적으로 관심을 끌게 된 것은 1990년대 후반이다. 한국의 태평양-아시아협회(PAS, Pacific-Asian Association)는 1997년부터 청년봉사단 25여 명을 매년 여름 3주간 야쿠츠크에 파견하여 한국어와 음식, 노래, 그리고 태권도

1. 유소년게임 개막행사에서 마유주를 바치는 야쿠트 처녀
2. 유소년게임 한국팀(2008. 7)
3. 유소년게임 개막식의 태평양-아시아친선협회 청년봉사단
4. 유소년게임 개막행사

를 포함한 한국 문화를 소개하여 왔다. 이를 계기로 야쿠츠크 시에서는 태권도에 대한 관심이 커지기 시작하였다. 이후 2000년대 초 충청대학 태권도팀이 방문하여 태권도 시범을 보이기도 하였다. 이후 야쿠츠크 시에서는 유망주들을 하바롭스크에 파견하여 선수를 육성하고, 또한 한국에도 유학을 보내 전문 인력을 양성하였다. 지금은 이들이 운영하는 도장에서 태권도를 가르치고, 여름 마다 방문하는 PAS 봉사단의 태권도팀과 합동 수련과 공연을 하며 이 지역의 태권도 인구를 확산하는데 기여하고 있다.

미래의 스포츠맨과 지도자를 양성하기 위한 전문 과정으로는 러시아 북동연방대학교의 체육대학과 추랍친스크 울루스의 국립체육대학의 2개 대학이 있다.

야쿠티야에서는 매년 2회 "건강 달리기와 걷기의 날"이 시행된다. 5월과 9월 마지막 일요일 전 공화국 주민들은 거주 지역에 마련된 출발지점에 모여 달리기와 걷기 대회에 참여한다.

맘모스와
다이아몬드와
착한 사람들의 나라

야쿠티야

V

정치와 사회제도

1. 정치 체제

사하공화국(야쿠티야)의 헌법은 1992년 4월 4일 채택되고 1992년 4월 27일 선포되었다. 이 헌법에 의거하여 사하공화국(야쿠티야)는 국민의 자결권에 기반한 민주국가가 되었다. 사하공화국(야쿠티야)는 1993년에 채택된 러시아 연방 헌법에 따라 러시아 연방의 일원이 되었다. 공화국의 국가 권력은 삼권분립의 원칙에 따라 입법, 행정 및 사법으로 나누어진다. 국가 권력의 최상위 기관은 국회(일 투멘), 대통령 및 헌법재판소이다. 공화국 헌법은 야쿠티야의 국가 권력 기관으로 부통령과 행정부를 두도록 규정하고 있다. 사하 공화국의 권력 기관과 연방정부의 권력 기관 사이의 관계는 러시아 연방 헌법, 사하공화국(야쿠티야) 헌법 및 연방과 공화국 간의 권력 기관 사이의 권력 분점에 관한 조약에 의해 정해진다.

• 공화국 대통령

2002년 10월 17일 개정된 사하공화국(야쿠티야) 헌법에 의하면 대통령은 사하공화국(야쿠티야)의 수장으로서 최고 공직자이며 집행기관을 통솔한

(왼쪽부터) 역대 대통령:2대 시티로프, 초대 니콜라예프, 보리소프(현재)

다. 대통령은 2회 이상 연임할 수 없다. 대통령의 임기는 5년이다. 대통령은 국가적 위상과 영토, 사하공화국(야쿠티야) 헌법과 법률, 공화국 간 그리고 민족 간 의무의 수호자이며, 연방 권력 기관, 연방 내 지방 정부, CIS 국가와의 관계에서 공화국을 대표한다. 그리고 국회에 국정 기본 방향, 사회 경제 발전 프로그램 및 국가 예산안을 제출한다.

부통령은 대통령의 추천으로 국회에서 선출하며, 임기는 대통령과 동일하다.

• 국회(일 투멘)

국회(일 투멘)는 사하공화국(야쿠티야)의 국가 권력에 대한 대의 입법 통제 기관이다. 상시적 입법 기관으로서 5년 임기로 선출된다. 국회는 70명의 선출직 대의원으로 구성된다. 그중 35명은 각 선거구에서 선출되며, 35명은 투표율에 따라 선출되는 비례 대표이다.

국회에는 건설, 입법 및 지방자치위원회, 예산, 재정, 조세 및 가격 정책 위원회, 북부 소수민족문제 위원회, 러시아 연방 의회 및 공화국 의회 협력 위원회 등 12개의 상임위원회가 구성되어 있다.

• 사법기관

공화국의 제3 권력기관으로서 사법부가 기능한다. 공화국의 사법부는 대법원, 중재법원, 지역 및 연방 법원, 헌법재판소, 국제재판소로 구성된다. 헌법 재판소는 공화국 체제 수호를 위한 최고 법률 기관으로서 7명의 재판관으로 구성된다. 재판관은 공화국 대통령의 제청으로 국회에 의해 임명된다. 헌법재판소의 수장은 5년 임기로 헌법재판소 재판관들이 선출한다.

• 지역 자치

지역 자치제는 러시아 연방 헌법이 정한 기본 체제 중의 하나이다. 사하공화국(야쿠티야)에 지역자치정부가 수립된 것은 2002년 말부터 2003년 초 사이이다. 2002년 9월과 10월에 지역 주민투표가 실시되었다. 여기서 지역자치제 구성을 위한 결의가 채택되었다. 2002년 12월 29일 역사상 처음으로 선거 운동이 진행되고, 입법 기관 대표, 지역자치 대표 및 지역자치 대의기관 대표 선출을 위한 3단계 선거가 실시되었다. 2002년 12월 29일 정치적으로 개혁된 새로운 권력 기관이 활동을 시작하였다.

2002년에서 2005년까지 지역 자치를 위한 헌법 기관을 수립하기 위한 법률과 조직을 구축하고, 경제적 기반을 마련하는 작업이 진행되었다. 그 결과 2002년 1월 1일 야쿠티야에는 지역자치 기관이 하나도 없었지만, 2006년 12월 31일에는 울루스(지역)이 34개, 도시가 2개(야쿠츠크와 쟈타이), 준도시가 49개, 촌락거점이 361개로 총 446개의 지역자치 조직이 구성되었다.

• 사하공화국(야쿠티야)의 주권 선언

1990년 9월 야쿠티야 정부는 국가 주권을 선언하고서 척박한 북쪽 땅에 다양한 민족들이 모여 최상의 생활 조건을 구축하고자 하는 의지를 천명하였다. 사하공화국(야쿠티야)는 경제적, 사회정치적, 국가적으로 질적 발전을 위한 새로운 단계로 도약하게 되었다. 1992년 4월 새로운 헌법의 통과로 야쿠티야에서는 현대적 민주국가의 시대가 시작되었다. 또한 야쿠티야는 연방 조약에 적극 참여하여 새로운 러시아 연방의 적법한 구성원이 되었다. 러시아 연방과는 최고 연방 기관과 관할 대상에 관한 조약을 체결함으로써 사하공화국의 국가적 위상을 높이는 동시에 연방 체제가 완성되는데 기여하였다. 이것은 1922년에 선포된 자치공화국 체제와 비교해 보면 진일보된 국가 체제였다. 이로써 야쿠티야는 문명화된 인류에게 가장 소중한 것으로 인식되는 민족 자결권을 갖게 되었다. 공화국의 주권에 관한 조약을 맺지 않으면 안 되는 불가피성은 정치적인 측면에 있다. 정치적, 법률적 위치와 관련하여 사하공화국에 강요되어 왔던 불평등은 야쿠티야 주민의 민족적 품위를 훼손시키고, 야쿠티야를 단순한 원료 공급기지로 만들었을 뿐만 아니라 정치적으로도 위상의 저하를 초래하였다. 문서로나 말로는 공화국의 권한과 위치를 확대시킬 것을 약속하였다. 그러나 실제로 야쿠티야의 위치는 평범한 주 정도의 수준에 머물러 있었다.

이런 의미에서 "주권 선언"은 국가의 모든 운명을 결정하는 정치적, 법률적 문서였다. 그것은 러시아 연방의 주권 범위 내에서 공화국의 국가 주권을 인정하는 것이었다. 이것은 절대적인 것이 아니라 자발적인 것이다. "선언"을 채택하게 된 진정한 역사적 의의는 10여 년이 지난 오늘날 더욱 분명해져 그러한 선택이 유일한 길이었음이 밝혀졌다. 이 "선언"은 실질적 주권을 실현시키는 기초가 되었다. 이를 바탕으로 자급적 체계가 확립되고, 국가 정체성은 더욱 강화되고, 개인이 국가의 정치적 구성체라는 자각을 하게 되었다. 여기에는 사회경제적 구조를 발전시키고 생활수준을 향상시키며, 세계 공동체에 가입하고자 하는 야쿠티야 국민의 의지가 반영되었다. "주권 선언"의 채택은 이를 위해 노력해 온 야쿠티야의 조상들에게 바치는 가장 훌륭한 헌정이다. 이것은 1918년 러시아 노동자 권리 선언에서 이미 선포된 자결과 평등의 원칙에 입각하여 역사적 정의를 부활시킨 것이다. "주권 선언"은 세계 정세가 복잡한 시대에 미래 세대를 위해 만들어진 최상의 역사적 단계로서 이를 통해 21세기에는 새로운 야쿠티야가 건설될 수 있을 것으로 기대된다.

• 대외 정책

대외정책에서 사하공화국(야쿠티야)의 기본 목표는 민주적, 사회적, 경제적 개혁을 수행하는데 필요한 조건들을 구축하는 것이다. 러시아 연방의 대내외 정책과 조율하면서 국제 조직에 적극 참여하고, 외국의 국가 기관들과도 협력 관계를 능동적으로 구축하는 것이다. 사하공화국(야쿠티야)의 대외 정책 과제는 경제, 과학, 교육, 문화 분야에서 국제적으로 신뢰할 수 있는 파트너로서의 긍정적 이미지를 형성하는 것이다.

대외 관계 분야에서의 활동이 추구하는 방향은 다음과 같다.

- 러시아 연방 극동관구 및 다른 지방자치단체들과의 지역 간 관계의 발전,
- CIS 국가들, 아시아-태평양 지역의 국가와 지방자치조직들과의 관계 발전,
- 북극해와 북부 지역과의 협력 강화,
- 국제적 비정부 조직들과의 협력 강화.

국제적 활동의 기본 전략은 1992년 1월에 창설된 사하공화국 대외관계부가 주관한다. 사하공화국 대외관계부의 주도로 국내 기관, 조직, 기업들이 국제회의, 세미나, 심포지움을 통해 국제적 조직이나, 국제적, 지역적 경제 협력 회의에 참여할 수 있도록 한다. 1992년 11월 사하공화국(야쿠티야)의 대외관계부는 국제적 대외경제 관계 분야에서 협력하기로 하는

의정서에 러시아 지방 자치단체들 중 가장 먼저 서명하였다. 1995년 6월에는 대외 활동 분야에서 사하공화국의 권한을 확대하는 조약이 체결되었다. 1991년에는 유네스코 사하공화국(야쿠티야) 국가위원회가 설립되었다. 이 위원회는 사하공화국의 예술 및 학술단체, 정부 부처, 사회 조직과의 협력 하에 여러 가지 프로젝트를 기안하고 실현한다. 최초의 업적으로 야쿠티야는 러시아 연방 외무부와 문화부의 지원을 받아 야쿠티야 영웅 서사시 올롱호를 인류의 구전 문화유산으로 인정받게 되었다. 사하공화국은 이외에 유엔의 산업발전위원회(UNIDO), 세계보건기구(WHO), 국제노동기구(ILO) 등의 활동에 참여하고 있다.

러시아 북극권 지역에서 가장 큰 지역으로서 야쿠티야는 북극 지역 국가들의 국제적 지역 활동에 폭넓게 참여하고 있다. 국제 조직으로서 협력의 기본 주체인 "북극위원회"에는 덴마크, 아이슬란드, 카나다, 노르웨이, 러시아, 미국, 핀란드, 스웨덴이 참여하고 있다. 야쿠티야는 국제적 대표권을 가진 국가는 아니지만 협력 회원으로 참여하고 있다.

북극 포럼에 회원국으로 참여함으로써 사하공화국은 북극 지역의 국제적 협력사업의 파트너가 되어, 북극권 지역의 깨지기 쉬운 환경적 균형을 유지하고 생물적 다양성을 보존하고 북극 지역의 인간 활동에 필수불가결한 새로운 기술을 발전시키기 위한 현대적 프로젝트에 참여할 수 있게 되었다.

동시에 사하공화국은 국제 관계와 대외 경제 활동에서 아시아-태평양과의 관계를 중시하고 있다. 21세기에 접어들면서 아시아-태평양 지역은 세계 경제 발전에서 핵심적 역할을 하고 있다. 이 지역은 사하공화국과 러시아 연방 극동 지역의 자원과 원료를 필요로 하는 가장 큰 시장을 형성하고 있다. 이 지역의 전략적 파트너는 한국, 중국, 일본, 몽골이다.

사하공화국은 2007년 10월 당시 시트로프 대통령을 단장으로 한 경제투자유치단이 내한하여 대대적인 투자 유치 활동을 한 바 있다. 사하공화국은 포항에 본부를 두고 있는 동북아시아지역자치단체협의회(NEAR)의 회원국이기도 하다. 사하공화국의 수도 야쿠츠크 시는 경남 창원시와 자매결연을 하고 한국과의 교류에 앞장서고 있다. 2009년 인천시의 세계도시축전에도 참여하여 한국과의 긴밀한 관계를 다진 바 있다.

야쿠티야는 CIS와의 무역, 경제, 산업 그리고 문화 부문에서도 협력을 확대시키기 위해 노력하고 있다. 키르기즈, 카자흐스탄, 우즈베키스탄과 같은 중앙아시아 국가들과의 지리적 근접성과 역사적 관계를 고려하여 이들 국가와의 협력을 다양한 방면에서 모색하고 있다. 무역, 경제, 과학, 기술, 문화적 협력 관계는 우크라이나와 벨로루시와도 체결된 바 있다.

사하공화국은 러시아 연방의 지방자치단체 및 극동 연방 관구의 자치단체들과의 관계도 중요시 하고 있다. 이들 지역은 연해주, 하바롭스크, 캄차카, 마가단, 사할린 주, 유태인자치주, 코략과 추코트 자치주를 포함한다. "시베리아 협약", "극동과 바이칼 지역 협약", "북극 협약"과 같은 조약들을 통해 지역 간 경제 협력에 적극 참여하고 있다.

2001년 1월부터 사하공화국(야쿠티야)는 러시아-ASEAN 협력기금의 회원이 되었다. 이 기금은 러시아와 아세안 국가들의 기업 간 상호 협력을 도우며, 러시아의 가장 효율적인 프로젝트에 융자하는 것을 목적으로 아세안 국가들로부터의 투자를 끌어 들이는 것이다. 그리고 지역간 실무 정보를 교환하고, 국제회의와 포럼 및 전시회를 개최한다. 대외경제와 국제 활동 분야에서 사하공화국은 외국과의 협력을 강화하는 정책을 강력히 시행하고 있다. 이를 통해 야쿠티야는 러시아 연방 내에서 국제 협력을 위한 매력적인 지역이 될 것이다.

2. 행정구역 체제

야쿠티야에 최초로 세워진 행정지역 단위는 볼로스티(volost')[1]라고 불렸다. 볼로스티는 보통 씨족과 부족의 거주지에 해당하는 것이었다. 베케토프(P. Beketov)의 현물세 장부(1632-1633)와 그의 근무일지에 의하면, 현물세가 부과된 볼로스티 16개의 목록이 있다. 호디레프(P. Xodirev)의 현물세 장부(1630-1640)에는 32개의 볼로스티가 기록되어 있다. 1640년대에는 35개 야쿠츠크 볼로스티의 표준 목록이 확립되어 1710년대까지 그대로 이어졌다.

1783년 사령관 관리 체계가 확립됨과 동시에 야쿠티야는 이르쿠츠크 현지사(governor) 휘하에 야쿠츠크 주의 지위를 획득하였다. 1805년에는 주정부 체제가 확립되었다. 이전의 대표위원(Commissioner) 체제가 5개의 구(okrug)로 대체되었다. 그것은 야쿠츠크, 올레크민스크, 빌류이스크, 베르호얀스크, 스레드네콜림스크이다. 구는 다시 울루스(ulus)로 쪼개어졌다. 지역주민에 대한 통치체제는 시베리아 소수민족 통치에 관한 법령에 기초를 두었다.

1852년 1월부터 주는 현의 권리를 획득하였다. 세로셉스키(V. Seroshevskij)는 그의 유명한 저서 "야쿠트 인"에서 "현재의 많은 울루스와 촌락은 과거의 씨족 동맹에 근거하고 있다"라고 썼다.

1827-1828년 야쿠티야에서는 최초의 대의기관인 "초원회의"가 열렸다. 사하 민족의 역사적 기억 속에는 1830년 "두마"라고 칭한 최초의 7개 울루스 회의가 각인되어 있다. 처음부터 사회적 기관으로 출발한 이 회의는 주민 대표 권력 기관으로서 자치기구화 되었지만, 1838년 11월 22일 이르쿠츠크 총독 겸 현지사에 의해 해체되었다. 야쿠츠크 초원회의의 역사적 역

1) 1708년까지 러시아 영토는 행정적으로 "우예즈드"로 나뉘고, 다시 "볼로스티"로 분류되었다.

할은 야쿠트 인의 자치권의 전통을 강화하고, 지방 정부와 중앙 정부 간에 공존과 상호 의존의 타협을 모색하는 길을 찾게 해 준 데 있다. 1900-1910년 사이 야쿠티야에 지방자치 정부를 도입하는 문제는 소수민족 회의에서 활발하게 논의되었다. 1917년 가을 지방자치의회 대표들이 선출되고, 야쿠츠크 주, 그리고 야쿠츠크 군, 빌류이스크 군, 올레크민스크 군 자치기관, 30개 볼로스티 자치기관이 형성되었다. 그 이후 일어난 시민전쟁으로 인해 새로운 정부와 대립 관계에 있던 최초의 지방자치 기관들의 운명이 결정되었다. 지방자치 기관들은 1920년 3월 공산당 군대에 의해 해산되었다. 그러나 지방자치 전통은 소비에트의 활동으로 이어졌다. 대의원과 집행기관의 수장의 선출과 지방 권력기관의 주민에 대한 보고 의무는 1922년 8월 오윤스키(P.A. Ojunskij)와 아르쟈코프(S.M. Arzjakov)의 주도 아래 야쿠츠크 자치정부가 작성한 최초의 법령에 이미 규정되어 있었다. 대표 기관인 주민 회의를 통할하는 전통은 소비에트 국가 법률에서 강화되었다.

소비에트 정권이 수립된 후 처음 몇 년간 주, 군(우예즈드), 볼로스티 같은 구 체제의 행정단위들에 변화가 생겼다. 새로운 행정 지역 단위로서 공화국, 자치주, 크라이(변강), 오블라스티(주)와 라이온(구역)이 도입되었다. 1930년대까지 야쿠티야는 불룬스크, 빌류이스크, 베르호얀스크, 야쿠츠크, 렌스크, 알단스크, 콜름스크의 7개 오크루그(구)로 구분되었다.

1930년 소연방에서 행정 개혁이 실시되어 오크루그가 폐지되고, 1930-1931년에는 야쿠티야가 오늘날의 행정 지역으로 분할되었다. 1950년대에 잠깐 동안 라이온(구역)의 확대가 일어났다. 오늘날 가장 최근에 만들어진 구역은 1989년에 형성된 에베노-비탄타이스크 민족 울루스이다. 위성 지역을 가진 네륭그리 시는 1975년에, 미르닌스크 구역은 1965년에 형성되었다.

2006년 1월 1일부터 사하공화국(야투티야)는 완전한 지역자치제도를 확립하게 되었다.

• 러시아인의 도래와 야쿠츠크의 형성

야쿠츠크는 러시아 북동부에서 가장 오래된 도시 중 하나이다. 그 역사는 대단히 재미있고 러시아의 역사와 불가분의 관계에 있다.

1632년 예니세이 백인대장 베케토프(P.I. Beketov)의 부대가 레나 강 중류에 퍼져 있는 야쿠츠크 울루스에 대한 성공적인 원정 뒤에 현재의 야쿠츠크로부터 약 70km 떨어진 레나 강 우측 강변의 치마아다이라는 곳에 요새를 세웠다. 위치는 아주 탁월하게 선택된 곳이었다. 처음엔 렌스크라 불리운 야쿠츠크 요새는 북부와 북해로 뿐만 아니라 동부, 나중엔 남부, 아무르와 태평양으로 진출하는 러시아 원정대의 출발지가 되었다. 20년 동안 러시아 사람들(V. 포스트니크-구사리, I. 모스크비틴, V. 포야르코프, M. 스타두힌, S. 데지네프, E. 하바로프, V. 아틀라소프 등)은 현지인들의 도움으로 야쿠티아 서부 경계로부터 베링해 만까지, 북빙양으로부터 아무르 강까지 이르는 넓은 지역을 개척하였다.

야쿠티야를 러시아 국가에 편입시키는 과정은 17세기 중엽에 완료되었다. 그러나 새로 발견된 땅의 개척에서 야쿠츠크가 거점이 된 역사적 역할을 고려하여 야쿠티야가 러시아 국가에 편입된 최초의 시기를 야쿠츠크(렌스크) 요새가 건설된 해인 1638년으로 잡고 있다.

1638년 야쿠츠크 요새를 중심으로 자치사령부가 건설되었다. 야쿠츠크 군의 최초의 사령관 P.P. 골로빈은 1642-1643년 요새를 야쿠츠크의 전설적 족장 트근의 영토인 투이마아다 계곡이 있는 레나 강 왼쪽 강변으로 옮겼다. 그때부터 야쿠츠크는 러시아 북동부의 행정, 경제, 문화의 중심적 지위를 얻게 되었다. 야쿠츠크 요새는 역사적으로 지역 간, 민족 간 결합을 주도하는 역할을 하였다.

야쿠티야가 러시아에 편입된 결과 중 가장 중요한 것 중 하나는 야쿠티야가 러시아 경제권에 속하게 된 것이다. 야쿠츠크 요새를 건설한 때부터 이미 야쿠티야는 동북부의 중요한 무역-경제 중심이 되었다. 값비싼 모피,

맘모스 뼈, 채취 물품들이 동북부에서 뿐만 아니라 나중에는 알라스카에서까지 이곳으로 보내졌다. 러시아와 외국 시장으로 수출되는 모피와 다른 고가품들의 규모가 상당한 수준에 이르렀다.

19세기 야쿠츠크 생활상, 러시아 인의 도래 후

야쿠츠크의 건설과 발전은 새로운 종류의 경제 분야가 확산되는 것을 도왔다. 1643년부터 도시 근처에서 농사와 야채 재배가 실시되었다. 그때부터 러시아 인의 농촌 문화가 목축 사육 주민의 생활 전반에 커다란 영향을 미쳤다. 경제생활 방식이 농업으로 이전됨으로써 사하 민족의 생활 형태가 더욱 다양화되어 도시와 농촌의 경제적 관계가 크게 강화되었다. 야쿠츠크(렌스크) 요새 건설 시부터 러시아 인과 야쿠트 민족은 경제와 문화에서, 더 나아가 가족이나 친족 관계를 맺으면서 가까워지기 시작하였다.

무역은 상당히 중요한 활동 무대 중 하나였다. 북동 지역 주민을 위한 생필품과 공산품은 야쿠츠크를 통해 이루어졌다. 무역에 종사한 사람들 중 가장 부유한 사람들은 상인 P. 쿠시나레프, G. 니키포로프, N. 에베레스토프, P. 자하로프, I. 실린, F. 렙치코프였다. 이들은 야쿠츠크의 학교 교육과 문화의 발전에 적지 않은 기여를 하였다.

교육과 문화의 중심으로서도 야쿠츠크의 역할은 아주 컸다. 17세기 최초의 사원을 짓고 구세주 수도원을 건설한 때부터 야쿠츠크는 러시아 정교회 확산의 중심이 되었다.

구 야쿠츠크는 야쿠티야의 학문의 역사와 긴밀하게 관련되어 있다.

1725-1730년, 1733-1743년 구 야쿠츠크는 대 학술 원정대의 중심이 되었다. 그것은 세계 학문사에서 유례가 없다. 항해가 V. 베링, A. 치리코프, V. 프론치시체프, 앞체프 형제, 학자 G. 밀레르, I. 그멜린, I. 피셰르, G. 스텔레르, S. 크라셰닌니코프, Ja. 린데나우, 화가 I. 류르세니우스, I. 베르칸 등이 원정대에 참여하여 야쿠츠크에 관한 많은 기록을 남겼다.

여러 해에 걸쳐 작가 P. 슬롭초프, A. 베스투제프-마를린스키, M. 알렉산드로프, D. 다비도프, I. 곤차로프, V. 코롤렌코, N. 체르니셉스키가 야쿠츠크를 방문하였다. 그들은 러시아의 독자들에게 19세기 북부 도시의 혹독한 상황을 전해 주었다. 야쿠티야의 생활과 풍경은 A. 푸시킨, K. 릴레예프, N. 네크라소프, M. 고리키와 같은 러시아 문호들의 작품 속에 투영되었다.

• 시베리아의 중심이 된 야쿠츠크

20세기에 들어와 야쿠츠크는 눈부시게 발전을 하여 조그만 시골 도시가 광대한 지역의 정치적 중심지가 되었다. 야쿠츠크 시는 1922년 자치공화국의 수도가 되고, 오늘날에는 사하공화국(야쿠티야)의 수도가 되었다. 야쿠츠크는 위도 62°의 영구 동토대에 위치해 있다. 이곳의 평균 기온은 겨울에 영하 섭씨 64°에서 여름에 영상 섭씨 38°까지 올라간다. 그러한 연교차를 보이는 도시는 지구상에 없다. 1월의 평균 기온은 섭씨 -42.7 ° 이고, 7월에는 +18.7°를 기록한다. 연 강수량은 202mm이다. 시간은 모스크바 보다 6시간 앞선다. 야쿠츠크 시정부 관할 지역은 3,600㎢이고, 건축 가능 면적은 1,600㎢이다. 시 정부 관할 하에 14개의 지역구가 있다. 모스크바까지의 거리는 8,468㎞이다. 야쿠츠크 시 인구는 246,300명(2002년 통계)이며, 전 국가의 25%에 해당한다. 야쿠츠크 시 주민의 민족은 70개 이상이며, 러시아와 사하 인이 90%를 차지한다.

오늘날 야쿠츠크는 정치, 행정, 산업, 교육-문화, 과학-정보의 중심이다. 사하공화국의 정치 지도부, 대통령, 국회, 행정부, 연방대표부는 야쿠츠크에 집중되어 있다. 2001년 6월 10일 야쿠츠크에서는 독립국가연합(CIS)의 수도 및 대도시 국제회의가 개최되었다.

2002년 12월 29일 야쿠츠크 주민은 처음으로 시 자치정부 조직을 선출하였다. 1970년대까지 야쿠츠크의 주요 건물들은 목재 건물들이었다. 현재는 시 중심부에서 목재 건물들을 철거하고 있다. 새로운 건물들은 현대식 기술로 지어지고 있다. 20세기 말 도시는 완전히 다른 모습으로 바뀌었다. 주요 건물로는 운동장 "투이마아다", 빙상장 "엘레이 보오투르", 종합 실내체육관 "전승 50주년 기념관", "모둔", P.A. 오윤스키 사하극장, 야쿠츠크 국립대학교 건물들, 야쿠츠크 농업대학교, 북극문화대학, 학술연구소들, 무용학교, 음악영재학교 등이 있다.

야쿠츠크는 교통의 중심지이다. 항공, 수상, 자동차 도로가 야쿠츠크를 중심으로 연결되어 있다. 기선 "레나"의 역사적 항해가 1878년 10월 21일 이루어졌다. A. 노르덴셸드의 원정대가 노르웨이로부터 북해를 거쳐 야쿠츠크에 이르는 항해를 마쳤다. 1895년에 야쿠츠크에는 최초의 수상 부두가 건설되었다.

겨울의 야쿠츠크 시내 밤 풍경

1925년 9월 8일 야쿠츠크에 비행기가 최초로 착륙하였다. 정기 우체-승객 항공노선이 1928년 이르쿠츠크-야쿠츠크 간에 개설되었다. 전쟁 중 야쿠츠크 비행장은 미국으로부터 서부 전선으로 가는 전투기들의 주요 중간 기지가 되었다.

현재 공화국 내 그리고 러시아 도시들로 보내는 주요 운송 수단은 거대 항공회사인 "야쿠티야"가 담당하고 있다. 이 항공회사는 10여 개의 자회사와 지역 공항을 소유하고 있다. 야쿠츠크로부터 승객들이 해외로도 나갈 수 있다. 야쿠티야 항공은 보잉기를 주종으로 하는 유일한 러시아 항공회사이다.

한국과는 2009년부터 항공 노선을 개설되어 부정기 여객선이 다니고 있다. 최근 (주)인터링크(사장 김근철)에서 야쿠티야 항공과 인천 – 야쿠츠크를 잇는 직항 노선을 개통시킨 바 있다.

야쿠츠크에 자동차가 처음 나타난 것은 1920년 대였다. 그 이후 자동차는 꾸준히 증가하였다. 야쿠츠크는 공화국의 중요한 자동차 수송 중심이 되었다. 1999년 자료에 의하면 시의 자동차 등록 대수는 54,308 대이다. 그중 화물차가 8,026대, 승용차가 44,799대, 버스가 1,583대이다.

1911년 야쿠츠크 시에 최초의 전화국이 세워졌다. 그로부터 15년 뒤에 이르쿠츠크와 전화가 연결되었다. 야쿠츠크에서 모스크바에 이르는 직통 전화가 가설된 것은 1937년이 되어서였다. 오늘날 야쿠츠크 시는 전 세계의 모든 도시와 자동 전화가 연결되어 있고, 인터넷이 연결되어 있다. ISDN이 가설되어 모스크바 및 다른 해외 도시들과의 비디오 망도 설치되어 있다. 야쿠츠크 전자통신회사인 "사하 텔레콤"은 인터넷에 초고속망 ADSL을 제공하고 있다. 오늘날 야쿠츠크에는 이동통신망이 널리 보급되어 있다. 이 서비스는 전 러시아 이동통신회사인 "메가폰"과 "MTS"가 맡고 있다. 야쿠티야의 시민, 농촌 주민들은 모스크바 중앙 방송, 야쿠츠크 지역 방송뿐만 아니라 위성 방송도 보고 있다.

건설 당시부터 야쿠츠크는 러시아 연방에서 값비싼 모피, 상아 뼈, 그리고 해마 이빨의 주요 거래지로서 인정받았다. 야쿠츠크의 모피는 런던, 라이프치히, 뉴욕 모피 시장에서 높이 평가된다. 야쿠츠크는 공화국의 도소매 무역의 중심지로서 유통 물량의 40% 이상을 점유하고 있다. 공공 급식 서비스는 200개 이상의 기업이 제공하고 있다. 레스토랑, 바, 카페, 카페테리아, 그리고 약 150개의 식당과 부페가 있다. 사람들이 많이 가는 일반 시장으로서는 농민 시장 "사이사르", 자유 시장, "만니으아타아흐" 시장, "스톨리치니" 시장이 있다.

1660년대 야쿠츠크 사령관 골레니시체프-쿠투조프는 폴란드 인 유형수 A. 코뉴홉스키에게 글을 가르치도록 자기 애들을 보냈다. 야쿠츠크에 최초의 수도원 학교가 설립된 것은 1730년이었다. 1910년까지 야쿠츠크 주민들의 문맹률은 약 60%나 되었다.

현재 야쿠츠크에는 4개의 고등교육기관이 있다. 그 외에 모스크바와 러시아 대학교, 분교들이 있다. 그리고 15개의 중고등학교, 10개의 직업학교, 68개의 일반계 학교가 있다. 1999-2000학년도에 등록된 학생 수는 66,900명이고, 시민 4명 중 1명이 학생이다. 유치원이 62개 있고, 9,500명의 어린이가 등록되어 있다.

야쿠츠크에는 주요 문화시설과 건강 시설들이 집중되어 있다. 예를 들면, 콘서트 홀, 서커스 극장, 3개의 영화관, 9개의 박물관, 영재음악학교, 종합실내체육관 "모둔", 종합운동장 "투이마아다", 일련의 스포츠 시설과 수영장들, 16개의 클럽, 25개의 도서관 등이 있다.

1770년의 야쿠츠크 지도에는 환자를 위한 "병원"이 명기되어 있다. 1843

스타디움 투이마아다 2008. 3월 말

스타디움 앞의 무대 2008. 3월 말

년 50 병상을 갖춘 최초의 시립병원이 세워졌다. 1898년 러시아 적십자사의 무료 진료소가 개설되었다. 1906년에는 간호학교가 개설되었다. 오늘날 야쿠츠크 시에는 체계를 갖춘 전문 의료기관이 완비되어 있다. 의료 및 건강 복합시설에 22개의 병동과 32개의 외래진료병원이 포함되어 있다. 여기에는 최신 의료 시설을 제공하는 국립의료센터와 모자건강보호센터가 있다.

1640년대에 완성된 야쿠츠크 요새의 최초의 모습은 남아 있지 않다. 러시아의 뛰어난 지도학자 S. U. 레메조프는 1698-1700년에 전 세계적으로 유명한 "시베리아 지리부도"를 만들었다. 이 책에 야쿠츠크의 옛 모습이 담겨 있다. 그 뒤를 이어 여러 세대에 걸쳐 건축가와 지도학자들이 야쿠츠크의 지도를 작성하였다. 그러나 야쿠츠크에 관해 제대로 된 최초의 소개서는 "야쿠츠크 시 아틀라스"이다.

야쿠츠크 시에는 약 220개의 거리, 광장, 차도, 주거단지가 있다. 136개의 거리는 러시아, 사하, 우크라이나, 폴란드, 유태인, 및 여러 민족 대표들의 이름이 붙어 있다. 여러 해에 걸쳐 도시의 여론은 역사적 명칭을 복원하여 거리와 광장의 이름을 바꾸고 이러한 이름을 통해 야쿠츠크의 면모를 일신하는 문제를 제기해 왔다. 거리의 이름은 역사와 언어에 관해 여러 세기 이어져온 민족의 기억을 담고 세대의 차이를 통일된 정신으로 묶어줄 것이다.

야쿠츠크에는 역사적 뿌리와 과거 세기의 예술적, 건축적 이상을 반영하는 가장 중요한 기념비들이 집중되어 있다. 1976년과 2005년에 국가가 지정한 보호 기념물 목록에는 예술과 문화를 대표할 만한 목조 및 석조 건물 86개가 포함되어 있다.

전 러시아적으로도 역사적 의의가 있는 기념물로서 1643년에 지어진 야쿠츠크 요새 첨탑이 있다. 이것은 2002년 8월 22일 불에 탔다. 오늘날 이것은 유명한 건축가 A.V. 오폴로브니코프가 보존하고 있던 설계도를 바탕으로 복원되었다.

1707년 표트르 I세의 칙령에 의해 사령부 석조 건물이 지어졌다. 이것은 동토에 지어진 세계 최초의 석조 건축물이다. 반쯤 허물어진 사령부 건물은 1992년 철거되고, 그 다음 해 야쿠츠크 건축가들에 의해 똑같은 양식의 사령부 건물이 복원되었다.

야쿠츠크에서 오래된 건물 중 하나는 트로이츠크 성당이다. 이것은 석조 건물로 재건축되었다. 오늘날 이 사원은 러시아 동북부 동토대에 18세기에 세워진 유일한 석조 건물이다. 오늘날 야쿠츠크 정교회 관구에 속한 야쿠츠크의 사원들로서 니콜스키, 보고로츠키, 프레오브라젠스키 사원들은 모두 재건축되었다. 오늘날 도시의 파노라마는 건축가 K.A. 레세비치의 작품들이다. 그것은 공공도서관과 미술관, 재정부 건물, 주교좌 건물, 관구 법원의 석조 건물들이다. 야쿠츠크의 목조 저택들은 도시의 역사를 보여 주는 자랑거리이다. 주택들은 대개 단층으로 지붕은 네 개의 경사면으로 널빤지와 함석으로 덮여 있다. 집은 다락방과 지하실이 있고, 내

저녁 노을에 비치는 트로이츠크 성당

부는 통나무 벽으로 두 부분으로 구분되었다.

예술적 가치가 있는 기념비로는 M. K. 암모소프 기념비, 야쿠트 예술문학 창시자 A.E. 쿨라콥스키, 민족 지도자 겸 작가 P. A. 오윤스키 기념비가 있다. 소비에트 시대의 영웅 K. 크라스노야로프와 F. 포포프 흉상이 있다. 그리고 야쿠츠크에서 유배자로 형기를 마친 G. 페트롭스키와 E. 야로슬랍스키 기념비가 있다.

야쿠츠크는 시베리아의 역사성을 보여주는 전형적인 도시가 아니다. 거리, 골목, 광장의 형성 역사는 시베리아의 도시가 발전된 과정에서의 역동성을 보여준다. 옛 건물의 건축, 거리와 광장의 계획에서 시간의 관계가 고려되고, 옛 것과 새 것의 결합이 중요시되었다. 따라서 방문자들은 목조 건물 양식을 흥미롭게 관찰하고, 거주자들은 과거의 기념물들이 사라지는 것을 불평한다. 지난 380여 년 동안 야쿠츠크 시는 많은 문제와 모순을 극복해 왔다. 그 속에서 역사의 소리를 죽이고 과거의 자취를 지우는 것은 유감스러운 일이다. 그러나 분명한 것은 시간에 따라 전진할수록 돌이킬 수 없는 손실의 위험은 더욱더 커진다. 따라서 야쿠츠크에서 미래를 위한 중요한 과제는 역사적, 문화적 유산을 어떻게 보존할 것인가 하는 문제일 것이다.

러시아 인이 최초로 닻을 내린 레나 강변에 세운 기념비

최근 10년간 수도인 야쿠츠크 시는 주택 개량사업을 벌여 과거 노후한 목재 건축들을 콘크리트 건물로 대부분 교체하였다. 이곳에선 목재가 많은 곳이라 목재 건축이 보편화되었다. 그러나 목재 건축은 동토의 토양과 기후에 오래 지탱하기 어렵고 관리도 힘들다. 특히 겨울을 지나면 지면이 부풀어 올라 건축물을 뒤틀리게 하는 현상이 나타난다. 현재 이곳의 건축 기

1. 야쿠츠크 시의 구 시가
2. 현대식 주상복합 아파트
3. 복원된 구 성채와 현대식 재무부 건물
4. 루터교회(지금은 철수하여 빈 건물)
5. LG센터

술로는 9층까지 허가가 나온다. 2011년 6월에 LG상사가 야쿠츠크 시 한복판에 LG센터를 지었다 이 건물은 입구 현관을 단청으로 꾸며 한눈에 한국식 건물이라는 것을 알아 볼 수 있어 야쿠츠크 시의 랜드마크 건물로 주목받고 있다.

• **지방 행정의 중심: 울루스**

지방 행정은 34개의 울루스를 단위로 구성되어 있다. 울루스는 군 또는 도에 해당된다. 최근 울루스는 라이온(rajon)이라는 명칭으로 바뀌고 있다.

1) 알단 주

야쿠츠크에서 남쪽으로 534㎞ 떨어진 곳으로 주민 수가 49,300명이다. 러시아 인이 78.7%, 우크라이나 인 5.5%, 에벤키 인 4.1%, 야쿠트 인 3.8%를 이루고 있다. 본래 이곳은 에벤키 인들이 살던 곳으로 산업화 과정에서 러시아 인들이 대거 이주해 왔다. 산업으로는 금, 백금, 은, 몰리브덴 등의 광업과 귀금속 가공 산업이 발달되어 있다. 이 지역에는 알단 강이 흐른다.

알단 강에서 잡은 물고기(치르)

2) 암가 주

야쿠츠크에서 동쪽으로 200㎞ 떨어진 곳으로 주민이 17,200명이다. 주민의 90% 이상이 야쿠트 인이다. 암가는 야쿠트 족의 구전 설화에서 "미녀 암가"(Kyys Amma)라고 지칭될 정도로 경치가 아름다운 곳이다. 이곳은 야쿠티야의 대표적인 농업 지대로서 18세기 중엽에 러시아 정교회가 들어왔다.

3) 아나바르 민족(돌간족-에벤키족) 울루스

야쿠츠크에서 북서쪽으로 2,621㎞ 떨어진 곳으로 주민 수가 4,000명이다. 야쿠트 인 27.2%, 돌간 족 24.5%, 러시아 인 18.6%, 에벤키 14%, 에벤 족 6.6%, 유카기르 족 0.17%이다.

돌간 족은 원래 에벤키 족으로 자기들 언어로 야쿠트 어 방언을 사용하는 민족을 일컫는다. 최북단 지역으로 1월 평균 기온은 -34℃이고, 7월 평균 기온은 +4℃이다. 이곳 원주민의 주 생업은 순록 목축이지만, 이 지역에 다이아몬드 광산이 발견되어 최근에 광산업이 빠르게 발전하고 있다.

4) 베르호얀스크 울루스

야쿠츠크에서 북쪽으로 1,423㎞ 떨어진 곳으로 주민 수는 13,700명이다. 주민은 야쿠트 인 70.2%, 러시아 인 20.1%, 에벤 족 2.7%이다.

이 지역은 야쿠티야의 대표적인 산악지역으로 이곳의 키실랴흐 산은 성스러운 산으로 여겨지고 있어 자연보호구역으로 지정되어 있다. 주 생업은 농업, 말과 순록 사육과 모피 산업이다.

베르호얀스크는 시베리아에서 가장 오래된 도시 중 하나이다. 1638년에 카자크 병사 월동 요새로 건설되어 1817년에 도시가 되었다. 이곳은 1860년대부터 1917년까지 정치범 유형지로 유명하였다. 베르호얀스크 지역은 북반구의 한극지 중 하나로 최저 기온이 -71℃를 기록하고, 1월 평균 기온이 약 -50℃이다. 이곳의 지역민속 박물관 "한극지"(Poljus xoloda)는 지질, 고생물학적 자료와 북반구 한극지 발견사를 보여주는 유일한 곳이다.

키실랴흐 산의 석조 상(자연적으로 조성된 것임)

멀리 다이아몬드 광산이 보인다

야쿠티야 서부 벨트의 산악지대

5) 미르닌스크 울루스

올례뇨크에서 미르니로 가는 도중 우다치니 시

야쿠츠크에서 서쪽으로 1,207 ㎞ 떨어진 곳으로 주민 수는 86,100명이다. 주민의 70% 정도가 러시아 인들이다. 이곳의 중심은 미르니 시로 "다이아몬드의 수도"라고 불린다. 이 지역은 사하공화국의 다이아몬드 산업의 중심이다.

6) 네륭그린스크 울루스

야쿠츠크에서 남쪽으로 818㎞ 떨어진 곳으로 레나 강변에 자리잡고 있다. 주민 수는 89,800명으로 러시아 인이 약 76%에 이른다. 이 지역은 야쿠티야 남부 산업 지대의 중심으로서 주로 석탄 채굴 산업이 발달해 있다.

블라디보스톡에서부터 이 지역의 중심도시인 네륭그리까지 철로가 연결되어 있으며, 2012년까지 야쿠츠크 시까지 철로가 연결되는 공사가 진행 중에 있다. 이곳은 석탄뿐만 아니라 석유와 천연가스가 상당히 매장되어 있어 "남 야쿠티야 종합 개발 계획"에 따라 2020년까지 개발이 완료되면 동북아 지역의 에너지 자원의 공급지로서 각광 받을 것으로 기대하고 있다.

7) 뉴르빈스크 울루스

야쿠츠크에서 서쪽으로 812㎞ 떨어진 곳으로 주민 수는 25,900명이다. 이곳은 92.2%가 야쿠트 인이다. 이 지역은 야쿠티야의 신흥공업지역으로 빠르게 발전하고 있다. 2003년에는 세계에서 가장 큰 종합 광산공장의 하나가 건설되었다. 원래 이곳의 주 산업은 목축, 말 사육, 농업이었다.

다이아몬드, 금, 희귀금속(마노, 홍수옥, 벽옥), 갈탄 광산이 있고, 건축 자재들이 생산된다. 이곳에서는 채광산업과 귀금속과 다이아몬드 가공 산업이 빠르게 발전하고 있다. 이곳의 중심지인 뉴르바는 새로운 다이아몬드 도시로 불리고 있다.

1	2
3	4

1. 순록썰매 경기
2. 올레뇨크의 에벤키 인
3. 올레뇨크 순록축제에서 순록을 탄 저자
4. 하늘에서 내려다 본 툰드라의 여름

8) 올레뇨크 에벤키 민족 지역

이곳은 야쿠츠크에서 북서쪽으로 2,026㎞ 떨어진 곳이다. 주민 수는 4,100명으로 에벤키 족 63.3%, 야쿠트 인 30.5%이다.

이 지역은 중부 시베리아의 고원 지대의 대부분을 차지하고 있으며, 올레뇨크 강과 아나바르 강이 흐르고 있다.

전통적으로 이 지역은 에벤키 인들에 의한 순록 목축을 생업으로 하고 있다. 순록 목축과 관련된 문화 전통을 잇는 순록 축제가 매년 4월 초에 아나바르 강 위에서 펼쳐지고 있다.

최근 이 지역에서 다이아몬드, 천연가스, 희귀금속 광산이 발견되어 장차 광산업지역으로서의 발전을 기대하고 있다.

9) 순타르스크 울루스

야쿠츠크에서 서쪽으로 약 1,000㎞ 떨어진 곳으로 주민 수는 25,500명이다. 이곳의 주민은 야쿠트 인이 96.6%를 차지할 만큼 야쿠트 인의 지역이다. 이 지역에서도 금, 갈탄, 광물 원료, 석염, 염토 등이 나지만, 주 산업은 가축 사육이며, 그 외 밀, 감자, 야채, 사료 작물도 재배하고 있다.

올레뇨크 강에서 에벤키 인들과

야쿠트 시골마을

초대 대통령 니콜라예프(왼쪽 세번째)와 함께

순타르스크 지역은 민속 축제 으스아흐로도 유명하다.

이 지역 출신인 세르게이 아파나시예비치 즈베레프(1900-1973)는 '크을 우올라'라고 불린 예능가로서 민속춤과 올롱호 전수자로서 탁월한 재능을 보여 야쿠트 민속 설화가 전승되는데 큰 공을 세웠다.

으스아흐(하지축제)에서
오후오하이(원무) 춤을 추는 참가자들

3. 교육

야쿠티야는 사하공화국으로 자치공화국이 된 이후 교육을 "21세기의 신 야쿠티야 발전 계획"의 중심 전략 분야로 선정하였다. 이에 따라 2025년까지 러시아 연방에서 최고 수준의 교육 기회를 제공할 수 있는 교육 인프라를 조성하는 것을 추진하고 있다. 이를 바탕으로 하여 세계 공동체에서 선진국 대열로 진입하는 것을 목표로 하고 있다. 지난 15년간 사하공화국에서는 새로운 김나지움, 중학교, 특수학교, 대통령학교가 지속적으로 설립되었다. 그리고 의무교육의 연한을 확대하고, 창조적 교육과 영재교육을 위한 지원을 강화하고 있다.

공화국의 차세대 리더의 양성을 목표로 고등교육기관도 확대되고 있다. 공화국의 유일한 종합 대학교인 북동연방대학교에는 8개 단과대학이 있고, 네륜그리와 미르니 시에 분교가 있다. 2010년 초 야쿠츠크국립대학교가 시베리아의 거점 대학으로 지정되어 학생 수 2만 명, 교수 수 900명에 이르는 러시아 북동연방대학교(SVFU, North-East Federal University)로 승격되었다. 러시아 연방 전체에서 7개에 불과한 연방대학교는 러시아 교육의 선진화를 위한 기반으로서 연방정부의 전폭적 지원을 받고 있다.

1990년대 초 야쿠츠크국립대학교에서 농업과 수의과를 분리하여 세워진 국립농업대학교(Jakutsk State Academy of Agriculture)는 농축산과 수의학 분야에서 시베리아 지역 유일의 대학교가 되었다. 추랍친스크 울루스에는 1999년 체육학교를 신설하여 공화국의 엘리트 체육인을 양성하도록 하였다. 1993년에는 음악영재학교 "야쿠티야 고등음악학교"(Higher School of

북동연방대학교 조감도

Music in Yakutija)를 신설하여 공화국의 음악 영재들에게 수준높은 무상 교육을 실시하고 있다. 2000년 9월에는 북빙양에 면한 항구 도시인 틱시에 북극문화예술학교(Arctic State Institute of Culture and Arts)를 개교하였다. 그리고 사하공화국의 학생들이 모스크바와 페테르부르그에 유학하는 경우 장학금과 생활 보조금을 지원하고 있다. 이외에 사하공화국은 37개의 러시아 고등교육기관의 분교를 유치하였다. 야쿠티야의 해외 유학생은 1999년에 이미 4,300명이 넘었다.

정부 조직 내에 초-중등직업교육부를 신설하여 42개 교육 기관을 관장하게 하였다. 이들 교육 기관에서는 청소년들이 다양한 전공 분야에 따라 직업 교육을 받고 있다. 이런 직업교육 기관 중 하나가 1996년에 개교한 야쿠츠크항공기술학교이다. 이외에 새로운 형태의 직업교육기관으로서 리쩨이와 칼리지를 설립하였다. 그리고 직업기술 교육, 영어 교육, 컴퓨터 교육을 위한 각종 특수학교들을 설립하였다.

북동연방대학교 한국학과 학생들에게 강연하시는 이광규 서울대 명예교수

사하공화국은 1992년 자치공화국이 되면서 국가의 미래를 위한 차세대 교육을 가장 중요한 정책 목표로 정하였다. 이에 따라 다양한 교육 정책이 입안되고 시행되었다. 그러한 정책 중 대표적인 것으로는 분야별 프로그램인 "교육:내일을 위한 시간표", 대통령령에 의한 특수 목적 프로그램인 "사하공화국(야쿠티야)의 가족 및 아동"과 하부 프로그램인 "소년소녀 가장 가족", "지체아동", "영재아동", "아동과 유소년들의 휴식, 고용 및 건강"들이 시행되었다.

취학 전 교육 제도에는 751개의 취학 전 교육기관이 있고, 52,247명이 등록되어 있다. 취학 전 교육을 받는 아동의 비율은 82.5% (2002년에는

82.1%)이다. 현재 취학 전 교육을 위해서 현대적 교육 방법에 의한 프로그램이 도입되고, 교육 서비스도 더욱 다양해지고 있다.

교육 분야에 대한 투자는 2001년도와 비교해서 최근 5.6배 증가하였다. 사하공화국(야쿠티야)에서 교육에 대한 투자는 국민총생산에 비해 전반적으로 러시아 연방의 2배 이상이 된다. 학교 숫자로도 야쿠티야는 극동연방관구에서 제일 높다. 최근 5년간 76개의 현대식 학교가 개교되었다. 노후 학교의 비율은 24%에서 11%로 감소하였다.

교육제도의 현대화에 따라 실험 교육을 표준화하고, 교육 내용을 개선 확충하였다. 그리고 농촌 지역의 교육기관망을 재구축하고 전문교육 제도를 도입하였다. 졸업생 중 20.6%는 학위증과 함께 직업 자격증을 얻는다.

1994년부터 야쿠츠크에서는 매년 여름 수학, 물리, 화학, 정보에 관한 국제올림피아드 "투이마아다"가 열린다. 여기에는 루마니아, 중국, 한국, 카자흐스탄, 타타르스탄, 몰도비아, 상크트-페테르부르그, 페름, 블라디보스톡, 이루크츠크, 니제고로드 주 대표들이 참가하였다. 제1회 올림피아드는 참가자가 45명이었는데, 최근 두 번의 대회에는 300명 이상이 참여하였다. 2005-2006년간 약 40%의 학교들이 물리, 화학, 생물실에 현대 장비를 제공받았다. 90.7%의 학교가 컴퓨터화되고, 그중 중등학교가 100%, 기본학교가 95%, 초등학교가 33%이다(러시아 연방에서는 65%의 학교가 컴퓨터화 되었다).

공화국 교육시설의 현대화에 UN, 유네스코, 유럽위원회와 같은 국제조직들의 투자가 이루어져 유네스코 연합학교망이 구축되었다. 2005년에는 사하공화국(야쿠티야) 북부 지역 유목민 공동체의 교육 체계를 강화하기 위해 원주민 학생들의 문자 해독능력 향상 프로젝트가 수립되고 여기에 유네스코 기금이 주어졌다.

2004-2006년은 "아동 체육과 건강의 해"로 선언되었다. 이 기간 동안 피교육자들에 대한 건강 상태 모니터링에 관한 종합 대책이 이루어졌다. 그

리고 해마다 전통적인 체육 행사가 전국적으로 진행된다. 그러한 행사로는 종합체육 페스티벌 "에렐", 사하공화국(야쿠티야) 대통령 배 육상 경주, 축제 "조상들의 경기", 지체아 경기, "야쿠티아 올림픽 꿈나무"경기, "체육" 교과종목 대회, "생활 안전 기본"대회 등이 있다.

2006년부터 지속적 성장과 발전의 기반을 구축하기 위해 "교육"에 관한 특별 프로젝트가 진행되고 있다. 이 프로젝트에 대해서 사하공화국(야쿠티야)정부, 지방자치교육기관, 사회단체들이 재정적으로 책임을 지고 지원을 하고 있다. 그 일환으로 2006년에는 34개 학교에 학급 담임들을 위한 보상금 제도가 도입되었다. 또한 인터넷 네트웍을 도입하여 교육기관 간 능력을 평준화하고 정보교육 자료에 대한 접근성을 보장하고 있다. 이 네트웍에는 현재 285개의 일반 교육기관이 가입되어 있다. 이 숫자는 계획이 거의 100% 이행이 되고 있다는 것을 의미한다.

대학교 학사 학위를 가진 교사의 비중은 68%에서 76.5%로 증가하였다. 2002년에 6명의 준박사와 1명의 박사가 있었던데 비해, 2006년에는 90명의 준박사와 7명의 박사가 있다.

북극권과 북부의 소외 지역을 위해 "북극과 북부 울루스 농촌 저밀도 지역 학교의 교사 주택 제공에 관한 법령"이 2006년 8월 17일자로 공포되었다. 이를 근거로 이들 학교에는 매년 전공자가 드문 부문에 전문 교육가 30명을 선발 파견한다. 이들에게는 야쿠츠크 시에 방 하나짜리 고급 아파트를 제공하며, 이를 위해 국가가 50%의 보조금을 지원한다.

· 사하–한국학교

이 학교는 한국과 러시아 사하공화국의 관계를 보여 주는 상징 이상의 중요한 학교이다. 11년제의 공립학교로 출발한 이 학교는 지난 18년간 안에서는 미하일로바 북동연방대학교 총장의 보호를 받고 밖에서는 강 덕수 교수의 지원으로 사하공화국의 제일가는 명문학교로 자리 잡았다.

1992년 사하공화국이 자치공화국이 되고 새로운 공화국으로의 정체성을 모색하던 중 사하공화국에 살던 한국인 동포들이 야쿠츠크 교육청에 청원을 내었다. 러시아 연방 내 사하공화국 시민이지만 민족은 한국인이므로 한국어를 배울 기회를 달라는 것이었다. 이를 위해 한국어 학교를 만들어 달라는 청원을 하였다. 이에 당시 특수 외국어학교를 바탕으로 영재 교육 프로그램을 추진하던 교육감(예브게니아 미하일로바)[2]는 사하-프랑스 학교, 사하-벨기에 학교, 사하-독일 학교, 사하-터키 학교와 함께 사하-한국 학교를 포함하게 되었다. 1994년 봄 4명의 대표단(현지 고려인 2인 포함)이 서울에 와서 강덕수 교수를 만나 사하-한국학교 운영에 관한 협약을 맺고 1994년 6월 개교하였다.

이 학교는 지난 18년간 사하공화국의 대표적 영재학교로 성장하였다. 이 학교가 한국과 사하의 가교 역할을 한 것은 이 학교를 통해 많은 한국 사람들이 사하를 알게 되고 러시아를 이해하게 되었기 때문이다. 2004년 10주년을 맞이해서는 국제피플투피플(PTPI) 중앙챕터(당시 박정배 회장)이 학교버스(스타렉스)를 기증한 바 있다. 국제피플투피플(PTPI) 중앙챕터는 지금도 한국-사하친선협회(회장 강덕수, 명예회장 미하일로바)와 함께 이 학교를 지원하고 한국에 오는 유학생들에게 장학금으로 도움을 주고 있다. 지난 18년간 이 학교 학생들 중 선발된 학생 10여 명은 매년 여름 3주간 한국에 와서 연수를 받았다. 최근에는 인천시 국제교류센터가 교류를 맡아 연수를 진행하였다. 이밖에도 학생이나 교사들이 방문할 때마다 많은 분들이 도움을 주어 사하한국학교를 통한 한국-사하 협력 관계가 지속되고 있다.

현재 이 학교 2회 졸업생 울랴 코뱌코바(Ulja Kobjakova)는 한국학중앙연구원에서 고전 한국문학으로 2011년 박사학위를 받고, 캐나다

2) 예브게니아 미하일로바(E. I. Mikhajlova) 당시 교육감은 그후 사하공화국 교육부장관, 부총리, 부통령을 거쳐 현재는 북동연방대학교 총장으로 임명되었다. 북동연방대학교는 러시아 대학교 현대화 계획에 의해 전국적으로 선정된 7개 연방대학교 중 하나로 전신은 야쿠츠크국립대학교이다.

1 2
3 4
5 6

1. 사하-한국학교 전경
2. 사하-한국학교 현관에서
3. PTP 중앙챕터에서 기증한 스타렉스와 박정배 한국-사하친선협회 이사장
4. 사하-한국학교 학생들의 부채춤
5-6. 사하-한국학교 수업

1. 사하-한국학교 강당
2. 사하-한국학교 학생들과의 특별 수업
3. 사하-한국학교 사물놀이패

University of British Columbia 한국학과에 연구원으로 초청받았다. 이외에도 많은 졸업생들이 한국 회사에서 일하거나 사하공화국 정부의 주요 자리에서 활약하고 있다.

· 북동연방대학교(North-East Federal University)

북동연방대학교는 2010년 1월 야쿠츠크국립대학교를 기반으로 국립공업기술대학, 국립사범대학, 북부환경연구소, 보건연구소를 통합하여 북동 시베리아 지역 발전의 거점 대학교로 승격되었다. 연방대학교는 러시아 연방에서 7개에 불과하다. 이것은 러시아 교육의 선진화를 위하여 연방 차원에서 대대적 지원을 통해 거점 대학을 육성하기 위한 것이다. 우랄 산맥 동쪽 지역에서는 블라디보스톡의 극동연방대학교와 야쿠츠크의 북동연방대학교 단 두 개가 지정되었다. 북동연방대학교 총장은 사하공화국 부통령을 역임한 예브게니 미하일로바(Evgenij Mikhajlova) 박사이다. 북동연방대학교는 미하일로바 총장의 탁월한 리더십으로 러시아 7대 명문으로의 발전을 기대하고 있다.

1907년 "야쿠츠크 신문"에는 '고등교육을 받은 야쿠트 인이 단 한 명이다'라는 기사가 실렸다. 오늘날 북동연방대학교의 전신 야쿠츠크국립대학교는 최고급 전통교육을 받은 졸업생 5만 명 이상을 배출하였다. 이것은 야쿠츠크국립대학교가 이룩한 가장 큰 공헌이다.

1956년에 설립된 야쿠츠크국립대학교는 공화국의 사회, 경제, 문화의 발전에 새로운 기원을 마련하였다. 그러나 실제로 고등교육의 역사는 거슬러 올라가 야쿠츠크국립사범대학이 개교한 1934년에 시작되었다. 이를 바탕으로 야쿠츠크국립대학교(JAGU)가 설립되었다. 1984년 4월 28일 소연방 최고회의 의장의 명령으로 야쿠츠크국립대학교는 국민우정 훈장을 받았다. 1990년에는 야쿠트 민족의 탁월한 정치 지도자였던 막심 키로비치 암모소프(Maksim Kirovich Ammosov)의 이름을 수여받았다.

1993년 사하공화국(야쿠티야) 초대 대통령 니콜라예프(M.E. Nikolaev)는 이 대학교에 인문학, 사회-경제학, 교육학 및 자연과학 부문의 전문가 양성에 대한 책임을 지는 최고 고등교육기관으로서의 지위를 부여하였다. 오늘날 사하공화국(야쿠티야)을 이야기할 때 교육, 문화, 경제, 정치, 국제, 사회 분야에서 이 대학교가 쌓은 업적과 사하공화국의 발전에 미친 영향을 언급하지 않을 수 없다.

러시아연방 교육과학부 장관 A.A. 푸르센코(Frusenko)는 북동연방대학교의 전신인 야쿠츠크국립대학교를 "(야쿠티야) 국가의 유일무이한 고등교육기관이며, 진정한 야쿠츠크 다이아몬드"라고 하였다. 그는 러시아 북동부 다인종 주민의 전문 교육의 중심으로서 시베리아와 극동의 최고 고전적 대학교 중 하나로 발전되었다고 하였다.

오늘날 북동연방대학교는 광범위한 분야에서 교육과 학문의 종합적 능력을 지닌 고등교육기관이 되었다. 대학교에는 10개의 학부가 있다. 생물-지리학, 엔지니어-기술학, 역사학, 인문학, 법학, 심리학, 교통학, 외국어학, 야쿠트 인문문화학, 예비학부 및 직업교육학부가 있다. 이와 함께 7개의 단과 대학이 있다. 의과대학, 재정-경제대학, 사범대학, 광산-지질대학, 물리-기술대학, 수학 및 정보대학, 체육대학. 그리고 네륭그리 시에 기술대학, 미르니 시에 종합기술대학의 2개 분교가 있다.

2006-2007 학년도에 등록한 학생 수는 18,860명이다. 정규과정에 11,365명, 통신교육과정에 7,335명, 야간 과정에 160명이다. 미르니 시와 네륭그리 시의 분교에는 3,000명의 학생이 등록되어 있으며, 그중 주간에 1,938명, 통신과정에 1,072명이 등록되어 있다.

대학교 개교 당시 4개 학부에 20개 강좌가 있었다. 오늘날에는 교육과 학문의 센터로서 135개 강좌, 응용수학 및 정보학 단과대학, 19개 기술 실험실에서 실질적인 과학 실험 연구가 진행되고 있다.

교수와 강사진은 모두 합해 1,427명이 있다. 그중 박사학위 소지자가 14명, 준박사 소지자가 600명이 있다. 학문연구기관으로 인정받은 대학교로서 '박사논문심사위원회"가 구성되어 있고, 석사 과정에서 66개 분야, 박사과정에서 5개 전공 분야에 과정이 개설되어 있다. 박사학위심사위원회는 철학, 교육학, 생물학, 물리-수학 및 공학의 4개 분야에, 준박사 심사위원회는 의학, 경제학, 인문학, 물리-수학의 4개 분야에 구성되어 있다.

학생들의 학문적 활동도 역동적으로 발전하고 있다. 학생들이 주도적으로 진행하고 있는 학술조사 활동은 수백 개에 이른다. 그중에는 학술회의,

전 러시아 마스터 클래스, 대학원생 및 소장 학자들의 활동들이 포함되어 있다. 러시아 연방 고등교육기관에서 실시되는 자연과학, 인문학, 공학 분야 경연대회에서 많은 학생들이 우수한 성적으로 입상을 하고 있다. 최근에는 94명의 학생들이 입상을 하고 그중 11명이 메달을 받았다.

한국학과 기말 시험

한국학과 학생들 2008. 봄

대학교는 학문과 교육의 종합적 기능을 수행하기 위한 발전된 기반을 가지고 있으며, 현대적 시설을 갖추고 있다. 이를 바탕으로 기본적인 연구와 응용 연구를 뒷받침하고 있다. 대학교의 시설 기반은 국제, 연방, 공화국의 프로그램에 따른 학술조사활동에 이용되고 있다.

학술도서관은 사하공화국의 중심 도서관의 하나로서 모든 대학과 연구 기관의 연구를 지원하는 기능을 하고 있다. 본 도서관의 소장 도서는 1,235,006권에 이른다. 본 도서관에서는 전자도서관 구축과 같은 정보화 요구에 부응하기 위해 노력하고 있다.

학생들을 위한 강의와 복지 시설로는 강의실과 실험실을 갖춘 19개 강의동과 55개의 컴퓨터 교실, 6개의 독서실을 갖춘 도서관, 10개의 강당, 문화 센터 "세르겔랴흐의 불", 종합운동장 "유노스티", 종합식당과 9동의 깨끗한 기숙사가 있다.

문화센터 "세르겔랴흐의 불"은 740석을 가진 대형 공연장이다. 본 센터는 학생, 교수, 직원의 여가 활용과 문화 활동, 창작 활동, 야쿠츠크 시민의 문화 취미 활동을 위해 제공된다. 종합운동장 "유노스티"는 1997년에 지어져 2004년에 재건축되었다. 오늘날에는 5,000석의 관중석, 3538.4㎡의 육상경기 트랙, 실내 육상과 체조경기장, 격투기장, 장기 클럽이 있다. 모든 경기 시설은 새로운 시설로 현대화되어 있다. 1997년에는 총 면적 3978.2㎡의 수영장 "돌군"이 건설되었다. 그곳에서는 학생들이 연중 수영을 할 수 있다.

캠퍼스를 구성하는 주요 건물 중 하나는 현대식 시설을 갖춘 기숙사이다. 9개 동 총 면적 66,495㎡, 4,412 침상을 갖춘 기숙사에서는 공화국의 모든 울루스에서 온 학생들을 모두 수용할 수 있다. 학생 휴양시설 "스메나"에서는 매달 100명의 학생들이 쉬면서 의료 서비스를 받을 수 있다. 본 대학교는 졸업생들이 사회의 요구에 부응하는 엘리트로서 학문, 창작, 관리 등 다양한 분야에서 두각을 나타내도록 노력하고 있다.

북동연방대학교는 많은 외국의 대학교들과 교류 관계를 확립하고 있다. 이들 대학교들과 교육 협력이 이루어지고, 교수 및 학생의 교환, 공동 학술대회와 심포지움이 진행되고 있다. 해외의 자매학교로는 알래스카대학교(미국, 페어뱅크스), 캐나다의 북 브리티시 콜롬비아 대학교와 라왈 대학교, 독일의 다름쉬타트공과대학교, 일본의 지바대학교, 한국의 한국외국어대학교와 대진대학교가 있다. 최근에는 부산대학교와 자연과학과 한의학 분야에서 협력을 하기로 하고 자매결연을 체결하였다. 주 러시아 인도대사관의 지원으로 인도문화원과 한국-사하친선협회의 지원으로 한국문화원이 개설되어 있다.

본 대학교는 우수한 졸업생을 배출하는 것을 가장 중요한 과제로 선정하고, 이를 위해 학술 연구를 적극적으로 펼치고 있다. 본 대학교는 혁신적 프로젝트도 다수 수행하고 있다. 이중 몇 개는 러시아 연방의 학문-기술 분야에서 소규모 기업 발전 기금의 지원을 받은 바 있다. 혁신적 연구를 상업화하고자 대학교 혁신기업벨트의 일환으로 건설된 테크노파크의 하부 조직으로 과학심화기업을 설립한 바 있다. 본 대학교는 혁신적인 대학교로서 새로운 도약을 준비하고 있다. 본 대학교의 교육 과정은 지역의 경제 클러스터와 연관되어 끊임없이 새로워지고 있는 과학 지식을 기반으로 하고 있다.

북동연방대학교는 21세기 도약을 위한 발걸음을 확실하게 준비하였다. 2007년 2월 혁신적 교육과정을 심화하는 전 러시아 연방 교육기관 경연대회에서 본 대학교는 러시아 최상위 대학교 40위 내에 들어갔다.

본 대학교는 교육과정과 관리 체제의 현대화를 위한 예산을 할당받았다. 이것은 동북 러시아의 단일 정보 환경의 구축, 동북 러시아 연방 경제와 사회 분야의 발전을 위한 전문가 양성을 위한 교육–생산종합시설의 구축, 교육을 통해 산업체 및 공영사회를 위한 에너지 절약기술의 도입, 대학교의 연구 강의 향상에 쓰일 것이다.

이와 함께 혁신기술 파크 “3 Valleys”, 비즈니스 인큐베이터의 구축과 강의동의 현대화가 계획되어 있다. 강의실은 컴퓨터화되고, 새로운 기술을 적극적으로 도입할 것이다. 그리고 단일센터에 자료가공실, 전자도서관, 가상실험실이 배치될 것이다. 별도의 건물에서는 핵심 전문분야의 발전, 검색 기술, 웹 프로그래밍, 기업경제활동에 관한 토론실 같은 학부의 현대화가 이루어질 것이다.

학생들이 학교 내에서 기술을 연구할 수 있는 다각형의 실험동 건물이 세워질 것이다. 이 프로젝트에는 대학교 학문 연구의 질적 향상, 학문과 비즈니스 관계의 심화, 연구와 교육을 생산과 접목하는 아이디어가 포함되어 있다. 에너지 학부에는 북부의 기온 조건에서 생산을 확실하게 향상시킬 수 있는 새로운 에너지 절약 기술, 바이오테크놀로지 및 물질가공기술 연구 프로그램이 도입될 것이다.

· 야쿠츠크국립농과대학교(State Academy of Agriculture)

인천도시축제에 참가한 농과대학교 민속무용단과 총장 블라디미로프(둘째줄 가운데)

야쿠티야에서 대학 수준의 농업 교육이 시작된 역사는 야쿠츠크국립대학교에 농과학부가 개설된 것이 효시이다. 이 학부를 기반으로 하여 1985년 야쿠츠크 농과대학이 세워지고, 1995년 야쿠츠크국립농과대학교로 확대되어 총장 블라디미로프(Leonid N. Vladimirov)의 리더십 아래 시베리아 최고의 농업 전문 인력 양성기관으로 발전하였다. 이 대학교는 러시아 연방 동북부에서 대학 이상의 학위 과정에서 전문가를 양성하는 최고의 교육기관이다. 이 대학교에는 5개의 학부, 즉 수의학부, 농업기술학부, 경제학부, 공학부 및 법학부가 있고, 농업전문가기술향상연구소와 칸갈라스크 울루스의 옥촘츠와 올레크민스크에 2개의 분교가 있다. 교육과 학문적 활동을 지원하는 조직으로는 수의생태실험연구소, 교육방법지원과, 학문연구지원과, 기술지원센터, 3개의 문제실험실, 북부 순록과 야쿠트 말 사육 실험을 위한 금렵지역 "탑슬른"(Tabsylyn), 옥촘츠에 있는 실험-생산 농장, 종합온실, 스포츠센터, 승마장, 미학센터가 있다. 또한 산하에 농업교육박물관, 인문과학박물관, 휴양원 "케스킬"(Keskil), 국제협력과 등이 있다. 교육인적자원으로는 290명 이상이 있다. 그중 43명 이상이 박사로 교수이며, 123명이 준박사로 조교수이다. 본 대학교의 농업경영과 교육 분야는 러시아의 국가 프로젝트 중 우선 순위의 범주에 포함되어 "2011년까지 야쿠츠크국립농과대학교 발전을 위한 국가 프로그램"이 러시아 연방 농업부의 지원을 받고 있으며, 사하공화국(야쿠티야)의 국회 "일투멘"의 승인을 받은 바 있다.

· **교육전문가능력개발원**

본 연구원은 1939년 야쿠츠크 공화국 교사능력개발원으로 설립되었다. 2005년 본 연구원은 구 소연방 야쿠츠크자치공화국 교육위원회의 뛰어난 활동가였던 돈스키(S.N.Donskij)의 이름을 수여받았다.

이곳에서는 8개의 직업 재교육 프로그램에 따라 교육이 진행되고 있다. 교육과정에는 "교육 경영", "사회교육학", "교육학과 심리학", "교육 분야의 정보 기술", "외국어", "교육기관에서의 위생조직", 고등교육 기반 "보충교육 방법론", 중등교육 기반 "보충교육 방법론" 그리고 (기본 과정과 문제 중심 과정의) 교육전문가 능력향상 프로그램이 들어 있다.

연구원의 조직은 계속 혁신되어, 2003년에는 모스크바의 인터넷 교육연맹의 원격교육 야쿠츠크 지역센터가 문을 열었다. 2004년에는 정보-도서센터가, 2005년에는 소규모 출판부와 교육기관 안전보장센터가 설립되었다. 본 연구원은 국제적 교육을 주도하는 마이크로소프트 사의 프로그램 "Partners in Education"과 프로젝트 "Teachers' Academy"에 가입되어 있다. 이러한 활동 덕분에 러시아 연방 교육평가 및 관리 센터는 본 연구원을 러시아의 10대 최상위 기관으로 평가하였다.

· **교육발전연구원**

교육발전연구원은 1998년 공화국의 교육시스템의 질적 혁신을 위한 학술 활동을 조직하고 조정하기 위해 설립되었다. 본 연구원의 기본 방향은 모니터링과 분석을 바탕으로 한 교육시스템 발전의 예측에 있다. 최근 본 연구원에서 개발된 프로그램들에는 일반교육 프로그램을 수행하는 사하공화국(야쿠티야)의 교육기관에서의 기본교육과정(2005년), 2020년까지 야쿠티야 교육 발전 전략, 공화국의 이원적 교육 개념, 교육 현대화 종합 프로젝트, 2007-2011년 사하공화국(야쿠티야)의 교육 발전을 위한 국가 프로그램이 있다.

· 민족교육연구소

본 연구소는 1992년에 설립되었다. 2007년 민족교육연구소는 러시아연방의 국립학술연구소로서의 지위를 획득하였다.

기본 활동 과제는 민족교육에서의 기본 및 응용연구 과제 수행, 언어의 다양성을 보장하는 민족과 지역적 교육 시스템 연구, 공화국 내 소수 민족의 문화유산 보호 등이다. 이곳에서는 민족의 지역적 구성의 특성에 따라 일반 교육의 국가적 교육 표준이 확정하고, 야쿠트, 에벤, 에벤키, 유카기르 언어와 문학 및 문화의 교육을 위한 종합적 방법이 개발되고 있다.

본 연구소의 학술 활동 결과에 의해 현대적 교육 기술, 교육기관의 혁신 모델이 도입되고, 이중언어 교육체계가 개발되었다.

· 문화, 예술 분야의 교육

1980년대 야쿠티야에는 농촌과 공업지역의 울루스에 아동음악학교 네트워크가 형성되었다. 이것은 각 지역의 예술과 사회 활동, 주민들을 위한 문화계몽 활동의 실질적인 중심이 되었다. 이들 중 많은 곳이 음악, 무용, 미술, 연극, 민속 등의 과목을 가르치는 학교로서의 기능을 한다. 현재 사하공화국에는 89개 이상의 아동음악교육학교, 예술학교, 미술학교가 있으며, 여기서 11개 분야에 걸쳐 12,114명의 아이들이 배우고 있다. 이것은 사하공화국(야쿠티야) 문화부의 문화예술교육국에서 관장하고 있다.

· 문화예술전문대학

1992년 야쿠츠크공화국 문화학교가 문화예술전문대학으로 재편되었다. 본 대학은 부속교육기관으로 미르니 시에 발레단 "야쿠티야의 다이아몬드"와 부설교육기관을 가지고 있고, 야쿠츠크 시에는 학생 극단 "작은 천사들"을 운영하고 있다.

대학에서 활동하고 있는 전문 단체들로는 민속무용 앙상블 "에르켄"

(Erken), 민속전례극단 "에이게"(Ejge), 현대무용단 "넥스트"(Next), 북부 민족무용단 "도트켈"(Dotkel), 남성무용단 "보오투르다르"(Booturdar), 대학경연극단 "에튜드"(Etjud), 어린이합창단 "툴루이한"(Tulujxan)이 있다.

· 야쿠티야 고등음악학교(Higher School of Music in Yakutija)

1993년 캐나다 기업 "Fergusson, Simeck & Clark"이 야쿠츠크 시에서 16km 떨어진 투이마아다 계곡의 전원적인 지역에 지은 통나무집 단지를 기반으로 하여 사하공화국(야쿠티야) 고등음악학교가 세워졌다. 이 학교는 클래식 음악 연주 분야에서 우수한 전문음악인을 양성하는데 그 목적이 있다. 이 학교에서는 일관적인 전문음악교육이 이루어지도록 "학교-전문학교-대학교"로 이어지는 3단계 시스템이 실현되고 있다. 현대적 시설, 개별 지도 체계, 몰입식 교육 과정, 180명 이상의 학생들 교육을 위한 필수 시설의 완비, 국내 주요 음악대학으로부터의 지원(러시아 및 국제적으로 유명한 교수들에 의한 마스터-클래스 교실), 영재 음악아동의 조기 발굴 및 선발은 사하공화국에서 클래식 음악 연주 분야가 급성장할 수 있게 만든 충분조건이었다.

앙상블 "북국의 명인" (고등음악학교 출신으로 구성)

본 학교의 재학생들은 러시아와 국제적인 유명 음악 콩쿨과 페스티벌에서 수상을 하였다. 그들은 모스크바 차이콥스키 콘세르바토리야, 그네신 러시아 음악대학, 림스코-코르사코프 산크트-페테르부르그 콘세르바토리야, 무소르그스키 우랄 콘세르바토리야, 글린카 노보시비르스크 콘세르바토리야 등 러시아의 유명 음악대학에 진학하였다.

· 북극지역 국립문화예술대학

문화예술대학은 2000년 1월 17일 사하공화국(야쿠티야) 대통령령으로 공화국 북부 지역에 산재한 연방 산하 분교들을 통합하여 세워졌다. 본 대학에는 4개의 학부로 민속설화와 민족문화학부, 공연예술학부, 조형예술학부, 정보, 도서 및 문화경영 학부가 개설되어 있고, 2개의 학부연계 강좌로서 인문학 강좌와 예술학 강좌가 운영되고 있다.

이 외에도 미술, 무용, 음악에 관한 전문학교로서 로마노프 야쿠츠크 예술학교(미술 전문), 포셀스카야 야쿠츠크 무용학교, 지르코바 야쿠츠크 음악전문대학 등이 있다.

4. 인구 문제

1991년부터 야쿠티야의 전체 주민 수는 매년 감소되었다. 다만 2004년-2005년의 지표만이 약간의 증가세를 보여준다. 1990년부터 2005년 초까지 16만 8백 명, 즉 14.5%가 줄었다. 그중에는 도시에서 13만 2천 5백 명, 즉 17.8%, 농촌에서 2만 8천 3백 명, 즉 7.7%를 차지하였다. 커다란 감소는 공업개발 지역에서 일어났다. 이것은 주로 북부와 북동부 지역의 문제였다.

1990년대 초 공화국에서 이민을 나간 주요 동기는 구 소련의 붕괴였다.

다문화 축제 참가자들

시장경제 체제로의 이행은 이전에 국가에 의해 지원을 받던 금과 주석 채굴과 같은 야쿠티야의 개별 공업 분야에 위기를 불러 일으켰다. 실질적인 감소가 도시 지역에서 일어났는데, 이것은 22개 행정 지역 중 19개에 해당된다. 특히 북부와 북동부 지역에서 심하게 나타났다. 1990년 도시 인구 분포(66.9%)가 농촌 인구 분포(33.1%)를 압도하였다면, 2005년 초에는 농촌 인구 분포가 상대적으로 증가하여 35.8%까지 올랐다.

· 출생률

야쿠티야에서 출생률의 감소는 1960년대부터 관찰되었다. 1980년대 중반부터 1987년-1988년에 출생률이 피크에 달한 이후 특히 농촌 지역에서 급격히 감소하였다. 그러나 현재 공화국에서의 출생률 수준은 러시아의 평균을 상당히 상회한다.

1980년대 중반 출생률 지수가 증가된 것은 출산 촉진 정책, 건전한 주민

연령 구성이 영향을 미쳤다. 1950년대 말에 태어난 세대가 생산력 있는 연령에 포함되고, 생산력 있는 이민자들이 대거 이주해 들어온 덕분이다. 이와 함께 혼외 출생된 아이들의 비율도 증가했다. 2005년 자료에 의하면 아이 셋 중 하나는 불완전 가정에서 태어났다.

상당 기간 동안 현재 수준의 출생률이 유지된다면, 주민 수의 감소는 불가피하고, 그 결과 불건전한 연령 구조가 될 것이다. 상당한 수준의 보상 성격을 가진 조치와 아이가 있는 가정이 경제적으로 어려움을 갖지 않도록 하는 조치를 도입하는 것이 불가피하다.

· 사망률

1960년대 초부터 1980년대 중엽까지 공화국의 사망률 지수는 실제로 변하지 않고 있다. 눈에 띄는 감소가 1985년부터 시작되었지만 계속되지는 않았다. 상관지수의 향상은 도시 주민에게서 나타났다. 해에 따라서는 도시 지역의 상관지수가 농촌 지역의 전체 사망률 지수보다 향상되었다. 1980년대 후반기에 감소는 증가로 바뀌었지만, 야쿠티야에서 이러한 지표의 의미는 러시아의 평균 보다 훨씬 낮은 수치였다. 이것은 야쿠티야의 복지가 상대적으로 향상된 때문이다.

야쿠티야는 노동가능한 젊은 인구의 우위 현상으로 주민의 연령 구조가 왜곡되는 것이 특징적이다. 1살 미만의 영아 사망률 지표는 러시아의 다른 지역들 보다 북부 지역의 후진성을 반영한다. 1990년대에 도시와 농촌 인구의 영아 사망률 지표는 2005년 10.6%에 달하면서 비슷해졌다.

현재 야쿠티야에서 사망의 주요 원인은 혈액순환계 질병, 사고, 종양에 의한 질병이다. 이것들은 2005년 전체 사망 원인의 80.7%에 이른다. 중독과 외상의 경우에는 특히 경제적으로 활동적인 연령의 남성에게서 높다.

최근에는 혈액순환계와 종양 질병에 의한 사망의 "연소화" 경향이 관찰된다.

1980년대에 출생 대비 평균수명지수의 증가가 눈에 띈다. 1981년부터 1990년까지 남성의 수명은 58.7세에서 62.5세로 3.8년 증가하였다. 여성의 경우는 2년 증가하였다. 전문가들의 의견에 따르면, 1980년대 중반에 평균수명이 증가한 것은 반 알코올 캠페인의 결과였다. 남성의 경우, 사고, 중독, 외상 등으로 인한 노동 가능 남성들의 사망수가 감소하였다. 여성의 경우는 안정적이다. 1990년부터 사망률의 감소는 중단되고 이전 수준으로 회복되었다. 1994년에는 남성의 평균 수명이 1990년에 비교하여 줄어들었다. 남성은 6년, 여성은 2.4년 줄었다. 남성과 여성의 평균수명 지수의 차이(10-12년)는 모든 사망의 원인 중 남성 사망의 "연소화"와 외상에 의한 사망의 엄청난 증가, 그리고 남성과 여성의 사망 원인의 구조적 차이에 있다. 일시적 출생률의 감소와 사망률의 증가 때문에 인구의 자연증가율은 점진적으로 감소하였다. 최근 자연증가가 일부 늘어나는 것은 사망률 수준이 유지되면서 2000년부터 시작된 출생률의 향상과 연관이 있다.

· 이민

야쿠티야에서 이민은 주민의 수와 구조 형성에서 커다란 역할을 해 왔다. 야쿠티야는 자유롭고 집중적으로 이민 교환을 허용하는 소위 열린 지역이다. 야쿠티야에서 이민의 의미는 아주 크다. 주민 수의 일반적 증가를 구성하는 이민의 기여도는 야쿠티야 지역의 경제 개발 시기에 따라 변하였다. 1970년대 중엽에서 1980년대에 이민자의 절대적 증가 수는 원주민의 자연 증가 수를 약간 상회하기도 하였다.

최근까지 광범위한 경제활동 지역이었던 북부와 극동지역에서 1990년대부터 이민 상황에 상당한 변화가 일어났다. 자연 증가는 완만한 대신 기존 주민의 이탈은 급격하게 일어났다. 이것은 1990년대 러시아의 정치 체제가 바뀌면서 경제 상황도 악화된 것과 무관하지 않다. 이 시기에 야쿠티야에서는 전체 인구 수가 감소되는 현상이 일어났다. 최근에는 인구의 내부 이동도 심해지고 있다. 1985년까지만 해도 전체 이민의 2/3가 외부에서 유입되는 외적인 것이었지만, 최근에는 농촌에서 도시로 들어오는 내적 이민이 압도적이다. 현재 농촌에서 도시로 주민의 유입이 계속되고 있다.

· 지구상의 최고령 주민

지구상 최고령 생존 주민은 야쿠티야의 에벤족 여자인 바르바라 세멘니코바라고 할 수 있다. 2007년 5월로 그녀는 117세가 되었다. 야쿠티야의 원주민들은 고대로부터 장수하는 것으로 알려져 있다. 이것은 다양한 시대의 역사 문헌들이 입증하고 있다. 1972년 제4차 국제 노인학 학술대회에서 야쿠티야는 공식적으로 시베리아의 장수 중심지로 인정되었다. 21세기 초 야쿠티야 주민 1만 명 당 90세 이상의 노인이 4-5명에 이른다.

· 연령 구조

젊은 연령 그룹에서 아이들이 차지하는 비율이 줄어들고 있다. 그것은 1990년대 초 출생률 저하의 결과였다. 20-29세 연령의 세대가 적은 것도 이 때문이다. 2002년 인구조사에 의하면 남자 1,000명에 여자 1,045명이다. 남성의 우세는 젊은 층에서 눈에 띈다. 35세 이상의 그룹에서는 여성이 우세하다. 출생률 저하와 밖으로의 이주는 인구 구조의 고령화를 초래하였다. 중간 연령의 증가도 이런 과정의 결과이다. 공화국에서 이민에 의한 인구의 증감은 더 이상 중요한 요소가 아니다. 자연 증가율의 감소로 인해 공화국 밖으로 나가는 이주에 의한 주민의 감소를 보충하기 어려운 상황이 더욱 심각한 문제이다.

· 인종적 동화 과정

러시아 인이 시베리아에 왔을 때 그곳엔 이미 "야쿠트 인"이라는 인종의 형성이 끝났다는 게 대체적인 견해이다. 러시아 인의 도래는 야쿠티야의 민족 형성과 인종적 발전 과정에서 "러시아 국가"라는 요인이 본질적 영향을 미치는 계기가 되었다. 17세기 초 야쿠트 인들은 독립적인 씨족과 부족으로 구성된 민족 공동체를 구성하였다. 외부적으로는 주위 지역으로부터 이주해 오는 다른 민족들과 만나고 내부적으로는 여러 씨족 그룹이 섞이게 되어 야쿠트 인의 인종적 범주가 강화되고 확대되었다. 이에 따라 인종 구성에서 중부, 빌류이스크, 올레크민스크, 북부와 같은 광의의 씨족 그룹이 나타났다.

오늘날 야쿠트 인의 분포는 다음과 같다. 사하 민족의 전통적 거주 지역은 중부 야쿠티야의 농촌 울루스이다. 북부 지역의 툰드라 지대에서 사는 야쿠트 인들은 그리 많지 않다. 1950년대부터 자치공화국이 형성되기 전 1980년대 말까지 야쿠트 인으로의 인종적 통합은 활발하기 진행되지 않았다. 그것은 사하공화국의 전체 주민 수에서 차지하는 야쿠트 인의 비중이 감소하고 민족 문화의 유형적 특성이 고착화되는 한편 국제화가 가속화되었기 때문이다.

오늘날 산업화가 진행된 지역에서는 사하 민족(야쿠트 인)이 차지하는 비중은 10%에도 미치지 못한다. 그러나 농촌 지역에서는 야쿠트 인이 80% 이상을 차지한다. 일부 울루스에서는 야쿠트 인의 비중이 거의 100%에 달한다. 인구가 밀집되어 있고 생활이 농업 주도적이라는 것은 인종을 유지하고 발전시킬 수 있는 기반이 확고하다는 것을 보여준다.

1959년 인구조사에서 사하 인의 수는 233,344명이었다. 1970년 인구조사에서는 286,000명으로 증가하였다. 1959년부터 1970년까지 11년 동안 주민 수는 순수하게 27% 증가하였다. 1970년과 비교하면 1979년에 10.8% 증가한 것으로 조사되었다. 1989년 자료에 의하면, 사하 인의 수는 365,000명에 이른다. 즉, 1979년과 비교하여 16% 증가하였다. 2002년의 조사에 의하면 러시아 연방 전역에서 사하 인이 전체적으로 444,000명으로 나타난다. 즉, 이전의 조사와 비교해 보면, 사하 인은 62,000명, 즉 16.1%

증가하였다.

소비에트 시대가 끝나고 자치권을 획득하면서 야쿠티야에서는 많은 공장과 기업들이 폐쇄되고, 이와 함께 러시아 인들이 사하공화국 밖으로 이주해 나가 인종적 상황도 바뀌기 시작하였다. 그 결과, 사하공화국(야쿠티야)의 인종 비율은 사하 인이 41.1%, 러시아 인이 44.7%, 다른 민족이 11.3%, 북부 소수민족이 2.9%를 차지하는 것으로 나타난다.

야쿠티야는 다민족 사회이다. 야쿠티야에서는 민족간 교차 결혼으로 인한 혼합 가족이 드물지 않은 현상이다. 특히 수도인 야쿠츠크 시에서는 다민족 사이의 교차 결혼에 의한 혼합 가정을 쉽게 찾아볼 수 있다. 1970년대 이러한 교차 결혼의 비중이 크게 증가되었다. 민족 간 결혼에서 야쿠트 인들이 선택하는 배우자는 주로 러시아 인들이다. 이것은 도시 인구 구성에서 러시아 인의 비중이 그 만큼 크기 때문이다. 1970년대 중엽부터 야쿠트 인이 러시아 인뿐만 아니라 북부 소수민족과 교차 결혼을 하는 경우가 전체 민족 간 결혼의 70% 이상을 차지한다.

1990-1999년 사이 러시아 인들과 사하 인(야쿠트 인)들은 동일 민족 간에 결혼을 하려는 경향이 높았다. 러시아 인들 가운데 동족과의 결혼은 이론적으로 가능한 수치 보다 1.55배나 많았다. 사하 인들은 이 지표가 2.5배에 달했다. 이 기간에 러시아 인과 사하 인이 결혼하는 경우는 이론적으로 가능한 수치보다 6배 적었다.

북부 민족들에서는 그들 사이에 결혼하는 비율이 이론적으로 가능한 수치보다 1.5-2배 이상 높게 이루어졌다. 북부 민족은 주로 사하인과의 결혼을 통해 인종적으로 동화되고 있다. 북부 민족이 다른 민족들과 결혼하는 것은 이론으로 가능한 확률 보다 3배 이상 되는 것으로 나타난다. 반대로 북부 민족들이 러시아 인과 결혼하는 경우는 가능성 보다 거의 4.5배 적게 나타난다.

· 인종 그룹들

1997년 4월 25일 "사하공화국(야쿠티야) 민족회의"가 열렸다. 이것은 러시아 연방에서 단일한 경제적, 사회적, 정치적 공간을 조성하고자 하는 목적으로 만들어진 러시아 최초의 사회 조직이다. "사하공화국(야쿠티야) 민족회의"는 공화국의 정부 기관과 지속적으로 협력을 하고 정부와 사회 조직 간에 효과적인 상호 협조 체제를 구축하는 것이다. 민족회의는 많은 분야에서 민족 간 협력을 이끌어내고, 다민족 국가인 야쿠티야에서 민족들의 우의, 문화, 관습, 전통의 조화로운 상호 발전을 도모하고자 한다. 1999년 8월부터 "사하공화국(야쿠티야) 민족회의"는 러시아 연방 민족회의의 지역 기관이자 단체회원이 되었다. 2004년에는 사하공화국(야쿠티야) 청년민족회의가 결성되었다.

오늘날 공화국에는 40개 이상의 민족문화단체가 결성되어 활동하고 있다. 그들은 사회 발전의 문제, 각 인종의 정신적 문화적 부흥을 위해 노력하고 있다. 이들은 사하민족회의, 러시아, 우크라이나, 벨라루시, 폴란

민족의상을 입은 민족 대표들

드, 부랴트, 카자흐, 타직, 타타르-바시키르, 체첸-잉구시, 아르메니아, 한국, 유태인, 핀란드, 리투아니아, 투빈, 모르도바, 이지도-쿠르드, 중국, 우즈벡, 북부소수민족연맹 등이다.

현재는 2개의 민족 문화센터가 있다. 우다치니의 인종문화센터와 야쿠츠크의 쿨라콥스키 문화예술센터 산하의 민족영빈관이다.

· 북부의 소수민족들

오늘날 사하공화국(야쿠티야)에만 에벤, 에벤키, 축치, 돌간, 유카기르와 같은 북부의 소수 원주민이 약 30,000명 살고 있다. 사하공화국의 민족정책에 관한 국가적인 주요 현안은 시장경제로 전환하는 과정에서 야기되는 소수민족 관련 문제들을 해결하는 한편, 북부 소수 원주민을 지원하여 이들이 인종적으로 소멸하는 것을 막는 것이다.

· 한국인

사하공화국에서 고려인이라 불리는 한국인을 만나는 것은 어렵지 않다. 한국인이 야쿠티야 땅에 발을 들여 놓은 역사는 꽤 오래 되었다. 1920-1930년대에 알단 강 지역에 사금이 난다는 소문이 퍼지면서 구한말 만주에 진출한 한국인 중에서 이곳으로 온 한국인들이 1-2백 명 정도 있었던 것 같다. 이들은 스탈린 시대 연해주의 한국인들이 중앙아시아로 강제 이주된 뒤에는 연해주로 돌아가지 않고 야쿠티야에 정착한 것으로 보인다.

1930년대 이후 사금 채취가 사양화되면서 이들은 야쿠티야의 여러 지방으로 분산 정착하게 된다. 이들은 정착지에서 농사를 지으며 야쿠트 인들과 섞여 살게 되었다. 지난 18년간 야쿠츠크에서 야쿠트 인들을 만나며 이웃에 한국인들이 같이 살고 있었다는 증언을 꽤 들을 수 있었다.

1990년대 소련이 해체되고 중앙아시아가 독립하면서 일부 고려인들은 연해주 대신 이곳 야쿠츠크에 정착한 경우도 있다. 이곳 고려인들은 대부

1. 허천덕 할아버지(왼쪽에서 넷째)
2. 안 안나 할머니와 이광규 교수
3. 바이칼대학 분교 최 스베틀라나 학장(가운데)과 딸(오른쪽에서 다섯째)

분 성공한 계층에 속한다고 볼 수 있다. 동토 연구소 부소장을 역임한 고위 연구원, 대학교 교수, 의사들 중에 한국인 성을 가진 사람들을 만날 수 있었다. 사하공화국 최고 부자 몇 명 중 하나로 꼽히는 사람도 있지만, 그런 사람들은 이미 이곳 야쿠트 인 주류 사회에 자리를 잡고 자신을 드러내려 하지 않아 만나기는 쉽지 않다.

최근에 야쿠츠크 시의 소매 시장은 중국인들이 장악하고 있다. 그들이 형성한 시장을 이곳에서는 "중국 시장"이라고 부른다. 그런데 중국 시장 상인의 70% 이상이 중국에서 온 조선족이라고 한다. 이들이 가장 최근에 야쿠티야에 정착한 한국인이라고 할 수 있다.

사하공화국에 사는 고려인에 관해서는 2010년 7월 야쿠츠크에서 열린 제3회 한국-사하 포럼에 참석하신 이광규 서울대 명예교수(재외동포포럼 공동대표)가 처음 조사를 하였다. 다음은 사하통신 제14호에 실린 이광규 교수의 글을 간추려 옮겨 적은 것이다.

사하-한국학교 교사로 재직 중인 김영희 씨가 있다. 이 분은 비교적 젊은 50대의 고려인이다. 한국말은 못하지만, 한국의 정서는 이해를 한다. 아들은 현재 시의원으로 활동 중이다. 이곳에서의 1세대라면 안 안나 분나고부나 할머니(86세)와 허천덕 니콜라이 페트로비치 할아버지(86세)를 들 수 있다.

안 안나 할머니의 부모는 함경북도 길주 출신이었다. 부모는 블라디보스톡으로 이주해 와 살다가 1925년 안 안나 할머니를 낳았다. 1929년 아버지가 먼저 알단으로 와서 자리를 잡고 1932년 식구들을 알단으로 데리고 왔다. 이 당시 1-2백 명의 한국인이 이곳으로 이주하여 함께 모여 살았다고 한다. 당시까지는 모여 산 덕분에 한국어를 사용하고 한국식으로 살았다고 한다. 이들은 사하공화국에 정착한 덕분에 1937년 중앙아시아로의 강제이주를 피할 수 있었다. 안 할머니는 26세가 되던 1951년 동갑내기 밀양박 씨와 결혼을 하였다. 할머니를 포함한 4남매 형제(오빠, 언니, 남동생)는 모두 한국인과 결혼을 하였다. 안 할머니 세대까지는 동족혼을 하며 한국 문화를 지켜 왔던 것으로 보인다. 안 할머니는 사금 채취로 돈을 버느라 공부를 하지 못하였다. 그러나 결혼 후 6개월 간 회계사 공부를 하여 농림부에 취직을 하여 22년간 경리로 근무하였다. 그 후 기상청으로 자리를 옮겨 17년간 근무하였다. 마지막으로 벽돌공장에서 은퇴할 때까지 60년을 일하였다. 그 덕분에 훈장도 12개를 받고 남보다 더 많은 연금을 받아 생활에 여유가 있었다.

남편 박 씨는 영화 기술자였다. 그는 2005년에 사망하였다. 슬하에는 아들 둘, 딸 둘이 있다. 59세가 되는 큰 딸은 야쿠트 사람과 결혼하였다. 두 살 아래의 둘째 딸은 유태인과 결혼하여 이스라엘로 이민을 갔다. 53세와 51세가 된 아들들은 러시아 여자와 결혼하여 야쿠츠크 시에 살고 있다.

안 할머니는 혼자 살고 있지만, 아들 식구들이 자주 집에 들르기도 하고, 설날이나 제사 때에 모인다고 한다. 제사는 부모 제사만 지내는데 평소의 음식을 장만하고 사진을 놓고 절을 한다고 하였다. 안 할머니는 음식 솜씨가 좋아 텔레비전 방송에 초대받아 한국 음식, 특히 감자채와 왕만두 만드는 법을 보여 주기도 하였다고 한다. 안 할머니는 1995년 운동선수였던 손자를 따라 서울에 와서 열흘간 서울 구경을 한 적이 있다고 하였다.

사하공화국에는 고려인협회가 있어 하지 축제 으스아흐 때에는 한복을 입고 나온 한국의 후예들을 볼 수가 있다. 1990년대 초 사하-한국학교가 세워지기 직전에 고려인 협회가 결성되었던 것으로 보인다. 회원은 3-4백 명에 이른다고 하나 모임을 가지기는 쉽지 않았을 것 같다. 안 할머니에 의하면, 야쿠츠크 시내에 한 500명 정도가 있다고 하지만, 확인하기는 어렵다. 그 외 암가, 아로그마, 뉴르바, 추랍차 등지의 시골에 산재하여 농사를 짓고 사는 고려인들이 꽤 되는 것으로 추정된다.

반면에 허천덕 할아버지는 1950년대 말 경에 북한에서 구 소련에 들어와 출세한 입지전적 한국인이었다. 허 할아버지는 구 소련 공산당 간부학교를 졸업하고 공산당 간부로서 경력을 쌓았던 분이다. 허 할아버지의 후손들은 야쿠츠크의 주류 사회에서 영향력이 있는 사람들로 보였다. 딸은 바이칼 대학 분교 학장이고, 며느리는 교수였다.

맘모스와
다이아몬드와
착한 사람들의 나라

야쿠티아

VI

경제와 산업

1. 다이아몬드

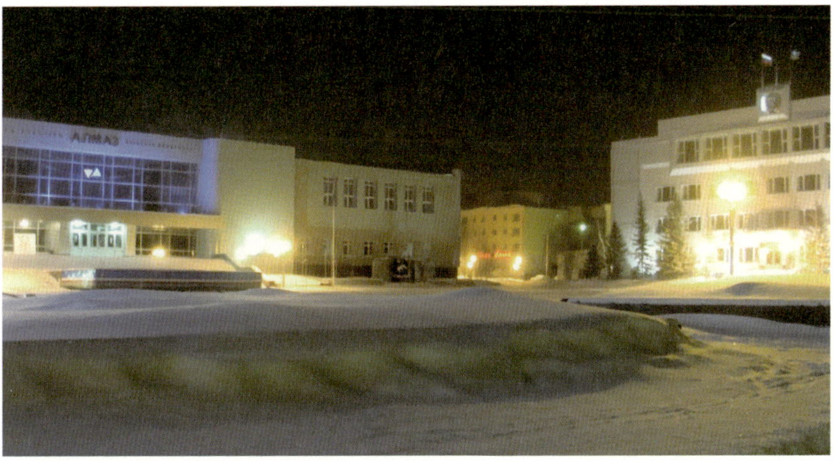

다이아몬드의 수도 미르니 시의 밤 풍경 (알 로사 본사)

오늘날 다이아몬드의 최대 생산지이며 주 공급지가 러시아라는 사실을 아는 사람은 많지 않다. 더구나 러시아에서도 다이아몬드 생산의 중심지역이 사하공화국(야쿠티야)라는 것을 아는 사람은 아주 적다.

러시아에서 다이아몬드가 발견된 것은 아주 오래 되었다. 초기에는 주로 우랄, 아르한겔스크, 예니세이, 콜라 반도 등지에서 발견되었다. 러시아에서 다이아몬드의 경제적 가치에 주목하기 시작한 것은 1938년부터였다. 소비에트 시절 다이아몬드 문제는 경제적일뿐만 아니라 정치적이기도 했다. 당시 선진국들은 다이아몬드 관련 기술의 유출을 규제하고 구 소련 정부에 다양한 압력을 가하기도 하였다.

1950년대 초까지 탐사 지역도 일정하지 않았다. 1930년대 말 소련의 탐사 전문가 부로프(A.P. Burov)가 서방 기술을 바탕으로 한 탐사 방법을 처음으로 도입하였다. 그후 소련에서의 다이아몬드 탐사가 체계화되고 조직화되었다. 러시아의 다이아몬드 광 탐사를 주도한 인물들은 포푸가예바(Larisa Anatol'jevna Popugajeva)(1923-1977), 옐라기나(Jekaterina Nikolajevna Jelagina)(1926년생), 하바르딘(Jurij Ivanovich Khabardin)(1926-1990) 등이다.

서 야쿠티야에서 최초로 탐사된 지역은 1948년 빌류이 강 상류 분지 지역이었다. 이곳에 지질학자 파인시테인(G.Kh. Fajnshtejn)을 팀장으로 하는 퉁구스(아마킨스크) 탐사단의 빌류이 팀이 왔다. 이후 이 지역에서의 탐사 작업이 본격화되었다. 1949년 8월 7일 비중이 약 5mg인 최초의 야쿠티야 다이아몬드가 발견되었다.

1940년대 말부터 1950년대 중반까지 야쿠티야에서 다이아몬드 광산 탐사는 4단계로 진행되었다.

1단계(1948-1949) : 빌류이 강의 다이아몬드 매장량 조사

2단계(1950-1951) : 빌류이 강의 다이아몬드 매장량 조사 지속과 빌류이 강과 마르히 강 합류 지점과 남 야쿠티야에서 지질 탐사 작업 착수

3단계(1952-1953) : 다이아몬드 탐사 지역의 확대, 올레뇨크 강과 그 지류, 빌류이 강의 우측 지류와 마르히 강의 상류 지류에서의 지질 탐사 착수

4단계(1954-1955): 달든과 말로-보투오빈 다이아몬드 매장 지역 탐사와

야쿠티야 최초의 주요 광산 발견

1950년대부터 1990년대까지 발견되어 채광을 하고 있는 주요 광산은 다음과 같다.

야쿠티야의 주요 다이아몬드 광산

광산	발견 연도	채광 착수 연도	
Zarnica	1954	1998	
Mir		1955	1957
Udachnaja	1955	1971	
Ireljakh 강	1954	1960	
Jubilejnaja	1975	1989	
Internacional'naja	1969	1971(노천광)	
		1999(지하갱)	
Ajkhal	1960	1961	
Ebeljakh 강	1965	1984	
Sytykanskaja	1955	1978	
Komsomol'skaja	1974	2001	
Botoobinskaja	1994	1999	
Njurbinskaja	1996	2002	

1990년대 초 정치적, 경제적 변화에 따라 새로운 형태의 조직이 필요해졌다. 1992년 생산 기업 야쿠트알마즈(Jakutalmaz)를 기반으로 주식회사 알로사(ALROSA)가 만들어졌다. 전략적 중요성으로 인해 다이아몬드 부문은 국가의 통제 아래 놓이게 되었다. 법적으로 이 회사의 설립에서 러시아와 야쿠티야의 이해 관계가 균형을 이루게 되었다.

이를 계기로 야쿠티야는 다이아몬드 생산 관리에 처음으로 관여하게 되었다. 기업의 재조직 과정에서 부적절한 혼란을 피하고 전통과 직원의 승계가 이루어졌다. 가장 중요한 것은 통합 회사 설립으로 인해 채굴에서부터 선광, 분류, 가공에 이르는 모든 과정을 하나로 일관되게 만들 수 있게 된 점이다.

주식회사 "러시아-사하 다이아몬드"(Almazy Rossija-Sakha)의 초대 사장은 루다코프(V.V. Rudakov)였다. 그는 회사의 기초를 만들고, 1993년 8월 후임 키릴린(A.A. Kirillin)에게 회사를 물려주었다. 그는 다이아몬드 채광 부문의 발전을 위해 새로운 방법과 원리를 도입하였다. 1995년 8월 3대 ALROSA사장으로 시티로프(V.A. Shtyrov)가 임명되었다. 그의 재임 동안 ALROSA는 러시아에서 가장 크고 유망한 회사 중 하나가 되었다. 칼리틴(V.T. Kalitin)(2002-2004)과 니치포룩(A.O. Nichiporuk)(2004-2007)을 거쳐 현재는 비보르노프(S.A. Vybornov)가 사장으로 있다. 그의 재임 동안 ALROSA는 "다이아몬드 전쟁"이라는 커다란 시련을 겪었다. 이외에 1993-1997년 사이 다이아몬드 부문은 소비에트 시절 다이아몬드 채광의 부정적 결과로 인해 복잡한 상황에 처해 있었다. 야쿠티야의 주요 다이아몬드 광산은 소진되어 가고 있었다. 대부분의 광산은 한계 깊이에 도달하고, 기존의 채굴 방식으로는 더욱더 어려워졌다. 그 당시 재정적 어려움에도 불구하고 회사의 생산 기반을 확대하는 결정이 내려졌다. 세계 시장의 수요 감소로 1990년대 초 일시적인 축소는 있었지만 ALROSA의 생산량은 매년 2.5-3.5%씩 증가하고 있다.

사하공화국 재무부 건물(다이아몬드 박물관이 있다)

주식회사 ALROSA는 세계 최대의 다이아몬드 생산 기업 중 하나이다. 이 회사의 생산량은 러시아에서 채굴되는 전체의 99% 이상이고, 전 세계 채굴량의 약 20%를 차지한다. ALROSA는 거대 재정-산업 그룹이 되어 사하공화국(야쿠티야) 밖으로까지 활동 영역을 확대하였다. ALROSA는 시베리아와 유럽 러시아의 아르한겔스크, 크라스노다르 주 등에 지사를 두고 있다. 모스크바, 상크트페테르부르그, 오룔 등의 대도시에는 자회사들이 있다. ALROSA는 앙골라의 다이아몬드 채굴에도 지분을 참여하고 있다.

ALROSA는 다기능적인 복잡한 경영 구조를 가지고 있다. 1993년 회사 설립 당시 직원이 이미 5만 명에 이르렀다. 그때부터 직원수가 12,000명 이상이 감원되었다. 그러나 생산량은 감소하지 않았다. 회사는 경영 구조의 합리화를 위해 꾸준히 노력해 왔다. ALROSA는 광물 원료 생산 기반에 더욱 관심을 기울이고 있다. 지질 탐사 작업은 자회사들에게 맡겨졌다. 자회사들로는 아마킨스키(Amakinskij) 탐사대, 보투오빈스키(Botuobinskij) 탐사대, 미르닌스키(Mirninskij) 탐사대, 야쿠츠크 탐사회사, 알로사-포메리예(ALROSA-Pomer'je), 알로사-뉴르바(ALROSA-Njurba)가 있다.

다이아몬드 채굴에는 ALROSA의 전 부문이 참여하여 건설, 보급, 수송, 수선, 시설 등 제반 업무를 분업화하고 있다. ALROSA는 재정과 생산의 중심이며, 산하에 수십 개의 자회사, 공동기업, 신용기관 및 비 수익 기관들을 거느리고 있다. ALROSA는 안정적으로 성장하고 있다. 생산 능력은 계획에 따라 증가하고 있다. 오늘날 이 회사는 다이아몬드 채굴 분야에서 가장 훌륭한 전통을 이어가고 있다. 매년 30억 달러 이상의 제품을 생산하고 있다. 다이아몬드와 귀금속 제품 생산 공정은 최고의 기술 수준을 자랑한다. 이 회사는 기술적 경험과 생산 원자재 기반도 안정적으로 확보하고 있다. 안정적인 발전과 재정적 구조는 국제적 투자 기관들의 인정을 받는 이유이다. ALROSA는 국가의 지원도 받고 있다. 국내에서뿐만 아니라 세계적으로도 광산 산업 분야의 발전에서 큰 비중을 차지하는 러시아의 핵심적 전략 기업이다. 야쿠티야는 다이아몬드 산업으로 인해 러시아에서 발전된 공업 지역이 되었다. 다이아몬드 산업은 야쿠티야의 경제 축을 형성한다.

오늘날 ALROSA는 지질 조건의 변화와 관련된 일련의 과제들을 해결하고 있다. 다이아몬드 채굴이 지하 갱도로 옮겨가고 있으며, 과거에 유보되었던 광산들을 개발하고 지질 탐사 작업을 강화해야 한다. 세계 시장에서는 더욱 적극적 역할이 기대되고 있으며, 새로운 산업 분야의 발전에 기여해야 한다. 또한 다이아몬드와 귀금속 제품의 생산량의 증대에 힘써야 한다. 이 회사의 미래는 이러한 문제의 적극적 해결에 달려 있다.

2. 석탄 산업

석탄 산업은 연료 에너지 산업에서 가장 오래된 분야이다. 채굴량과 노동자 수는 이 산업 분야에서 첫째 자리를 차지한다. 생산액에서는 석유 다음으로 두 번째를 차지한다. 매년 평균 일천 사십 만(10,400,000) 톤을 생산하고, 그중 8백만 톤 이상을 수출한다.

전체 매장량은 25조 톤에 이르며, 러시아의 예상 매장량의 40%, 전 세계 매장량의 10%에 달한다. 탄광의 길이는 약 42만 km에 이른다. 사하 공화국(야쿠티야)의 매장량은 극동 지역 전체 매장량의 48%를 차지한다. 광산지는 남 야쿠티야에 가장 많이 집중되어 있다. 이 지역에 렌스크, 남 야쿠티야, 즈랸스크 탄전, 퉁구스 탄전이 있다. 그리고 야쿠티야의 북부와 북동 지역에 개별적인 탄광이 있다. 최대의 석탄회사는 남 야쿠티야의 뉴륭그리 탄전이다. 이 탄전에서는 매년 800만 톤 이상의 코크스용 석탄을 채굴한다. 이외 뉴륭그리 지역에는 몇 개의 석탄회사들이 있다. 그중 가장 큰 것이 "에렐"(Erel)이다. 채굴량은 매년 약 50만 톤이다.

그 밖의 모든 탄전들은 지역적 의미를 가지고 있다. 채굴된 모든 석탄은 난방용 연료로 이용되며 부근 지역에 공급된다. 즈랸스크 탄전에서 생산되는 석탄은 부분적으로 마가단과 추코트카 주에도 공급된다. 중부 야쿠티야에는 칸갈라스크 탄전과 하르발라흐 탄전이 있다. 야쿠츠크 지역에 위치한 칸갈라스크 탄전은 연간 20만 톤을 채굴하는 탄전으로 채굴량에서는 이 지역에서 가장 크다. 하르발라흐 탄전은 타틴스크 지역에 있다. 2005년도 자료에 의하면, 사하공화국(야쿠티야)에는 48개 탄광이 있다.

노천 석탄광

사하공화국에서 최대 석탄 회사는 "야쿠투골"(Jakutugol)이다. 현재 이 회사의 최대 주주는 러시아의 최대 석탄제련회사인 "메첼"(Mechel)이다. 공화국 내에서는 채탄량의 50% 이하만 가공된다. 에너지원으로서는 코크스 용 석탄도 이용된다. 석탄은 원탄 수준으로 사용된다. 석탄화학 공정이 아직 도입되어 있지 않기 때문이다. 사하공화국(야쿠티야)의 석탄 산업의 수준은 아직 정체되어 있다. 정련되지 않은 석탄의 생산량이 증가하고 있지만 대부분 수출되고 있다. 석탄 가공산업, 석탄 화학, 그리고 새로운 화력 발전소의 건설이 시급하다.

3. 석유 산업

석유 산업은 다이아몬드와 함께 야쿠티야 경제의 주축을 이루고 있다. 2005년도 야쿠티야에서 생산된 원유는 33만 4천 9백 톤에 달한다. 현재 추정되는 천연가스 총량은 10조 2천 7백억 평방미터에 달한다.

최근 천연가스의 채굴은 내수 시장의 수요에 맞추어 안정적인 수준으로 유지되고 있다. 그러나 야쿠티야 밖으로 공급하기 위한 가스공급 간선망을 건설하지 않으면 채굴량은 더 이상 증가하지 않을 것이다. 가스화 부문에서 중요한 결과 중 하나는 하타스와 파블롭스크를 잇는 연장 거리 17km의 제1단계 가스 공급관 건설을 완료한 것이다. 이것은 레나 강 하상을 통과하는 것으로 레나 강 서부 지역의 가스화 작업의 시발점이다. 이 작업으로 모두 71개 마을에 가스가 공급된다. 마스터흐-베르게-야쿠츠크에 이르는 주 가스공급관로의 제3지선이 건설되고 있다. 최근 석유 채굴은 안정적이지 못하다. 이렐랴흐스크와 스레드네보투오빈스크의 채굴량은 보일러 연료를 위한 석유 판로에 의해 결정된다. 그 양은 연간 7만 톤과 9만 톤이다. 탈라칸스크 유전에서의 채굴 수준은 임시 송유관의 수송 능력의 한계에 의해 제한되고 있다. 원유층의 실험적 개발은 스레드네보투오빈스크, 이렐랴흐스크, 탈라칸스크에서 실시되고 있다.

2006년 초 사하공화국(야쿠티야)에서 원유 채굴과 관련하여 활동하고 있는 회사들로는 "수르구트네프테가스"(Surgutneftegaz), "타아스-유랴흐 원유 채굴회사", "이렐랴흐네프티", "레나네프테가스"의 4개가 있다. 최근 탈라칸스크 유전 설비에 대한 "수르구트네프테가스"의 연간 투자액은 약 10억 달러에 이른다.

북부 지역에서의 송유관 건설과 관련하여 "수르구트네프테가스"는 탈라칸스크 유전으로부터 우스티-쿠트 시까지의 송유관 건설에 관한 예산 계획서를 "트란스네프티" 회사에 제출하였다. 이것은 역시 2008년 말까지 정해진 기간에 타이세트-스코보로디노의 주 송유관 건설 프로젝트에 영향을 주고 있다.

석유 가스 부문에서 가공 산업의 발전 전망은 "ALROSA"의 참여로 스레드네보투오빈스크 지역의 재고를 기반으로 50만 톤의 석유 정제 공장을 건설하는 것과 관련이 있다.

4. 대외경제

사하공화국(야쿠티야)은 지역간 관계를 다양화하여 러시아 연방의 다른 자치단체들과의 상호 협력을 확대하고 세계 시장에서 사하공화국의 위치를 확고히 하고자 노력하고 있다. 야쿠티야는 모스크바, 상크트-페테르부르그, 하바롭스크, 노보시비르스크에 사하공화국(야쿠티야) 상주대표부를 두고 있다. 최근 국내외 관계에서 사하공화국(야쿠티야)의 역할은 눈에 띄게 커지고 있다. 대외경제 활동에서 주요 상대국은 미국, 이스라엘, 유럽 공동체, 아시아-태평양 지역 국가들이다.

1980년대 중반부터 경제 관계를 유지해 온 캐나다와의 협력은 야쿠티야에 특별한 것 중 하나이다. 교육, 과학, 기술 분야에서도 협력 관계가 확립되어 있다.

러시아 연방 내의 약 30개 지방자치 단체와는 무역-경제 협력에 관한 조약이 서명되어 있다. 카자흐스탄, 키르기즈, 우크라이나, 라트비야와도 일련의 조약이 맺어져 있다. 1990년대에 이러한 조약을 실현시키기 위해 알마아타, 키예프, 리가에 사하공화국(야쿠티야)의 대표부가 설치되었다.

지리적, 지정학적 요인으로 인해 야쿠티야는 태평양-아시아 지역에 적극적인 관심을 가지고 있다. 이 지역과의 무역 관계는 역동적으로 성장하는 추세를 보여 헤이룽장 성과는 무역-경제 및 문화 협력 의정서가 조인되어 있다. 중국과의 무역량은 증가하고 있다. 2004년 중국 대표단은 제3회 아시아 유소년 경기대회에 참여하였다. 비정기 항공노선이 18회 운항하였다. 야쿠티야는 러시아 무역대표단의 일원으로 2006년 제15회 국제 하얼빈 무역전시회에 참여하였다. 일본 정부의 초청으로 사하공화국(야쿠티야) 대통령 V.A. 시티로프의 공식 방문이 이루어졌다. 방문 중 대외 경제 협력과 남 야쿠티야 발전을 위한 투자 유치가 협의되었다. 도쿄 러시아 대사관에서 사하공화국(야쿠티야)의 발표회가 열렸다. 조약을 실현시키기 위하여 일본 경제-무역-산업성 차관 고찌 사카모투를 단장으로 하는 공식 사절단이 방문하였다. 이 사절단에는 "수미토모", "미쯔이", "소지츠", "코마추" 등과 같은 기업 대표와 일본의 러시아 및 동유럽 무역협회 대표가 포함되었다.

한국과는 1992년부터 석탄을 매개로 하여 무역 관계가 꾸준히 발전하여 왔다. 석탄 수출의 주요 파트너는 한국의 LG 그룹이다. 최근에는 북태평양 연안의 아얀 항구 개발 프로젝트에 LG 그룹과 포스코 그룹이 참여하고자 하고 있다. 2007년에는 한국 정부 초청으로 사하공화국(야쿠티야) 시티로프 대통령이 경제사절단을 이끌고 방문하여 투자설명회를 개최하였다. 한국과의 교류 협력이 공고하게 이루어진 데에는 한국-사하친선협회의 주도적 역할이 기여한 바가 적지 않다. 1994년 야쿠츠크 시에 설립된 한국-사하학교와 2001년에 개설된 야쿠츠크국립대학교 한국학과는 한국 관련 전문 인력을 배출하는 산실이 되고 있다.

유럽과의 관계에서는 세 가지 주요 전략이 확립되어 있다. 첫째, 서유럽 선진국과의 파트너십 강화, 둘째, 북유럽 국가들과의 대규모 협력 관계 확립, 셋째, 동유럽 국가들과의 관계 유지 및 발전이다.

사하공화국은 국제 관계와 연방 내 지역 간 관계를 강화하여 사하공화국에 대한 매력적인 이미지를 구축하고, 투자 유치와 수출의 증대를 도모하고자 한다. 이런 노력으로 대외 무역량에서 사하공화국은 극동 지역에서 연해주와 하바롭스크에 이어 세 번째 위치를 차지하고 있다.

야쿠티야의 기업들은 모스크바, 상크트-페테르부르그, 하바롭스크, 이르쿠츠크, 노보시비르스크, 크라스노야르스크, 사마라, 블라고베쉔스크에 무역관을 개설하고 있다. 그들은 국제조직인 북방포럼과 유네스코에도 적극 참여하고 있다. 러시아 연방 외무부와 사하공화국(야쿠티야) 정부 간에는 국제 및 대외경제 관계에서 상호협력 의정서가 체결되어 있다.

사하공화국(야쿠티야)의 2005년도 대외교역량은 약 25억 달러로서 전년도 대비 41.8% 증가하였다. 여기에서 수출이 차지하는 전체 비중은 96%이다. 최근 수출상품 구조는 실질적인 변화를 겪지 않았다. 2005년에 다이아몬드가 전체 수출의 67%, 귀금속이 17.3%, 석탄이 15.3%를 차지하였다. 수입상품 구조에서 주된 품목은 시설재, 기계설비, 화물자동차였다.

오늘날 사하공화국은 무역-경제, 학문-기술 및 문화 협력 관계를 러시아 연방의 28개 지역과 맺고 있다. 이러한 협정을 바탕으로 공동 전시회와 회의를 개최하고 있다. 이 중에는 지역 간 산업전시회 "야쿠티야-러시아의 선두", 아무르 주와의 공동 전시회 "아무르-야쿠티야: 협력 전망", "남야쿠티야 유용광물 채굴과 가공을 위한 현대 기술과 시설", 제5차 특별 전시회 "신기술-2004" 등이 있었다.

러시아 연방 극동 관구에서 야쿠티야는 수출에서 하바롭스크에 이어 2위, 수입에서 6위를 차지하였다. 현재 공화국의 수출 구조는 원료 의존형이다. 이러한 조건에서 경제 성장을 촉진시킬 수 있는 주요 요인은 내부 수요를 확대하는 것이다.

수출과 수입 내용

야쿠티야는 유럽에 귀금속, 디아아몬드 원석(벨기에), 주석(오스트리아, 독일)을 공급한다. 유럽에서 수입하는 상품들은 소비재, 건설재, 식료품, 의류, 컴퓨터, 식기, 의료장비, 약제, 플라스틱 제품, 도관, 영농기계, 화물자동차 등이다.

사하공화국(야쿠티야)의 주요 대외경제 활동 방향

1. 러시아 연방 각 지역과의 협력
2. 외국과의 이원적 관계(CIS, 발트, 아시아-태평양, 유럽, 북미)
3. 국제적 재정-경제 협력에 참여
4. 사하공화국(야쿠티야)에 외국의 투자유치
5. 국제기구와의 협력
6. 국제적 문화 및 인문학적 협력 관계에 참여

주요 대외 협력국

2005년도 5대 주요 협력국은 영국 7억 4백만 3천 달러(29%), 일본 2억 8천 7백 8십만 달러(11.8%), 벨기에 6억 7천 3백천만 달러(27.7%), 미국 1억 8백만 8천 달러(4.5%), 이스라엘 3억 3천 6십만 달러(12.5%)였다. 한국, 중국, 독일과는 5.8%를 차지하였다.

· 투자

사하공화국(야쿠티야)의 투자 잠재력은 러시아 연방 자치지역 중 20위 안에 들어간다. 이것은 무엇보다도 78조 4천억 달러로 평가되는 광물자원 때문이다. 현재 공화국뿐만 아니라 연방 차원에서도 중요한 의미를 갖는 일련의 투자 프로젝트들이 진행되고 있다. 예를 들어, 뉴르바에 대규모 종합제철소 건설, 스베틀린스크 수력발전소에 최초의 복합설비 건설, 베르카키트-톰모트 철도건설 등이다.

사하공화국(야쿠티야)에 대한 투자의 주요 매력으로는 다음과 같은 것을 들 수 있다.

- 막대한 양의 광물자원과 에너지 자원의 부존
- 매력적인 투자 분야의 부존: 금광, 다이아몬드광, 귀금속 산업, 광산공업
- 세계 시장에서 다양한 광물자원에 대한 수요 급증과 유용광물 자원의 고갈
- 정치적 안정
- 주요 거시경제 지표의 긍정적 순환
- 투자 활동을 위한 규범적, 법적 기반 조성
- 아시아-태평양지역 국가와의 근접성(예를 들어, 북태평양의 아얀 항에서 한국의 속초 항까지의 거리는 1,700km이다)

2005년까지 사하공화국에 대한 투자는 주로 국가에 의한 직접 투자였다. 현재 이 방식은 점차 지역경제에 대한 의미를 상실하고, 지역의 투자 정

책은 대외 투자 유치로 전환되고 있다. 특히, 기업에 대한 국가의 주식 지분 판매를 통한 투자 유치를 도모하고 있다. 2002-2006년간 사하공화국에서의 투자 분위기는 실질적으로 개선되었다. 2007년 4월 25일 Standard & Poor's는 사하공화국(야쿠티야)에 대한 국가신용등급을 "ruA"에서 "ruA+"로 상향 조정하였다. 동시에 Standard & Poor's는 25억 루블(9천 7백만 달러)에 달하는 사하공화국의 장기 채무에 대한 계획된 변제에 대해 "ruA+"의 등급을 주었다. 2005년도 기본 자산에서 투자액은 442억 루블이었다. 그중 50.5% 이상이 유용광물의 채굴에 투자되었다. 2000년 대비 2005년 투자액 지표는 157.26%였다. 이것은 러시아 평균보다 1.08배 높은 것이다.

2005년 사하공화국(야쿠티야) 주민 기본 자본 투자액은 1인당 4만 6천 5백 루블이었다. 이것은 전 러시아 평균의 1.8배이고, 극동 연방 관구의 1.3배 되는 양이다. 이 지표에 따라 2000년 야쿠티야는 극동 연방 관구에서 1위, 러시아에서 6위를 차지하고, 2005년에는 극동 연방 관구에서 사할린과 추코트에 이어 3위, 러시아에서 10위에 올랐다.

2005년 기본자본에 대한 투자 51.3%는 기업의 고유 자산을 담보로 융자된 것이고, 48.7%는 유치된 자산을 담보로 융자된 것이었다.(비교: 2004년에는 고유자산을 담보로 56.4%, 유치된 자산을 담보로 43.6%).

계속 사업으로 금강석 채굴 광갱 건설에 대한 투자, 탈라칸스크 NGKM의 발전, 석유가스 전의 개발(스레드네보투오빈스크, 스레드네뷰스크), 이렐랴흐 유전의 석유재 가공종합단지 건설, 베르카키트-톰모트-야쿠츠크간 철도 건설, 레나강의 자동차-철도 병합 교량 건설이 있다. 2002-2006년 간 사회간접 자본에 대한 예산상의 투자는 34억 루블에서 1,007억 루블로 증가하였다.

· 외국투자

사하공화국(야쿠티야)는 외국투자액 면에서 극동연방관구에서 (사할린

주 다음으로) 안정적 2위를 차지하고 있다. 2005년 총액에 의하면, 외국투자 총액은 6억 6천 6백만 1천 달러이다.

외국투자 총액 중 91.8%가 비철금속에 투자되고, 8.1%가 귀금속 산업에 주어졌다. 외국투자 구조는 신용 투자 비중이 90%이고, 직접 투자는 3.5%이다. 주요 투자자는 룩셈부르크, 미국이다. 주요 투자처는 미르니 지역으로 85% 이상을 차지한다. 사하공화국의 기업에 의한 투자는 대부분 생산시설과 공장의 현대화와 확대에 주어졌다. 예를 들어, 주식회사 "Sakhaolovo"(주석)는 광석 채굴과 재가공 시설의 혁신을 위해 3년 만기로 3백만 달러를 대출받았다. 다이아몬드 원석 채굴회사인 "ALROSA"도 상당한 투자를 유치하였다. 앞으로 외국투자의 대부분은 석유가스전 종합개발에 주어질 것이다.

2004-2005년 지역총생산량과 투자의 분야별 구조는 상당히 균형을 이루고 있어 일정 분야로의 쏠림은 나타나지 않고 있다. 투자 흐름의 집중성은 해당 분야에서의 지역총생산량에 상응한다. 예외적인 분야로는 농업과 임업, 무역과 공공급식 부분이지만. 이들 분야가 차지하는 지역생산량의 비중은 높지 않다.

야쿠티야 지역에서 실현되는 투자 활동의 법적 기반은 투자 활동 분야에 대한 연방 및 공화국 법률에 근거한다. 사하공화국(야쿠티야)의 법 "사하공화국(야쿠티야)에서의 투자 활동에 관해"는 사하공화국 경제에 대한 투자 유치, 국가의 보장과 투자자 권리 보호, 동시에 투자 프로젝트 실현 과정에서 투자자에 대한 국가적 재정 지원의 제공 조건에 관한 정의를 담고 있다.

유용광물 자원의 비중

러시아와 극동지역(괄호 안)에서 사하공화국(야쿠티야)의 유용광물 자원이 차지하는 비중:

다이아몬드: 82% (100%),
석탄: 5% (46.6%),
주석: 28% (36%),
아연: 0.1% (2.9%),
텅스텐: 5% (22%),
수은: 7.9% (12.5%),
금: 17.2% (30%),
철광: 6.2% (79%),
안티몬: 81.5% (96.1%),
연: 0.4% (5.1%),
은: 3% (8%),
우라늄: 61% (100%)

5. 삼림산업과 건설

벌목장에서

극동과 바이칼 지역에서 사하공화국은 벌목 지역에 관해 50% 이상의 비중을 차지하고 목재 재고량에서 1/3 이상을 점유하고 있다. 야쿠티야는 상당한 삼림자원(약 90억m^3)을 가지고 있으며, 이것은 이 지역의 46%에 해당하는 것이다. 목재의 최대 재고지는 올레크민스크, 알단, 우스티-마이, 렌스크 지역이다. 목재 반제품 생산은 약 60%의 목재 반제품을 제공하는 34개의 목재 가공 기업과 13만 4천m^3의 생산능력을 가진 8개의 목재 가공 공장이 맡고 있다. 이 부문의 기업들은 실질적으로 완전히 주식회사화 되어 있다. 건설 용량은 고유의 건설 자재 생산 능력에 달려 있다. 이 부문에서는 2천명 이상의 직원을 가진 37개의 공장이 가동되고 있다. 2005년에는 자재 생산이 11억 루블에 이른다. 건설 수요를 충족하기 위해 다양한 품종의 제품이 생산되고 있다. 주로 이것은 세멘트(25만 4천 톤), 내외벽 벽돌 재료(2천 7백만 3천 쪽)이다(2005년). 2004년에는 새로운 건자재 공장이 문을 열었다. 사하공화국(야쿠티야)의 삼림산업에서 가장 전망이 밝은 투자 프로젝트는 우스티-마이 울루스의 삼림재가공 기업("벨카친스키 목재회사")이다. 이와 함께 올레크민스크의 제재공장을 리모델링하고, 타바긴 삼림회사를 기반으로 한 목재가공기술을 현대화하는 것이다.

6. 수송체계

사하공화국의 지역총생산량에서 수송이 차지하는 비중은 4.4%이다. 연간 화물 수송량은 4,000만 톤 이상이고, 승객 수송은 약 8,000만 명에 이른다. 화물의 기본 물량은 주로 하천을 이용하여 수송되는데, 이것은 짧은 하절기에만 가능하다. 그러나 그 비중은 화물 수송에서 약 60%를 차지한다.

2004년 사하공화국 정부는 사하공화국(야쿠티야)의 발전을 위한 수송전략을 확정하였다. 이것은 러시아의 수송전략을 기본으로 하고 있으며, 2020년까지 단계적 실현을 위한 구체적 정책과 방향을 정의하는 것이다.

수송 체계를 발전시키기 위한 기본적인 전략 방향을 구체화시킨 것은 최근에 채택된 2015년까지 사하공화국의 수송 종합 대책 프로그램이다. 여기서 우선적인 것은 사하공화국의 수송망을 전 러시아 연방 수송체계에 통합시켜 단절 없이 일 년 내내 가동 가능하게 만들고, 체계를 현대화하는 것이다. 사하공화국(야쿠티야) 정부는 "베르카키트-톰모트-야쿠츠크 간의 철도건설 인접 지역의 개발 개념"을 만들고 인준하였다.

베르카키트-톰모트 철도 건설과 석유 채굴산업의 발전, 동 시베리아-나홋카 석유수송관 건설과 관련하여 사하공화국(야쿠티야)에서는 레나 강을

레나 강의 이쿠츠크 항구

이용한 초고속 선박 수송체계를 발전시키기 위한 계획을 세우고 있다.

전 계절 수송망이 완성되면 주민의 90%, 상품과 서비스의 96%를 포함하여 지역의 약 50%가 계절과 상관없는 수송 혜택을 누리게 된다. 이것은 사하공화국 영토의 절반 이상이 계절적 화물 수송의 문제에서 벗어나게 해 주고, 정부와 기업과 주민에게 미치는 손실을 최소화해 줄 것이다. 이에 따라 화물의 수송-물류 체계도 바뀔 것으로 기대된다.

· 하천수송

하천은 사하공화국의 주요 수송로이다. 사하공화국에서 이용 가능한 하천의 연장 길이는 21,800km이다. 그중 이용되는 하천의 길이는 13,600km이다. 이 하천수송은 북해 노선을 통한 해양수송으로 화물 운송을 가능하게 한다. 야쿠티야는 세분화된 하천수송망을 가지고 있다. 이것은 거의 모든 지역을 관류하는 하천망으로서 레나 강을 본선으로 하여 지류인 알단 강과 빌류이 강에 연결되어 있다. 북부 지역에는 올레뇨크 강, 야나 강, 인디기르카 강, 콜리마 강이 흐른다. 해양 수송은 12개의 북극 지역 울루스의 수요에 부응한다. 북해 수송로의 특성은 결빙과 항해 기간의 단기성(40-70일)에 있다. 이것은 특수 기술 장비, 특수한 항해 조직(쇄빙선과 결빙된 바다에서 항행 가능한 선박 건조, 결빙 상황 조사를 위한 항공대, 특수 기상관측대 조직, 항해 추적 장치의 설치 등)을 선결조건으로 한다.

레나 강의 겨울 수송

최근 연방 예산으로부터의 재정적 지원이 부족하여 레나, 빌류이, 알단, 야나, 인디기르카, 콜리마, 아나바르 강을 통한 수송 능력이 감소되었다. 수심은 선박 수송의 안전을 보장하는 이전 수준의 70-75%에 불과하다. 이로 인해 북해 항로, 북극해의 서부, 동부 지역으로의 항해의 안전이 보장되지 않는다.

하천수송에서 심각한 문제는 화물 선박과 승객 선박의 노후화이다. 레나 강과 북해 해양과 하천 항구의 수력발전 시설, 바지선 도선장, 하상관리

암가 강의 결빙 고속도로

시설의 상태가 만족스럽지 않아 항해의 안전을 보장하기가 어렵다. 이로 인해 선박 항해가 어려워 연안 지역의 수송 능력과 선박의 통행 능력에 막대한 손실을 입고 있다.

· 자동차수송

공화국 내의 자동차 도로망은 30,000km가 넘는다. 그중 절반 이상이 계절적 도로이다. 그 길이는 21,800km에 달하며, 총 사용도로의 65%에 해당된다. 포장도로는 7,600km이다. 사하공화국에 특징적인 것은 자동차 도로망이 취약하고, 일부 도로들은 지역적으로 고립되어 있으며, 대신 관용 도로망이 발달되어 이것이 실질적으로 전체 이용 자동차 도로망의 기능을 수행하고 있다. 포장된 도로로 연결되는 수송망은 34개 울루스 중 16개 울루스에만 있다. 북극 지역까지 포함한 모든 자동차 도로망은 실제로는 연중 8개월까지 이용 가능하다. 항해가 가능해지는 하절기에는 2-3개월만 이용할 수 있는 결빙도로이다. 결빙도로는 하천이 결빙되는 동절기에 수송로로 이용되는 하천도로를 말한다. 결빙된 하천 위에 도로를 개설하는 것은 연중 보수가 필요한 일반 도로 보다 자본과 시간을 요하지 않는다. 경제적인 잇점 외에 겨울용 자동차도로는 환경적 장점도 가지고 있다. 결빙도로는 동토대의 주변 환경에 심각한 훼손을 가져오지 않는다. 이러한 도로의 연장선은 몇 백 km(아스마-산가르 간 310km)에서부터 몇 천 km에 달한다. 예를 들어 미르니-우다치니-사스클라흐(1,364km), 한디가-바타가이-우스티-쿠이가(1,262km)가 있다. 야쿠티야에서 주요 간선도로로는 "레나 노선"(볼쇼이 네베르-야쿠츠크), "콜리마 노선"(야쿠츠크-마가단), "빌류이 노선"(야쿠츠크-뉴르바-미르니), "암가 노선"(야쿠츠크-암가-우스티 -마야-유고레녹)이 있다. 2005년에 자동차 도로 거점망의 제1단계가 완성되었다. "빌류이" 노선과 연방 관할 자동차 도로 "콜리마" 노선(도강, 교량, 79km의 비포장도로는 제외하고)에서 비포장도로가 없어졌다. 극동관구의 다른 지역들과의 간선 도로와 연결하는 문제는 기본적으로 연방 관할 도로인 "레나"노선을 통해 해결하고 있다.

사하공화국의 현대적 도로망을 발전시키는 문제는 도로의 간선망 건설과 관련이 있다. 야쿠츠크-볼쇼이 네베르-야쿠츠크 -빌류이스크-미르니, 야쿠츠크-한디가-마가단, 야쿠츠크-암가 -우스티-마야-넬칸 선은 하바롭스크 주를 통해 아얀 항까지 진출한다. 현재는 사하공화국 차원에서 자동차 도로를 건설하고 있다. 이것은 니즈니 베스탸흐-암가-우스티-마야, 야쿠츠크-남츠, 야쿠츠크-산가르, 야쿠츠크-포크롭스크-올레크민스크, 칸갈라스-보로곤츠를 연결하는 일반도로와 올레크민스크-렌스크, 올레크민스크-순타르를 연결하는 결빙 자동차 도로이다. 사하공화국(야쿠티야)의 지방도로 "암가"와 "아나바르"는 연방적 차원으로 격상시키기로 결정하고 지역간 연결망을 구성하고 있다.

북부 지역의 산업과 경제를 발전시키는 데에 수송 체계의 발전이 갖는 의미는 특별하다. 이 때문에 일부 도로들에는 법적으로 연방 관할 도로로서의 자격을 부여하고 있다. 가장 중요한 자동차 도로인 "빌류이" 노선은 계속 건설 중에 있다. 이것은 미르니-우스티-쿠트의 자동차 결빙도로를 통해 고르니, 빌류이스크, 베르흐니빌류이스크, 뉴르빈스크, 순타르스크, 미르닌스크 울루스의 자동차 도로망과 연결되고, 이르쿠츠크 주의 도로망에 연결된다.

· 항공수송

항공수송은 사하공화국(야쿠티야)에서 아무런 장애 없이 일 년 내내 승객을 수송할 수 있는 기본적인 교통수단이다. 항공이 차지하는 승객 운송 비중은 65% 이상이다. 항공은 실질적으로 국제 및 지역 간 교통의 핵심으로서 원거리 승객 수송뿐만 아니라 지역내 및 지역간 화물 수송에서 단거리 수송도 책임지고 있다. 러시아의 중부 지역과 연결하는 최대 공항으로서 야쿠츠크 공항은 모스크바, 상크트-페테르스부르그, 노보시비르스크, 크라스노야르스크, 이르쿠츠크, 하바롭스크, 마가단 및 다른 도시들과 연결되어 있고, 동시에 13개국으로 나가는 국제공항으로서의 역할도 하고 있다. 연방 관할의 틱시 공항은 고위도 노선의 항공 기지 역할을 하고 있다.

사하공화국 내에는 국가 관할의 공항 3개(야쿠츠크, 틱시, 초쿠르다흐), 지역항공 노선의 활주로 35개, 195개의 승차장이 있다. 인공건물이 있는 항공착륙장은 9개 공항으로 야쿠츠크, 미르니, 틱시, 초쿠르다흐, 체르스크, 빌류이스크, 출만, 알단, 폴랴르니이다. 11개 공항과 승객용 건물은 이미 11-15년 전에 건설되었다. 틱시 공항은 공군과 연방 경비항공대와 공동으로 사용하고 있다. 대부분의 공항들은 현재 위기 상황에 있거나 폐쇄 직전에 처해 있다. 가까운 미래에 일련의 공항들이 폐쇄될 예정이고, 동시에 16개 공항이 재건축될 것이다. 그중 8개는 새로운 건물과 시설이 들어서게 될 것이다.

· 철도수송

사하공화국 내의 철도망은 사하공화국의 경계에서부터 네륭그리까지 총 연장 165km, 베르카키트-톰모트 간 철로 360km로 구성되어 있다. 이를 통해 정기적인 승객 수송이 이루어지고 있다. 이 철도망은 지역의 경제적 발전에 대한 긍정적 지표이다. 사하공화국의 2대 지역인 네륭그리와 알단은 화물과 자원이 공급되는 시발점이다. 현재 철로를 이용하는 주요 수송품은 석탄 약 900만 톤, 석유 제품 24만-25만 톤, 공업 및 식료 제품 60만-70만 톤이다.

톰모트-케르뎀 간 철도 노선의 제2기 부설 공사가 빠른 속도로 진행되고 있다. 러시아의 철도망에 연결되는 아무르-야쿠츠크 간선철도의 일부인 네륭그리-톰모트 부분이 단계적으로 개통되고 있으며, 동시에 알단, 베르카키트, 톰모트, 네륭그리의 승객 및 화물용 정거장이 운영되고 있다. 궁

극적으로 야쿠츠크까지 철도망이 연결되면 공화국, 특히 중부 지역 울루스의 수송에 일대 변화를 가져올 것이다. 야쿠츠크까지의 화물 수송이 철도망으로 이루어진다는 것은 하천 교통에 의한 화물 수송을 줄이고 자동차수송량을 증대시키고, 부분적으로는 항공수송량의 증가를 가져올 것이다. 이 시점까지 레나 강 우측 강변에는 화물 재처리 시설이 준공될 것이다. 동시에 자동차 노선이 연중 가동될 것이다. 이러한 노선으로는 야쿠츠크-빌류이스크-미르니, 야쿠츠크-한디가-마가단, 야쿠츠크-암가-야쿠츠크-베르호얀스크 노선을 포함한다.

사하공화국의 철도수송 발전의 기본 방향은 새로운 철도망을 건설하는 것이다. 그것은 탄화수소, 석탄, 철광, 티타늄, 다품종 광석, 금광석 지층이 있는 지역을 지나면서 저개발 지역의 공업 및 자원 개발을 부양할 것이다. 이것은 울랍-엘가의 지선철도, 우스티-쿠트-네파-비팀-렌스크, 하니-올레크민스크의 철도 노선, 야쿠츠크-마가단 방향으로 베르카키트-

동토대에 건설되는 야쿠티야 철도 는 2011년 11월 야쿠츠크까지 연결되었다.

톰모트-야쿠츠크 철도 노선을 연장 건설하는 계획이 수립되어 있다. 경제학자의 계산에 의하면, 사하공화국(야쿠티야)의 수송 체계 발전에 투자되는 1루블은 25루블의 수입 증가를 가져올 것으로 기대되고 있다.

· 도관 수송

도관 수송에는 사하공화국의 관할 하에 3개의 시스템이 있다. 이것은 가스 수송관 마스타흐-베르게-야쿠츠크 선과 중부 가스전으로부터 빌류이스크-렌스크 선, 중부 지역의 석유가스 응축 가스전으로부터 탈라카-비팀 선이다. 이 도관으로 매년 가스 15억㎥, 석유 5만 톤이 수송되고 있다. 마스타흐-베르게-야쿠츠크 가스관은 레나 강 하저를 통해 강 건너 울루스로 가스를 수송하는 노선이다.

사하공화국의 가스 수송 간선 체계의 특성은 중부와 서부 지역으로 이어지는 2개의 하부 지역 망으로 구성되어 있는 점이다. 이 두 도관 체계는 기술적으로 서로 독립적으로 운영되고 있다. 현재는 가스 수송관 4,047km와 석유 수송관 110km가 이용되고 있다.

가스 수송관

· 통신망

공화국의 최대 통신회사는 “사하 텔레콤”으로 산하에 32개 지사를 가지고 있다. 보편적으로 이용되는 전화망에는 466개의 전화국이 가입되어 있다. 그중 180개는 디지털 기지국(ATS)이다. 전화망에는 25만 5천 대의 전화가 가입되어 있으며, 그중 82%가 주민의 것이다. 100가족 당 전화 수가 도시에서는 34.5대이고, 농촌에서는 18.6대이다.

VSAT 기술을 이용한 위성 시스템을 통한 디지털 장비는 어떠한 지역에서라도 높은 질의 연결을 보장하고, IP-전화, 웹-호스팅, 전화 가입자에 대한 서비스, 이동전화 서비스 및 멀티미디어 부가시설을 통해 화상회의, 원격 의료, 원격 교육 등과 같은 지적 서비스를 완벽하게 제공한다. 모든 울루스의 기지국에는 인터넷과 자료 송신을 위한 네트웍을 신속하게 접속할 수 있는 시설이 갖추어져 있다. 사하공화국 주민 10명 당 1명, 야쿠츠크 시 주민 2명 당 1명이 이동전화 가입자이고 최대 이동전화망 회사로는 “MTS”와 “메가폰”의 서비스를 제공하고 있다.

· 텔레비전과 라디오망

텔레비전과 라디오 방송 프로그램을 전송하기 위해 76개의 위성 텔레비전 기지국이 있고, 538개의 위성 전화 채널이 운영되고 있다. 주민의 제1채널 텔레비전 방송 프로그램 수신은 100%에 달하고, 라디오 방송은 90%에 달한다. 유선 TV 방송 서비스는 “헬리오스 망”이 제공하고 있다. 우편망은 421개 회사가 담당하고 있으며, 그중 325개가 농촌 지역에 있다.

2007-2011년 사하공화국(야쿠티야)의 수송 분야 현실화를 위한 우선 투자 계획

· 자동차 도로 건설 계획:

- 레나 노선: 볼쇼이 네베르-야쿠츠크(2015년까지)
- 콜리마 노선: 야쿠츠크-한디가-우스티-네라-마가단(2008년까지)

- 빌류이 노선: 야쿠츠크–빌류이스크–미르니–우스티–쿠트–툴룬(2012년까지)
- 렌스크–올레크민스크–알단
- M. 님니르–칸쿤스키–칸쿤스키 수력발전소 (2012년까지)
- 톰모트–엘콘스크(2012년까지)
- 라즈빌카–네즈다닌스코예(2009년까지)
- 자동차 결빙도로: 우스티–쿠이가–큐추스(2011년까지)
- 암가 노선: 야쿠츠크–암가–우스티–마야–엘디칸–유고레녹–아얀(2015년까지)
- 코뱌이 노선: 아스마–뱌스–큐엘–코뱌이–산가르(2015년까지)
- 야나 노선: 토폴리노예–바타가이–우스티–쿠이가–데푸타츠키–벨라야고라(2022년까지)

항공 기업

사하공화국에서 활동하는 항공 기업에는 20개 기업이 있다.

- 미르니 항공회사 “ALROSA”는 항공회사와 7개의 공항을 가지고 있다.

동토 지대의 철도 부설 공사 현장

–4개 항공회사("야쿠티야", "북극항공", "Ilin", "델타–K")
–"북동 시베리아 항공"의 자회사
–사하공화국(야쿠티야) 공항 이사회
–6개 공항 기업
 · "야쿠츠크 공항(연방 관할 공항)
 · "틱시 공항"(연방 관할 공항)
 · "지간스크 공항"
–"야쿠츠크 항공 기술학교"
–항공 업무 서비스를 위한 12개 기업

5개 기업이 사하공화국의 항공수송 활동을 담당하고 있으며, 그중 2개는 국영기업으로 지역 간 항공회사 "야쿠티야"와 지역 내 항공회사 "북극항공"이다. 주요 항공회사로는 "야쿠티야"와 "ALROSA"가 있다.

사하공화국(야쿠티야) 수송 분야의 현실화를 위한 우선 투자 계획

· 철도 건설 계획:
 – 베르카키트–톰모트–야쿠츠크: 레나 강을 따라 야쿠츠크에 이르는 철도–자동차 병행 노선(2012년까지 건설 완공)
 – 야쿠츠크–마가단(2019년까지)
 – 우스티–쿠트–네파–렌스크(2019년까지)
 – 톰모트 역–엘콘스크(2012년까지)
 – 코사렙스키–셀리그닥스크(2012년까지)
 – 타예즈나야 역–타예즈니 GOK(2010년까지)
 – 이카비예칸 역–타른나흐스크 GOK(2013년까지)
 – 출바스–이나글린스카야(2010년까지)
 – 하니–올레크민스크(2017년까지)
 – 울락–엘가(2013년까지)

7. 공업

사하공화국(야쿠티야)는 광공업과 연료에너지 산업을 바탕으로 하는 농공업 국가이다. 2005년 사하공화국의 지역총생산량 구조에서 공업 분야는 40% 이상을 차지하였다. 공업 문야의 주도적 분야는 다이아몬드 채굴을 포함한 비철금속(60% 이상)이다. 사하공화국의 기본 자산은 다이아몬드, 금, 석유, 가스, 석탄, 주석, 안티몬, 철, 비철, 희귀금속 등 천연자원에 집중되어 있다. 사하공화국은 러시아 다이아몬드 채굴량의 90%을 공급하며, 이것은 전 세계의 절반에 이른다.

러시아 석탄 보유량의 40% 이상이 야쿠티야에 매장되어 있다. 현재 44개의 광구에서 석탄이 채굴되고 있으며, 전체적인 평균 재고량은 약 96억 톤에 이른다.

금 재고량은 러시아 전체의 20% 이상에 달한다. 주석은 재고량이 러시아 전체의 50%이며, 채굴량은 40%로서 야쿠티야가 러시아 연방에서 1위이다. 안티몬의 예상 재고량은 전 러시아의 90% 이상을 차지한다.

사하공화국(야쿠티야)의 문제는 넓은 영토에 비해 부족한 인구로 인해 관리가 어렵다는 점이다. 인구밀도는 0.3명이다. 이에 따라 아직도 발길이 닿지 않은 미답의 영토가 더 많은 실정이다. 주민이 산재해 있어 효율적인 주민망을 건설하는 것이 불가능할 정도이다. 도로나 통신과 같은 사회간접자본시설도 턱없이 부족하며, 건설비도 기후 조건으로 인해 다른 지역보다 훨씬 많이 소요된다. 이런 요인으로 인해 공간적 개발이 부족하지만, 최근 연방정부의 상당한 지원으로 공화국 정부는 공업 기반 시설 확대에 힘쓰고 있다.

사하공화국 정부는 "2020년까지 사하공화국(야쿠티야) 공업력, 수송 및 에너지의 종합 발전 계획"을 수립하여 추진하고 있다. 2011년 8월에는 연방정부와 공동으로 북동부 시베리아 개발을 위한 국제회의를 야쿠츠크에서 개최한 바 있다. 이 계획에 따르면 2020년까지 철도수송로를 북태평양 연안의 마가단까지 연결하고, 이 지역의 석유와 천연가스를 개발한다는 것이다. 그리고 지역총생산량의 연평균 성장 속도를 5-6% 규모로 유지하여 2020년까지 추진한다는 것이다.

· 다이아몬드-귀금속 복합산업

사하공화국 공업 발전의 엔진은 다이아몬드를 중심으로 하는 귀금속 복합산업이다. 사하공화국에서 다이아몬드 광산이 발견된 것은 1940년대였지만, 본격적으로 산업화된 것은 사하공화국이 자치공화국이 된 1990년대 초였다.

다이아몬드-귀금속 복합산업에는 야쿠티아 서부 지역에 집중되어 있는 금강석 채굴산업 이외에 공화국 전역에 산재되어 있는 금강석 채굴과 연마, 귀금속 가공 산업, 유색원석 가공 산업을 포함하는 것이다.

귀금속 기업들은 주로 금(95% 이상)과 은 및 백금 제품을 생산한다. 최대의 귀금속 기업으로는 "알단 졸로토", "졸로토 야쿠티야", "사하유벨리르"(야쿠츠크)가 있으며, 전 생산량의 80% 이상을 이들 기업이 차지한다. 2003년 뉴르바와 한드가(탐폰 지역)에 2개의 귀금속 공장이 더 들어섰다. 최근 이 기업들의 생산량은 약 70억 루블(약 2,800억 원)에 이른다.

8. 남 야쿠티야의 종합 발전

사하공화국에서 앞으로 가장 활발하게 개발될 지역은 남 야쿠티야이다. 첫 번째 주요 프로젝트는 남 야쿠티야를 관통하는 동 시베리아-태평양 송유관의 건설이다. 이 노선을 따라 주요 가스 수송관도 건설될 것이다. 남 야쿠티야 발전의 기본 시설로서 이미 베르카키트-톰모트-야쿠츠크 노선의 철도가 부설되었다. 2007년 여름 제11차 상크트 페테르부르그 국제 포럼에서 "남 야쿠티야 종합 발전" 프로젝트가 러시아 경제개발부 투자선정 위원회의 승인을 받은 바 있다. 이에 따라 러시아 투자기금 예산안에는 66억 루블이 책정되었다. "남 야쿠티야 종합 발전" 프로젝트는 러시아 연방의 동부지역에서 가장 큰 규모의 민관 협력 사업이다. 이것은 야쿠티야에서 가장 큰 규모의 공업단지를 조성하는 것을 목표로 하고 있다.

국가 차원에서 주요 사회간접자본을 개발하기로 결의함에 따라 남 야쿠티야는 극동 전체 지역의 사회간접자본 개발의 중심축이 될 것이다. 남 야쿠티야 지역에는 철도, 고속도로, 송유관, 가스관이 부설될 것이다. 5개의 자동차 도로, 6개의 철도 지선이 건설되고, 이의 총 연장선은 2,691km(총 투자액 5,660만 루블, 23억 원 상당)에 이를 것이다. 이와 함께 엘가 탄광, 셀리그다르 인회석광, 알단 금광, 그 밖의 다른 철광과 삼림자원의 개발이 가속화될 것이다.

야쿠티야의 수력발전소

맘모스와
다이아몬드와
착한 사람들의 나라

야쿠티야

VII

사하의 꿈

• 위기의 순간

1999년 6월 말 러시아 사하공화국 야쿠츠크에 가기 위해 블라디보스톡 행 비행기를 타면서 "이제 이것이 마지막이 될 지도 모르겠구나!"하는 비장감이 마음을 눌렀다. 1994년에 세운 사하-한국학교의 이름을 "동방학교"로 바꾸고 중국어 학교로 만들려 한다는 소식이 들렸기 때문이었다. 지난 5년의 노력이 모두 물거품이 되고 말 것인가 가슴이 답답했다. 대학생 봉사단이 함께 비행기에 올랐다. 학생 아이들은 아무 사정도 모르고 러시아에 대한 설렘으로 다들 상기되어 있었다.

블라디보스톡 공항에서 7시간 정도를 기다렸다 저녁 무렵 야쿠츠크 행 비행기를 갈아탔다. 아직도 소비에트 시대의 때를 벗지 못한 시기라 공항은 지저분하고 불친절하였다. 무엇보다도 물품 검사가 지치게 만들었다. 학생들은 태평양-아시아협회에서 파견하는 청년봉사단이다. 그래서 봉사 활동에 쓸 물건들이 많았다. 아직 러시아에서 생필품이 부족한 때라 라면, 밑반찬뿐만 아니라 3주 동안 쓸 휴지까지 들고 가던 때였다. 게다가 태권도 팀에 필요한 도구들과 현지 아이들에게 줄 선물, 사하-한국학교에 줄 학용품과 프린터 등 25명의 아이들에게 허용되는 무게를 도저히 맞출 수가 없었다. 세관에서는 어떻게든 세금을 받아내려 선물을 인정하지 않았다. 검색대에서는 무게를 트집잡았다. 매년 같은 일이 반복되지만 요령껏 싸워 피해를 최소화할 수 밖에 없었다. 더구나 팀원 가운데 노어를 아는 애들이 별로 없거나 있더라도 큰 도움이 되지 않으니 러시아 관원들과의 기싸움은 나의 몫이었다. 페페스트로이카와 글라스노스티 덕분에 러시아가 변화의 길로 들어섰지만, 블라디보스톡은 모스크바에서 너무나 먼 곳이어 빠른 변화를 기대하는 것은 일종의 사치였다. 지난 18년간 그런 과정을 거치면서 나아지는 러시아를 체험하고 이해할 수 있게 된 것은 다행이었다.

새벽 1시 야쿠츠크 공항에 내리니 기다려야 할 사하-한국학교 교장은 보이지 않았다. 몸이 아파 요양하러 다른 곳에 갔다고 했다. 그것은 핑계였다. 무언가 좋지 않은 일이 벌어지고 있는 게 틀림없었다.

교장은 학교에 없었다. 며칠이 지나도 나타나지 않았다. 학교 이름을 바꾸려는 음모는 확실히 진행되고 있다는 소문도 들렸다. 선생들은 동요하고 있었다. 사하-한국학교 개교를 주도했던 교육부 장관을 만났다. 당시 교육부 장관은 예브게니야 미하일로바 박사였다. 장관에게 조심스럽게 교장 교체를 건의했다. 근거를 적어 달라고 하였다. 그날 저녁 호텔 방에 앉아 근거를 작성했다. A4 용지 5장 정도가 되었다.

다음 날 장관이 회의를 소집하였다. 시 교육감, 교육부 국장 둘, 교장이 왔다. 장관은 내가 작성한 근거를 바탕으로 조목조목 심문하였다. 국장 하나가 나를 공격하였다. 왜 외국인이 남의 나라 인사에 간섭하느냐고. 그 사람도 사하-한국학교 간판을 동방학교로 바꾸는 음모에 동참한 게 틀림없었다. 당시 나를 앞장서 공격하던 그 사람이 지금은 다시 내 도움을 필요로 하는 위치에 와 있다. 차분히 대답하였다. 간섭할 생각이 없다고. 다만 장관이 요청한 사항에 대해 답을 드렸을 뿐이라고. 사하-한국학교를 지키려는 것은 사하-한국학교 학생들 때문이라고. 이 아이들이 나를 바라보는 눈길, 아이들의 장래, 나는 그것을 외면할 수 없을 뿐이라고 하였다. 논란

사하-한국학교 설립을 청원한 고려인들과 PTP 중앙챕터 임원들(왼쪽 세 사람)

이 끝난 다음 장관은 나에게 나가 있어 달라고 하였다.

밖에 나오니 아나톨리 세묘노비치 씨가 기다리고 있었다. 장관의 남편이지만, 나와는 친구로 지냈다. 아주 소탈하고 솔직 담백한 사람이었다. 전직 헬리콥터 조종사로 전역을 하여 조그만 사업체를 운영하고 사냥이나 낚시를 하며 인생을 즐기는 사람이었다. 교외의 다차로 차를 몰았다. 러시아에는 어느 도시나 교외에 별장 같은 다차가 있다. 고급 다차들이 모여 있는 곳이었다. 바베큐가 준비되고 있었다. 이웃에 사는 아르메니아 사업가도 동석하였다. 조금 있으니 장관이 왔다. 지나가면서 슬쩍 귀띔을 한다. 체육학교로 전출시키기로 했다고. 가슴을 쓸어내렸다. 아직은 야쿠츠크에 다시 올 명분이 남아 있게 되었다.

그러면 교장을 전출 시킨 근거는 무엇인지 궁금했다. 교장은 고려인이다. 바로 한국인이다. 한국인으로 5년간 한국학교에서 교장으로 일했다. 그런데도 아직 한국어를 한 마디도 못한다. 그것은 무얼 의미하는가? 한국학교에 애정이 없다는 뜻 아닌가? 그러니 한국학교 교장으로는 부적격이다. 교장의 전공은 체육이었다. 자신의 전공인 체육을 살려 체육학교로 가라!

그날 보드카를 몇 잔 마시고 호텔방에 돌아오니 만감이 교차하였다. 감격할 것인가? 울어야 할 것인가? 시베리아 구석까지 와서 내가 하고 있는 일이 정말 옳은가? 낮에 학교에서 나를 반갑게 맞아 주며 인사하던 아이들 얼굴이 떠올랐다. 야쿠츠크는 나를 아직 필요로 하고 있다. 앞으로 사하를 위해, 사하–한국학교를 위해 무엇을 할 것인가? 그날 밤 깊이 잠에 들 수가 없었다.

사하–한국학교와의 인연은 운명이었다. 사하 사람들과의 첫 대면이 떠올랐다.

• 사하와의 첫 인연

미하일로바 박사의 현재 직함은 북동연방대학교 총장이다. 1993년 선거를 통해 교육감으로 재선되어 신생 사하공화국에서 야쿠츠크 시의 교육 개혁을 주도하였다. 그 일환으로 영재학교 프로그램을 추진하였다. 그렇게 해서 사하–한국학교도 개교하게 되었다.

미하일로바 교육감이 취임하자 몇 분의 고려인 원로들이 교육감에게 면담을 신청하였다. 그 자리에서 모든 민족이 자기네 말을 배우고 자기네 말을 쓰는데 한국인 아이들은 자기 말도 배울 곳이 없으니 이는 불공평한 처사가 아니냐고 항의 겸 호소하였다. 이 청원을 받아들여 사하–한국학교 개교를 추진하게 되었다고 미하일로바 교육감은 얘기하곤 한다.

마침 이때 1994년 초 한국의 모 대학교 민속학 교수 한 분이 야쿠츠크에 민속자료 수집차 방문하였다. 미하일로바 교육감의 계획을 들은 이 교수는 아주 시원한 약속을 하였다. 자기네 대학교가 돈 많은 대학교이니 지원해 주겠다고. 그에 대한 호의로 이 교수는 엄청나게 많은 선물을 받았다. 지금은 구할 수도, 살 수도 없는 민속자료들을 2톤 정도 받아 반은 블라디보스톡 세관에서 압류당하고 나머지는 가져 왔다고 한다. 그래도 그 물건들은 박물관 하나를 만들 정도가 충분히 되어 지금 그 대학교에는 야쿠트 박물관이 있다.

이 분의 약속을 믿은 사하 사람들 넷이 그 해 6월 서울에 왔다. 이 사람들은 자기들에게 큰 약속을 한 민속학자에게 전화를 걸었다. 무슨 이유에서인지 전혀 연락이 되지 않았다. 큰 낭패를 겪게 된 이 사람들은 수소문 끝에 외대에 노어과가 있다는 말을 듣고 무작정 학과 사무실로 전화를 걸었다. 때마침 학과장이었던 나는 막 퇴근을 서두르고 있던 참이었다.

운명이란 바로 그런 것이리라. 전화를 받은 나는 어리둥절했다. 사하가 어디인지, 야쿠츠크가 어디인지 비로소 지도를 찾아보았다. 도와달라는 말에 그냥 우리 학교로 오십사고 밖엔 말할 수 없었다. 처음 보는 그 분들을 만나 자초지종을 들었다. 수교가 된지 얼마 안 된 당시 한국과 러시아 사이에는 웃지못할 에피소드가 많이 벌어지던 때였다.

1989년 페테르부르그(당시 레닌그라드) 일이 생각났다. 당시 한국슬라브학회 총무이던 나는 러시아 학술원에 편지를 보냈다. 학문적 교류를 위해 방문하고 싶으니 초청해 줄 수 있느냐고. 큰 기대도 하지 않고 보냈다. 그런데 초청장이 왔다. 그때는 비자를 일본에서 받아야 했다. 일본에서 공부하고 있던 후배 배대화 교수(경남대)에게 부탁을 해서 비자를 대신 받을 수 있었다. 그 해 12월 5일 나리타 공항을 거쳐 브리티시 에어라인을 타고 모스크바 세레메티예보 공항에 내렸다. 하얗게 눈덮인 공항을 빠져 나오며 설레던 감정은 지금도 잊혀지지 않는다. 공항엔 라브샨이라는 사람이 나와 있었다. 우즈베크 사람으로 러시아 문학 전공자였다. 지금은 없어진 악탸브리스카야 거리의 학술원 호텔로 안내했다. 아침에 선잠을 깨고 창으로 내다보던 모스크바 거리는 잘 정돈된 설경이었다. 2주일 있으면서 내가 가고 싶은 곳은 다 데려다 주었다. 레닌그라드에도 갔다. 그곳에서 고려인들 모임에 초대되었다. 모임 후 나를 앞에 세우고 청문회 같은 일이 벌어졌다. 한 노인이 일어나 노어로 격하게 항의했다. 너희들이 우리가 겪은 고초를 조금이라도 아느냐? 얼마 전 여수의 무슨 클럽 회장이 와서 이런저런 약속을 하고 가더니 연락 한 번 없더라고 목청을 세웠다. 뜸을 들인 후 차근차근 우리의 입장을 설명했다. 우리도 한국전쟁 통에 수백만이 죽고, 그 뒤 오늘의 한국이라는 나라를 만들기 위해 밤잠 못 자고 노력했노라고. 그러나 아직 멀었다고. 일본과 한국을 경제적으로 비교하시지 말라고. 경제 규모가 일본이 하늘이라면 우리는 땅 수준이라고. 한국에서도 이제 러시아 동포들을 위해 무엇을 할까 고민 중이라고. 질문마다 성심껏 답변을 하였다. 격앙된 항의를 하던 그 분도 나중엔 자기 논문이라고 수학 저널을 한 권 주셨다. 어떤 화가는 끝내 자기 집으로 데리고 가 그림을 한 점 주었다. 그 화가를 한국에 초청하려고 했지만 성사시키지는 못하였다. 소비에트 시대 사실주의풍의 그림이 국내 화단의 눈길을 끌 수 없었다.

사하에서 온 네 사람을 만나 자초지종을 듣고서 이건 피할 수 없는 길이구나 느꼈다. 그래서 무얼 도와 드리면 되겠습니까하고 물었다. 요구 사항은 많았다. 그중 내가 할 수 있는 일은 한 가지 밖에 없었다. 새로 개교하는 사하-한국학교에 한국어 선생을 보내는 일이었다. 그러나 나도 가보지 않은 미지의 세계, 시베리아 동토 지역에 누굴 보낼 수 있을까? 난감한 일이었다. 그래도 그 마저 못한다 하면 그건 대한민국 사람이 아니라는 생각이 들었다.

사절단으로 오신 분 중에는 청원을 주도한 "손"모라는 노인이 있었다. 이 분은 눈을 감기 전에 아이들이 한국말 하는 것을 보고 싶다고 눈물을 흘렸다. 이 분은 학교 개교 직후 세상을 떠나셨다. 그래도 이 분에게는 평생의 한을 풀었다는 안도감을 품고 돌아가셨을 거라는 생각이 든다. 또 다른 고려인은 '김 겐나지'라는 사람이었다. 이 사람은 교감으로 일하다 교장이 되었다. 5년 뒤 사하-한국학교의 간판을 동방학교로 바꾸고자 하는 무리 중에 이 사람이 들어 있었다.

이들이 떠난 다음 누굴 선생으로 보낼까 하는 문제가 고민이었다. 우선 애들이 간다 해도 부모님은 설득이 될까? 그리고 시작이니까 아무나 보낼 수도 없었다. 노어도 웬만큼 되고, 있을 지도 모르는 돌변 상황을 헤쳐 낼 만한 순발력이나 경험도 있어야 할 것 같았다. 고민하고 있는 중에 우연히 한 학생을 마주쳤다.

"안녕하세요?"
"어, 너 언제 왔니?"

김행근이라는 학생이었다. 쾌활하고 씩씩한 아이였다. 통역대학원에 입학해서 열심히 공부하다 갑자기 1년 만에 사라졌다. 산에 들어갔다는 소문이 들렸다. 그 다음 군대 갔다는 소식이 들렸다. 그러고 처음 우연히 캠퍼스에서 마주친 것이었다.

"너 뭐 할 거니?"
"복학해야죠."
"복학하기 전에 실력 먼저 길러라."
"어떻게요?"
"러시아 야쿠츠크에 한국학교를 세우는데 선생으로 가서 1년 봉사하고 와라."

5주년 기념식: 김지영, 이명재 한국어 선생님(1999.10)

그렇게 해서 김 행근은 나와 같은 운명의 배를 타게 되었다. 그 후 김행근은 사하 프로젝트의 충실한 동반자요 수행자가 되었다. 김 군과 함께 2명의 복학생을 더 뽑아 함께 보냈다.

• 부끄러운 한국인

첫 일 년은 고행의 연속이었다. 우선 민속학 교수가 약속한 지원이 전혀 오지 않았다. 이에 대해 야쿠츠크 시 정부는 몹시 배신감을 느꼈다. 게다가 민속학 교수는 국문학 전공의 자기 제자를 교사로 파견하였다. 그런데 이 학생에게는 월 2,000불의 월급을 약속하였다. 당시 교사 월급은 월 150불을 넘지 않았다. 내가 보낸 학생들은 월 100불을 받았다. 약속한 지원금이 오지 않자 야쿠츠크 시 정부는 민속학 교수가 보낸 선생의 둘째 달 월급을 반 토막 내어 1,000불만 주었다. 적응이 안 되던 이 학생은 이것을 계약 위반이라는 핑계로 즉각 한국으로 돌아와 버리고 말았다. 이 학생은 그곳을 떠나며 인륜에 어긋난 흔적까지 남기었다. 이 일만 생각하면 지금까지 내가 사하를 위해 하는 것은 그저 같은 민족으로서 속죄하는 것에 불과하다는 생각이 든다. 민속학 교수의 제자는 사하–한국학교 여선생 하나를 한국에 데리고 와 아이까지 낳았다. 그리고 7년을 보냈다. 그 사이 여자와 아이를 방치하여 폐인을 만들었다. 여자가 어머니로부터 유산으로 받은 700만 원도 가로채고 반 지하방에서 혼자 살게 하였다. 한국 사회는 범죄가 많다고 하여 바깥출입도 하지 못하게 하였다. 한국말 배울 기회도 주지 않았다. 아들을 낳았다. 자연히 아이는 벙어리나 다름없이 되었다. 7살이 되도록 한국어도, 노어도, 야쿠트 어도 제대로 하지 못하였다. 여자는 배고픔과 외로움에 알콜 중독자가 되었다. 아이는 영양실조로 아프리카 아이처럼 배가 불룩 튀어 나왔다. 도움이라고는 김행근의 아내가 찾아가 푼돈을 주는 것뿐이었다. 김행근도 야쿠트 여자를 아내로 맞이했다 아버지를 설득하느라 내가 주례까지 섰다. 김행근의 아내는 매우 지혜로운 여자였다. 김행근도 책임감이 강한 친구였다. 마침내 김행근은 병든 야쿠트 여자를 어떻게 하면 좋겠느냐고 물었다. 이 여자를 살리는 것은 동정의 차원이 아니라 사하에 대한 책임감이었다. 일단 여자와 아이를 병원에 입원시켜 병을 고치도록 했다. 그런 다음 여자와 아이를 야쿠츠크로 보내라고 했다.

사단은 이들이 몸을 정상으로 추스른 다음에 벌어졌다. 몸이 회복된 엄마와 아이에게 항공표를 사서 공항에 데리고 나갔다. 여기에 아버지도 나왔다. 그런데 출국장에서 문제가 생겼다. 엄마는 불법체류자 신분이고 아이는 무국적자였다. 둘 다 출입국관리법에 저촉된다는 사실을 처음 알게 되었다. 여자는 벌금을 물었다. 그러나 한국 여권도, 러시아 비자도 없는 아이는 데리고 나갈 수가 없었다. 옥신각신 실랑이가 벌어졌다. 순간 여자의 얼굴색이 바뀌었다. 여자는 꼭 잡고 있던 아이의 손을 놓고 출국장 안으로 뛰어 들어 갔다. 아이는 울고불고 하였다. 지금 그 아이는 어디에서 어떻게 사는지 모른다. 아마 지금쯤은 십칠팔 세가 되었을 것이다. 그 아이만 생각하면 가슴이 아프게 저민다.

• 국제전화로 한 수렴청정 1년

다시 사하와의 첫 일 년으로 돌아간다. 민속학 교수에게 배신감을 느끼던 야쿠츠크 시 당국은 자기들도 면피할 궁리를 찾았다. 김행근을 불러 교장을 맡으라고 하였다. 26살 청년 외국인을 사하–한국학교 교장 자리에 강제로 앉혔다. 죽이 되던 밥이 되던 한국 사람이 알아서 하라고. 김행근은 풀이 죽어 국제전화를 하였다.

"교장을 하래요."

당시 러시아의 전화 사정은 좋지 않았다. 국제전화를 하려면 시 청사 내 교육청까지 했다. 당시에는 사하–한국학교에서도 국제전화를 할 만한 사정이 안 되었다. 우체국에서 할 수도 있었지만, 박봉의 월급을 전화비로

쓸 수는 없었다. 1주일에 한 번은 전화가 왔다. 예를 들면, 전화 통화 내용은 대개 이러했다.

"선생님, 학생 아이 하나가 말썽이 심해 퇴학을 시키려 하는데 반대가 심하니 어떻게 하죠?"

"야, 내가 그걸 어떻게 아니? 네가 알아서 해."

문제가 있을 때마다 나에게 전화를 걸어왔다. 대화는 늘 같은 대답으로 끝맺었다.

"네가 알아서 해라."

전화를 끊은 다음 김행근은 시 교육청 담당자에게 이렇게 말하곤 하였다.

"강 교수님 말씀이 학교 발전을 위해서는 이러저러하게 해야 한다고 합니다."

그러면 김행근의 의도에 반대하던 목소리가 잦아들었다. "강 교수님 말씀"이라는 게 무슨 효력이 있었는지는 나도 모른다. 어쨌든 김행근은 그렇게 첫 일 년 동안 학교를 장악하고 교육청의 반대 목소리를 잠재웠다.

그러던 어느 날, 방학이 되기 직전이었다. 김행근의 다급한 목소리가 전화통 너머로 들렸다.

"선생님, 여름에 애들을 서울에 보내야 해요."

"그게 뭔 소리야?"

"시 교육청이 학교를 세우며 학부형들에게 한 약속이래요."

"돈은 누가 내는데?"

"항공료는 시 교육청에서 내고 서울에 도착하면 교수님이 알아서 해 주셔야 해요."

한 마디로 날벼락이었다. 15명을 선발했으니 무조건 받으라는 것이었다. 그때는 나도 러시아와의 경험이 적을 때라 당황스럽기만 하였다. 김행근의 설명을 들으니 시 교육청의 입장도 이해가 되었다. 다만 애들을 3주간 먹고 재우려면 몇 백 만원은 만들어야겠다는 생각이 들었다. 그러나 무슨 수로?

한국외국어대학교에 도움을 청했다. 용인캠퍼스의 기숙사를 쓰면 교통은 다소 불편해도 숙식에 들어갈 돈은 절약할 수 있었다. 그래도 교통비는 만만치 않았다. 더구나 이 아이들은 바다가 없는 곳에서 살아 바다를 보는 것이 소원이라고 하였다. 외대 여름 별장이 대천에 있었다. 그것을 이용해도 거기까지 가는 비용은 어쩌나?

마침 그해 김행근이 사업을 하나 주선한 게 있었다. 사하공화국은 추운 곳이다. 그래서 좋은 보일러가 필수이다. 야쿠츠크의 어떤 사업자가 한국 보일러 구입을 주선해 달라고 하였다. 그런 일에는 분명 커미션이라 불리는 중개 수수료가 있다. 그런데 나나 김행근이는 그런 면에서 세상을 모르기는 마찬가지였다. K보일러 회사에 몇십억 원 어치를 납품하게 해 주었다. 그 대가로 챙긴 것은 아무 것도 없었다. 하계 연수비용을 위해 당장 목돈이 필요하였다. 김행근이 K보일러에 갔다. 조르고 졸라 받아 온 돈이 단 200만 원이었다. 그것은 몇 십억 원에 대한 보상이 아니었다. 그때 심장이 없는 장삿꾼이 어떤 사람들인지 처음 실감 해 보았다.

• 마음이 부자인 사람들

"한국은 파라다이스예요"

하계 연수가 끝나고 블라디보스톡으로 가는 비행기를 기다리던 야쿠트 아이들은 공항에서 울고불고 난리를 피었다.

1995년, 지금과 비교해 보면 당시의 한국은 겨우 후진의 때를 벗고 도약하려던 시기였다. 그러나 당시 러시아는 더 어려웠다. 더구나 시베리아에서만 자란 아이들에게 한국의 모습은 충격이었다. 그때 문화적 충격이란 게 무엇인지 이해하게 되었다. 3주간의 한국 생활은 아이들에게 상상할 수도 없던 행복을 선사했다. 이제 시베리아로 돌아가고 나면 그 행복은 영원히 마지막이 될 지도 모른다. 그런 생각이 아이들을 절망에 가까운 공포로 몰아넣었던 것 같았다.

"왜 한국 사람들은 저렇게 잘 웃지요?"

그들의 눈에 한국인은 행복에 겨워 웃고 사는 사람들로 비쳤다. 초코파이, 달콤한 과자, 편안한 지하철, 높은 빌딩, 에버랜드. 우리에겐 귀한 줄 모르는 것들이 아이들에게는 모두 신기했다.

"여기서 살면 안 되나요?"

아이들은 떼를 썼다. 인솔 교사로 나선 노어과 대학생 아이들은 애들을 일일이 달래야 했다. 김행근의 이마엔 땀이 흘렀다. 지키지 못할 지도 모르는 약속을 해야 했다.

"공부 열심히 해. 내년에 또 오면 되잖아."
"정말요?"

처음엔 또 올 수 있었다. 그러나 그렇게 되면 오는 아이가 또 오게 되어 기회가 한정된다는 문제가 생겼다. 그 다음부터는 2회 이상 오는 걸 막았다. 그랬더니 또 다른 부작용이 생겼다. 열심히 공부해서 선발되어 한국에 왔다간 다음 아이들은 공부해야 하는 동기를 잃어버렸다. 역시 아이들이었다.

연수 첫 2년은 그럭저럭 넘기었다. 시설은 한국외국어대학교 용인캠퍼스 학교 기숙사를 이용할 수 있었다. 그러다 학교 재단 분규로 학교 기숙사를 쓸 수 없게 되었다. 셋째 해가 되는 1997년 처음 모금에 나섰다. 노어를 공부한 대학 선배들에게 도움을 청했다. 그래도 러시아를 조금이라도 공부해 본 사람들은 이런 일에 책임감을 가졌다. 선배이지만 학창 생활을 같이 한

강호정, 김종원, 최규병 선배가 첫 해에 도움을 주었다. 이 선배들은 학교에서 친하게 지내던 분들이어 내 청을 물리치기가 어려웠을 것이다. 그리고 당시 전경련 한-러경제협력센터에 계시던 조중근 상무가 도움을 주셨다. 이 분은 김행근이 소개를 하여 알게 된 분이었다. 언제나 도움을 주시던 고마운 분이다. 첫 해를 문제없이 넘기고 나니 겁이 없어졌다. 모금에 요령도 생겼다. 지금까지 도움을 주신 분들은 100여 분이 넘는다. 사하-한국학교 학생들 여름 연수를 위해 모금을 하는 것은 쉬운 일이 아니었지만, 이 일을 통해 얻은 점도 많았다.

좋은 명분을 위해 산다는 것이 얼마나 중요한 일인가? 또 작은 일이라도 서로 손을 맞잡고 이루어간다는 게 얼마나 귀중한 일인가? 모금을 하는 과정에서 더 많은 동지를 얻게 되고 친구를 얻게 되었다. 당시 청와대 수석을 지내신 강인섭 의원은 많은 분들을 소개해 주시고 지금까지도 멘토와 같은 역할로 지혜를 주시곤 하신다.

그동안 선배, 친구, 후배, 제자들을 많이 괴롭혔다. 전혀 일면식도 없던 분들과 깊은 교감을 이루게 된 것도 사하-한국학교 덕분이었다. 그러면서 세상은 마음이 부자인 사람들에 의해 움직여진다는 것을 경험하게 되었다. 이 책을 쓰기 위해 옛날 만들어 놓은 팜플릿과 앨범을 보면서 그 분들에게 다시 한 번 감사의 마음을 갖게 된다.

사하-한국학교 학생들의 하계 연수

• 한국에서 온 독재자 교장

사하-한국학교 개교 1년 동안 그럭저럭 학교를 안정시키고, 연수도 성공적으로 마쳤다. 1995년 2월에는 니콜라예프 초대 대통령이 처음 한국을 방문하였다. 사절단 편에 국제교육진흥원에서 구한 교재 800권을 보냈다. 그해 6월 야쿠츠크 시 교육청의 초청을 받았다. 당시 야쿠츠크는 아직 뒤틀어진 목재집이 대부분이고 제대로 된 콘크리트 건물은 정부와 관련있는 것뿐이었다. 깨끗한 호텔이 하나 있었다. 5층 건물이었다. 1993년 오스트리아 회사가 지었다고 했다. 이름이 "트근 다르한". 당시는 대통령 호텔이라고 불렀다. 지금은 이것보다 더 큰 호텔이 있지만, 아직도 정부 관리들은 이 호텔을 더 선호한다.

학교에 가니 학부모, 교사들이 교실에서 기다리고 있었다. 참으로 어색했다. 당황스럽기도 했다. 따지고 보면 이 학교는 사하 공화국의 공립학교다. 모든 재정이 시 정부에서 나오는 것이다. 그런데 나를 마치 사립학교 이사장님 모시듯 하니 내심 어리둥절하였다. 그런 나를 김행근이 알아차리고 이리저리 설명과 함께 주문한다. 김행근은 매우 능력있고 빈틈없는 친구였다. 그래서 잔소리도 많다. 지금까지도 나에게 잔소리를 해대는 사람은 나의 아내 말고는 이 친구가 유일하다. 심지어는 학부모들 앞에서 내가 읽을 연설 초안이라고 알아서 작성해 들이민다. 참으로 고맙고 영리한 참모다. 그러나 판에 박듯 읽는 것은 내 스타일이 아니다. 아무튼 나와 김행근은 지난 18년간 이런 식으로 어긋나면서도 죽이 맞는 콤비처럼 일해 왔다. 김행근은 넘치는 열정과 책임감으로 항상 최선을 다 하였다.

인사가 끝나자마자 선생들의 비판과 넋두리가 시작되었다. 요점은 김행근 교장이 독재자라는 것이었다. 학부형들은 대체로 교장 편이었다. 그러니까 학교가 좋아졌다는 것이었다.

선생 한 사람이 교장과 관련한 에피소드를 전하였다. 선생이 아파서 결근하겠다고 하니까 교장이 전화를 해 결근하면 안 된다는 것이었다. "죽더라도 학교에 와서 죽으시오!”라고 소리를 질렀다는 것이다.

이런 말은 도저히 용납이 안 되는 말이었다. 그야말로 스캔들 감이었다.

나는 물었다. 어떤 학교를 원하는지? 좋은 학교? 그건 공짜로 얻어지는 것이 아니다. 한국이 경제 발전을 이루고 지금 잘 산다고 생각하는가? 그 힘이 어디서 나오는 줄 아는가? 김행근 교장의 학교 운영 방식이 바로 한국식이다. 그 순간 나는 무너져 가기 시작하는 우리 한국식 교육을 속으로 생각했다. 우리는 버리려 하는데 나는 시베리아에서 그걸 발전의 추동력으로 강요하고 있는가? 그러나 나는 이 점에 대해 가책을 느끼지 않는다. 학교는 학교다워야 하고, 교사는 교사다워야 하듯 학생은 학생다워야 한다고 믿는다. 오히려 요즈음 우리나라에서 마치 이상적인 것처럼 추진하고자 하는 교육 개혁이라는 것이 학교를 망치고 교사를 망치고 학생을 망치고 있는 것은 아닌가? 물론 엄하거나 체벌이 있어야 한다는 건 아니다. 문제는 사랑이다. 사랑하는 마음이 없이 서로 책임을 전가하는 식의 접근은 교육의 본질을 흐리게 하는 것이다.

“좋은 학교를 원한다면, 자식이 잘 되기를 원한다면, 김행근 식 운영을 따라야 합니다.”

학부형들은 나에게 다가와 감사를 표하였다. 특히 한국계, 고려인 부모들은 나를 집으로 초대까지 하였다. 그들은 사하-한국학교 때문에 어깨를 펴게 되었다는 기쁨을 감추지 않았다. 학교는 한국인 교장이 운영해야 한다고 하였다.

다음 날 교육감실에서 회의가 있었다. 김행근 교장을 1년 더 연장 근무하게 해 달라고 하였다. 그건 어렵다고 하였다. 한국에 가면 좋은 직장이 기다리는데 어떻게 그런 희생을 요구하겠느냐? 더 잡고 싶으면 좀 더 나은 조건을 제시해서 직접 설득하라. 회의장 밖에 나오니 김행근이 기다리고 있었다.

“행근아, 1년 더 봉사해라.”

나는 제자의 희생을 강요하는 나쁜 교수였는가? 김행근을 믿었다. 또 교장으로 쌓는 사하에서의 경험이 앞으로의 인생에서 무엇보다 값진 것이 되리라 생각했다. 인내할 수만 있다면. 그렇게 해서 김행근은 1년 더 교장으로 봉직하게 되었다.

김행근은 열정이 있다. 소박하기도 하고 겸손하다. 그러면서도 무주 촌사람답지 않게 상황 판단이 아주 빠르다. 이것 때문에 나와 가끔 부딪혔다. 어떤 과제든 해야만 하는 것이라면 나는 끈질기게 붙잡고 놓지 않는다. 반면에 김행근은 진퇴를 빨리 결정한다. 상황이 어려워지면 "안 됩니다"라는 말을 수없이 반복한다. 나는 상황이 어려워진다 해도 먼저 포기한다는 말을 쉽게 하지 않는다. 그 면에선 김행근보다 내가 더 우직한 촌사람이다. 촌놈 김행근은 도시 출신처럼, 도시 출신 강덕수는 촌놈처럼 부딪혔다. 그러나 사하-한국학교를 일구고, 사하와의 관계를 끈끈하게 이어온 데에는 김행근의 순발력과 책임감이 큰 도움이 되었다. 이젠 훌쩍 커 품안의 새끼가 아니다. 활동 범위도 넓어져 야쿠츠크, 모스크바, 서울을 종횡무진 한다. 그가 어디에 있든 우리는 사하-한국학교, 북동연방대학교 한국학과 일이라면 거리가 문제되지 않는 동지이다.

• 포기란 없다

사하를 위해 일하면서 포기한다는 말을 한 번 하였다. 그것은 야쿠츠크 시에 한국문화원을 짓는 일이었다. 이제 야쿠츠크 시는 1994년의 야쿠츠크가 아니다. 그때는 "큰 시골마을"이었을지 모른다. 지금은 아파트 촌이라 할 만큼 아파트들이 많이 들어섰다. 빌딩도 숲을 이룰 정도다. 다만 동토지역이라는 지반 때문에 10층 이상은 올릴 수 없다. 그러나 토목 기술이 곧 개발되면 그 이상의 건물이 들어설 날도 멀지 않다. 야쿠츠크 시의 아파트 값은 서울 강남과 견주어질 정도로 비싸다. 좀 괜찮은 아파트는 6-7억 원을 호가한다. 아파트 부지에 딸린 주차장도 별도 구입해야 하는데 보통 4-5

천만 원 한다. 사무실 임대료도 6평 정도에 월 100만–200만 원 상당이다. LG 상사는 금년 6월 시내 한복판에 9층 빌딩을 준공하였다. 이 빌딩이 인기리에 분양되고 야쿠츠크 시의 랜드마크처럼 유명한 빌딩이 되었다.

야쿠츠크 시에 드나들며 욕심이 생겼다. 5년 전 미하일로바 총장이 부총리로 있을 때였다. 한국문화원을 짓고 싶은데 땅을 줄 수 있느냐고 물었다. 대학교 부근의 아주 좋은 부지 1,600평을 내주었다. 야쿠츠크 시는 동토 지대라서 도시 계획상의 인프라 구축에 돈이 많이 든다. 그 부지는 이미 목재건물을 헐어내고 정지가 끝난 상태였다. 여러 사람들이 이미 눈독을 들이고 있었다. 그걸 다 물리치고 나에게 지목을 내주었다. 그 땅에 문화원을 짓기 위해 열심히 뛰었다. 많은 사람들을 만났다. 실제로 여러 사람들이 방문하여 욕심을 내었다. 조건은 단순하였다. 9층까지 올릴 수 있다. 분양 마음대로 할 수 있다. 다만 1개 층을 문화원으로 내주고, 겉모습을 한국식으로 하라. 러시아의 어두운 면에 대한 소문만 듣던 사람들은 확신을 하지 못하였다. 사업성은 있어 보이는데 혹시라도? 결국 시간만 끌었다. 문화원을 짓지도 못하고 몇 년씩 그 땅을 내 손에 쥐고 있을 수는 없었다. 야쿠츠크에서는 아무도 나에게 그 땅 내놓으라고 하는 사람은 없었다.

한국문화원 조감도(한국예술종합학교 이종호 교수 작품)

김행근이 와서 포기하는 게 도리에 맞겠다고 졸랐다. 도리를 들먹이는데 어쩔 수 없었다. 내가 포기를 표명할 시점에 부총리는 부통령이 되어 있었다. 부통령은 왜 그러냐고 물었다. 이심전심, 우리는 아쉬운 마음이었다. 그러나 나는 포기한 것이 아니다. 다만 유보한 것일 뿐. 지금도 문화원을 짓기 위해 노력하고 있다. 다만 순서를 바꾸었다. 먼저 문화원을 지을 수 있는 능력자를 구한 다음 땅을 확보하겠다고. 야쿠츠크에서 문화원을 짓겠다는 사람만 나타나면 그만한 땅을 얻어내는 것은 일도 아니리라.

2010년 여름 제3차 한국-사하포럼을 야쿠츠크 시에서 가졌다. 미하일로바 부통령이 북동연방대학교 총장으로 자리를 옮겼지만 영향력은 더 커졌다. 포럼 구성도 더 다양화되고 조직적이었다. 한국에서는 한국-사하친선협회 박정배 이사장, 이광규 서울대 명예교수, 도재영 전 기아차 부회장, 그리고 대외경제정책연구원의 윤성학 박사, LS 네트웍스의 김승동 사장과 전명수 과장이 참가했다. 이광규 교수님은 사하의 고려인들을 만나 그들의 얘기를 채록하셨다. 18년을 드나들면서도 듣지 못했던 얘기들을 들을 수 있었다. 나는 사하-한국학교에 관심을 집중하고 교육과 문화라는 측면에 몰두하다 보니 고려인들에게 관심을 쏟을 여유가 없었다. 또 민족지학이나 인류학적 문제에 별 관심이 없었기도 했다. 아무튼 이광규 교수님의 방문으로 사하의 고려인 문제에 눈을 뜨게 된 것은 늦었지만 다행이었다.

포럼 기간 중 LS 네트웍스의 김승동 사장을 총장에게 각별히 소개하였다. 총장은 야쿠츠크국립대학교를 연방대학교로 승격시킨 공로자였다. 푸틴 총리가 직접 미하일로바 부통령에게 총장직을 제안하였다. 연방대학교는 푸틴 총리 주도의 러시아 대학 구조 개혁의 일환이었다. 러시아 내에 7개 연방 대학교를 선정하여 세계 수준으로 집중 육성한다는 것이었다. 그래서 총장도 연방정부의 비중있는 인사들로 임명되었다. 블라디보스톡의 극동연방대학교에는 연방정부의 교육부 차관을 임명하였다. 아마도 현지 인사를 연방대학교 총장에 임명한 것은 미하일로바 총장이 유일하지 않나

짐작된다. 연방정부에서 총장에게 갖는 신임이 어느 정도인지 알 수 있다.

총장은 사하공화국을 포괄할 수 있는 사이버대학교를 운영하려는 계획을 가지고 있었다. 그것을 LS에 맡기고 싶어 했다. 아직 결말은 나지 않고 있다. 11월 초 페테르부르그에서 총장을 만났다. 이 계획이 진척되지 않는 것을 안타까워했다. LS가 원하지 않느냐고 물었다. 대답할 수 없었다. 믿는 사람을 소개하는 것 이상을 나는 하지 않는다. 성사 여부는 당사자들의 몫이다. 더구나 나는 비즈니스에 대해 알지도 못한다. 내가 아는 원칙 하나는 러시아와의 일에선 항상 끈기와 인내, 그리고 장기적으로 끈끈한 관계를 맺고자 하는 진정성이 중요하다는 것이다. 단 한 번에 큰 이윤을 얻고자 한다면 아무 것도 이룰 수 없을 것이다. 이 문제에서는 서로 간에 사정이 있는 듯 보였다. LS의 김 승동 사장 라인은 러시아 비즈니스 전문가들이다. 잘 될 것이라 믿는다.

포럼이 끝나자 외무부에서 연락이 왔다. 방문해 달라는 요청이었다. 대통령이 바뀐 직후라 장관이 공석중이고 차관이 우리를 맞이했다. 코스텐코라는 맘모스 회사 사장이 기다리고 있었다. 10분간 프리젠테이션을 보았다. 동토대 얼음층에서 파낸 맘모스에 관한 기록이었다. 살과 피부, 털까지 다 있었다. 이것을 한국에서 전시할 수 있게 도와달라는 것이었다. 한숨이 나왔다. 또 한 번 큰 숙제를 받게 되었다. 2008년 인천도시축제에서도 인천시가 바로 이 맘모스를 들여다 전시하고자 했다. 그때는 인천시에서 도와달라는 부탁을 먼저 했다. 결국 스폰서를 구하지 못해 불발되고 말았다. 그런 사정을 알고 있기 때문에 난감했다. 거절은 할 수 없었다. 자료를 받아 가지고 외무부를 나왔다.

제일 먼저 김석환 교수를 찾았다. 김석환 교수는 중앙일보 모스크바 특파원, 논설위원을 거쳐 국무총리 홍보수석을 지내고 그때 산업연구원 특임교수로 있었다. 며칠 후 김석환 교수로부터 연락이 왔다. 이기진 대표라는 사람을 소개했다. SBS 프로듀서를 했고, 지금은 독립 프로덕션을 운영한다고. 이 대표가 못한다면 대한민국에서 맘모스 전시회는 할 수 없는 거라고. 블라디보스톡 서태지 쇼, 이집트 스핑크스 앞에서의 앙드레 김 의상쇼, 미스 유니버설 대회 등을 조직했다고 소개한다. 선택의 여지는 없었다. 항상 벼랑 끝이니까. 더구나 김석환 교수가 그렇다면 사실인 것이다.

바로 몇일 뒤 우리는 한 팀이 되어 야쿠츠크로 날았다. 코스텐코 팀과 협상이 일사천리로 이어졌다. 기 싸움에서 지지 않으려고 이 대표는 보드카를 탄 폭탄주를 몇 잔씩 들이켰다. 러시아 맥주는 도수가 높아 러시아제 폭탄주는 원폭 수준이다. 2011년 4월에 전시회를 열기로 합의를 보고 들뜬 기분으로 귀국했다. 문제는 그 직후부터 꼬이기 시작하였다. 저축은행 사태가 나면서 투자를 약속한 투자자들이 뒤로 넘어졌다. 이 대표가 동분서주하였지만 자금 문제는 갈수록 어려워졌다. 결국 계약금 수 억 원을 위약금조로 손해 보고 손을 떼야 되는 시점으로 몰렸다. 2011년도 봄이 가고 여름도 지났다. 코스텐코 측과 이기진 대표의 중간 역할을 해 주던 김행근은 "그거 안 됩니다!"하고는 카잔으로 날아가 버렸다.

8월 총장이 초청을 하여 야쿠츠크에 갔다. 유네스코에서 후원하는 국제회의가 있었다. 3년 전에 이어 두 번째로 열리는 국제회의로 아프리카, 인도, 남미 등 참가국 수로만 보면 40여 개 국이 되었다. 만찬장에서 옆에 앉은 나에게 총장이 넌지시 물었다. 맘모스 전시회를 할 수 있느냐고. 지나가는 말투로, 아무 부담도 주지 않으려는 듯. "합니다." 한 마디 대답에 총장은 더 묻지 않았다.

9월에 들어서며 빛이 비치기 시작하였다. KBS가 주 투자자로 나섰다. 그러자 한반도미래재단도 참여하였다. 또 다른 투자자도 생겼다. 10월 말 우린 다시 야쿠츠크로 날아갔다. 이번엔 모든 협상 과정에 내가 참여했다. 서로가 윈윈할 수 있는 길을 찾았다. 총장은 대학교 부설 박물관 2개를 흔쾌히 내 주었다. 맘모스 박물관과 민속박물관. 이로써 스토리텔링을 바탕으로 하는 전시회를 꾸밀 수 있게 되었다. 주제는 "맘모스와 시베리아 문명

PAS 청년봉사단의 태권도 시범

전"으로 하기로 하였다. 민속무용단을 덤으로 대학교 비용으로 파견해 주겠다고 파격적인 제안을 하였다.

포기란 없다. 지난 18년 간 무수한 고비는 있었지만 "좋은 사람들"과 뜻을 같이 하며 여기까지 왔다. 맘모스 전시회는 한국과 러시아 그리고 사하와의 관계에서 새로운 장을 여는 열쇠와 같은 것이 될 것이다. 그동안 사하라고 하면 부산의 사하구로 생각하는 사람들이 있었다. 조금 더 아는 사람들은 사할린으로 알아듣는다.

이런 에피소드가 생각난다.

> 영리한 아이에게 사하와 달 중 어디가 더 먼 곳이냐고 물었다.
> 아이는 오래 생각하지도 않고 '사하'라고 답한다.
> "왜?"
> "달은 보이지만 사하는 어딘 지도 모르잖아요."

우리는 눈에 보이는 것만 믿는 경향이 있다.

• PAS, 태권도 보급과 한류의 원조

원래 사하 공화국의 대표 스포츠는 레슬링이다. 야쿠티야 출신으로 올림

PAS 청년봉사단과 현지 대학생들

픽에서 메달을 딴 러시아 대표 선수가 있다. 이제 사하공화국에서 태권도는 인기 스포츠가 되었다.

사하에 한국 문화의 씨를 뿌린 것은 사하-한국학교이다. 사하-한국학교를 통해 한국어와 한국 문화, 태권도가 유입되었다. 그리고 매년 지속된 여름 연수를 통해 아이들은 한국에 대해 눈을 뜨고 동양의 작은 나라가 아니라 엄청나게 발전된 강한 나라라는 인식을 갖게 되었다. 이 씨에서 열매가 맺을 수 있게 도와준 것은 태평양-아시아 협회(PAS)이다. 협회에서는 청년봉사단을 조직하여 매년 여름 동남아, 중국, 러시아에 파견하였다. 1997년 처음으로 야쿠츠크에도 파견되었다. 봉사단은 한국어를 가르치고, 태권도 시범을 보이기도 하고 직접 가르치기도 하였다. 사물놀이를 가르치고 악기들을 학교에 기증하였다. 한국 무용도 가르치고 한복도 기증하였다. 현대 음악도 가르쳤다. 그 옛날 상록수와 같은 농촌계몽 사업을 PAS 해외청년봉사단이 10년 이상 계속하였다.

PAS 팀의 봉사 활동이 몇 년 거듭되자 열매가 보이기 시작하였다. 야쿠츠크 시내에 태권도장이 생기기 시작하였다. 태권도 유학을 오는 학생들도 생겨났다. 충청대학 태권도 시범단이 방문하여 선풍적 인기를 끌기도 하였다. 태권도 보급이 체계화되는 것은 PAS 팀에 장우영 관장이 합류한 2001년부터이다. 장우영 관장은 태권도장을 2개씩이나 운영할 정도로 비즈니스 마인드를 갖춘 스포츠인이다. 열정도 있고 책임감도 강하고 젊은 학생들과 섞일 줄도 알았다. 장우영 관장을 PAS 청년봉사단 부단장으로 영입하였다. 장 관장은 태권도 보급을 위한 체계를 세웠다. 즐길 수 있는 태권도를 보급하기 위해 태권무도 스스로 안무하였다. 그곳에서 될 성 싶은 떡잎을 골라 집중 훈련도 시키고 한국에 올 수 있는 길도 열어 주었다. 태권도 용품을 사하-한국학교에 갖다 주려고 자기 주머니도 털었다. 장우영 관장은 이제 야쿠츠크 봉사단의 단장으로 활약하고 있다. 사하에 관한 중요한 파트너가 되었다.

야쿠츠크에서 한류는 일찍 나타났다. 물론 당시 그것이 한류라 부를 수 있는 현상인지는 몰랐다. 야쿠츠크 시 중앙광장에 무대를 차려 놓고 태권무를 추고 한국 노래를 부르고 사물놀이 공연을 하면 광장은 사람들로 꽉 메워졌다. 아이들은 우리 대학생들의 사인을 받으려고 줄을 섰다. 사진기를 여기저기서 눌러댔다. 우리 애들은 마치 연예인이라도 된 것 마냥 들떠 힘든 줄도 모르고 땀을 닦아 내렸다. 봉사단 숙소는 항상 현지 아이들로 가득 찼다. 식사 시간엔 항상 야쿠트 아이들 손님이 자리를 같이 해서 한국음식 맛보기를 좋아했다. 학부모들은 태권도를 생활 예절로 생각하여 태권도 가르치는 것을 소망한다. 이곳에 장기적으로 태권도 사범을 파견하려고 했지만 불발로 끝나고 말았다.

2003년에는 비보이 팀이 나타났다. 야쿠츠크국립대학교 법대 4학년이던 학생 하나가 서울에 와 브레이크 댄스를 배웠다. 그 애는 바냐라는 학생이었다. 아마도 에벤키 족이었던 것 같다. 아버지는 순록 목장을 경영하여 꽤 부유한 집안 출신이라고 한다. 인터넷으로 홍대 부근을 찾았다. 혼자 서울에 와 클럽에서 생활하며 춤을 배웠다. 돌아와서는 비보이 그룹을 만들고 그 다음에는 비보이 아카데미를 열었다. 공연과 강의를 병행하였다. 이 친구들이 우리 봉사단에 와서 함께 활동하고 싶어 했다. 앰프가 갖춰진 차를 갖고 와 PAS 봉사단의 공연을 거들었다. 브레이크 댄스는 미국에서 발생한 것이지만 지금은 한국이 종주국이 되었다. 그리고 한국을 통해 브레이크 댄스가 시베리아까지 수출된 것이다. 여기에 PAS는 문화 전파의 촉매 역할을 하였다.

태평양–아시아협회를 얘기하자면, 여성위원회를 빼놓을 수 없다. PAS에는 여성위원회 활동이 두드러졌다. 2005년 여름 PAS 청년봉사단과 함께 야쿠츠크를 방문하였다. 사하–한국학교를 보고 감명을 받았다. 이후 여성위원회는 사하–한국학교 하계 연수단의 주요 후원자가 되었다. 특히 홍순례 여사는 그 이후 지금까지 변함없이 젊은 사람들보다도 더 열정적으로 도움을 주시고 있다.

• "전설적 여인"

2011년 10월 30일부터 11월 2일까지 페테르부르그에서 한–러대화(KRD) 포럼이 열렸다. 만찬장에서 총장과 같은 테이블에 앉았다. 옆에는 러시아 사람들이 있었다. 총장은 동양 사람이니까 모르는 사람이라면 응당 총장도 한국 사람으로 생각했을 수 있다. 명함을 주고받게 되었다. 총장의 명함을 받아든 러시아 여자가 눈을 크게 뜨고 총장을 바라보았다.

"Legendarnaja zhenshchina!"(전설적 여인)

목소리를 낮추어 외쳤다. 다시 한 번 쳐다보고 그 여자는 총장에게 자기가 아는 바로 그 사람인지 질문을 하였다.

궁금해진 총장은 어디서 "전설적 여인"이라는 말을 들었느냐고 물었다. 인터넷에서 읽었다고.

"나는 이미 18년 전에 이 분이 전설이 될 거라는 것을 알아보았소."

러시아 여자에게 웃으며 말하였다.

미하일로바 총장은 1995년 4월 처음 만났다. 당시 교육감이었다. 1992년 자치공화국이 되면서 모든 게 민주화되고 있었다. 시 교육감도 처음으로 선거로 선출하게 되었다. 총장은 88년부터 야쿠츠크 시 교육감이었다. 1993년 총장은 선거로 교육감에 재선되었다. 교육감으로 재선된 후 영재학교 프로그램을 도입하였다. 음악영재학교를 세웠다. 사하-독일, 사하-프랑스. 사하-벨기에, 사하-터키, 그리고 사하-한국학교를 만들었다.

교육감은 목소리가 나직하였다. 얼굴엔 항상 미소가 있었다. 그러나 힘이 느껴지고 카리스마가 있었다. 당시 교육감은 40대 후반이었다. 그런데도 배가 불러 있었다. 한국에서는 느낄 수 없는 강한 모성이 충격처럼 전달되어 온 것을 지금도 기억한다. 그때 낳은 아이가 지금은 16살 소녀로 열렬 한류 팬이 되어 있다. 특히 수퍼주니어를 좋아 하여 수퍼주니어 브로마이

문화수교훈장을 받고 한국-사하친선협회 임원진과 함께 2009. 10. 9
(왼쪽에서 두번째 시도로바 외무차관, 세번째 총장)

드와 특별 앨범을 얻어다 주기도 하였다.

교육감은 대통령이 바뀌면서 1997년 교육부 장관이 되었다. 2000년에는 러시아 공훈 교육자 20인으로 뽑혀 푸틴 대통령으로부터 메달도 받았다. 2002년 교육부 장관 시절 한국국제교류재단(Korea Foundation)의 초청으로 처음 한국을 공식 방문하였다. 좋은 학교 모델을 보고 싶어 했다. 광양제철소 내 학교를 방문했다. 포스코 재단에서 공식적인 자리를 마련했다. 광양제철소에 대한 브리핑이 있었다. 브리핑을 듣고 장관이 질문을 던졌다. 질문이 거듭되며 재단 이사들의 말문이 막히기 시작하였다. 변방 작은 나라의 교육부 장관에게서 기대하기 어려운 실무적 질문을 받은 것이었다. 이사들의 자세가 바뀌는 것을 볼 수 있었다.

2003년에는 교육, 사회, 문화를 관장하는 부총리가 되었다. 2007년 시티로프 2대 대통령이 재선된 다음엔 부통령으로 임명되었다. 2009년 10월 9일 한글날 러시아에 한국어와 한국 문화 보급에 앞장 선 공로로 문화수교 훈장을 받았다.

총장은 언뜻 보기에 운이 좋게 출세 가도를 달려온 사람처럼 보일 수도 있다. 그러나 사하공화국의 사정을 아는 사람이면 총장의 출세가 결코 단순한 인맥이나 학연 때문이 아니란 걸 알 수 있다. 총장은 어느 자리에 있건 밤 10시 전에 퇴근하는 일이 드물다. 러시아의 관행상 여름휴가는 보통 1달 정도를 즐긴다. 총장은 그런 관행을 누려본 적이 없다. 러시아에서는 보기 힘든 일벌레이다. 그러다 보니 업무 추진력에서 따라올 사람이 없다. 게다가 러시아에서는 보기 힘들게 온정주의적인 면이 없다. 주변 사람들 때문에 책잡힐 일도 별로 없다.

총장은 어려서부터 천재 소녀였다. 집에는 7,000여 권의 책이 있었다고 한다. 50 년 전이면 1960년대이다. 당시의 야쿠츠크는 도시라기보다 큰 시골 읍 정도였을 것이다. 그런 곳에 7,000권의 장서는 어마어마한 것이다. 아버지는 야쿠트 지식인으로 특히 딸에게 기대를 많이 했던 것 같다. 총장은 야쿠츠크에서 태어나 야쿠츠크에서 교육을 받았다. 대학도 야쿠츠크국립대학교 수학과를 나왔다. 총장은 야쿠츠크국립대학교 67학번이다. 동기들 중에는 유명한 소설가 루기노프도 있고, 민속학자 시시긴도 있다. 그 동기들은 총장을 자기 학번의 자랑거리로 여기었다.

총장과 함께 일한 지 18년이 넘어가고 있다. 총장도 이것을 주변 사람들에게 자랑스럽게 말하곤 한다. 돌아보면 엄청난 시간이 흘렀다. 처음부터 그렇게 신뢰가 있었던 것은 아닐지 모른다. 그러나 총장과 나 사이에 어떤 위기가 있었다는 기억은 전혀 없다. 총장은 나를 항상 배려해 주었다. 총장과 약속한 것을 어긴 기억도 없다. 1990년대 초만 해도 한국-사하학교를 통해 총장을 도울 일이 많았다. 그러나 지금은 오히려 내가 도움 받을 일이 많다. 러시아 경제가 좋아진 만큼 사하공화국의 규모가 커지고 있다. 또 나는 예나 지금이나 교수 그대로이지만 총장은 권력의 중심부에 자리매김했을 뿐더러 연방 차원에서도 주목받는 인물이 되었다. 그러나 총장의 태도에는 변함이 없다. 이제는 오히려 누님 같은 마음으로 어디서나 나를 챙겨 주고자 하는 것을 느낀다.

2008년 봄 야쿠츠크에서 연구년을 보냈다. 야쿠트 인처럼 살았다. 외모도 아랑곳하지 않았다. 야쿠츠크 기후 조건이 그랬다. 겨울은 눈과 얼음 천지이다. 4월이 되면 얼음이 녹아 질퍽거리는 길을 걷기도 어려웠다. 여름이 되면 땡볕에 먼지가 펄펄 날린다. 어느 날 도서관에 있다가 부통령실에 들렀다. 부통령이 날 보더니 내실로 데리고 간다. 솔을 내주며 구두를 닦고 다니라고 한다. 내려다보니 구두에 먼지가 뽀얗게 앉아 있었다.

일벌레 총장은 휴가를 제대로 챙기지 못하였다. 그래도 여름에 내가 야쿠츠크를 가면 내 핑계를 대고 휴가를 내어 가족과 레나 강변에서 천렵을 하곤 한다. 내가 어디서 무엇을 하며 잘 지내는지 남편을 통해서건 아들을 통해서건 꼭 확인하는 것 같다. 그래선지 아내는 내가 자주 야쿠츠크에 간다 해도 걱정이 없다.

총장은 누구보다도 나의 아내를 무척 챙긴다. 거기에는 단순한 호의나 예의 이상의 감정이 실려 있음을 본다. 금년 여름 유네스코 후원 국제회의에 나를 초대하면서 아내를 동반하라고 요청했다. 병상의 어머니 때문에 방문하지 못하게 된데 대해 총장은 못내 서운한 표정을 지었다. 페테르부르그에서 열린 한-러대화 포럼에 한국 대표단의 일원으로 참여했다. 사실은 총장이 러시아 주최측을 통해 한국 측 사무국에 나를 포함시켜 달라는 요청을 보내왔다.

연방대학교 총장이라는 직위는 단순히 교육적 의미만 있는 것이 아니다. 북동연방대학교 총장은 "연방 인물"이라는 의미가 있다. 사하공화국에서 연방 타이틀을 가진 유일한 인물이다. 더구나 총장은 어느 누구보다도 한국을 이해하고 좋아한다. 야쿠츠크에서는 총장 조상 중에 한국인이 있다고 수군댈 정도이다. 그래서 총장이 자기 피 속엔 오로지 야쿠트 피 밖에 없다고 말하기까지 했다.

총장은 애국자다. 러시아 애국자이며 사하 애국자이다. 총장은 사람들에게 "강덕수 교수는 애국자다"라고 소개하곤 한다. 나에게서 애국자의 모습을 보는 것은 자기 자신의 모습이 투영된 것을 보기 때문일 것이다.

북동연방대학교 총장이 된 후 한국에 대한 사랑은 모든 교육 모델을 한국에서 가져가려는 의도로 나타나고 있다. 작년에 이어 금년에도 벌써 네댓 팀의 교수들을 한국에 보내 연수를 받게 했다. 교육 개혁 모델에 관한 자문도 자주 구한다. 내년 봄 학술회의에 관한 초안도 세워 보냈다. 작년엔 석유화학공업 전공 교수를 초청하고자 하였다. 조건도 러시아 기준으로는 파격적이었다. 한국 기준으로도 결코 나쁘지 않았다. 그러나 미지의 동토에 장기간 가고자 하는 교수를 찾기 어려웠다. 그러자 1-2주씩 자주 와서 특강을 해 줄 교수를 찾아보라고 다시 부탁한다. 한국에 대한 총장의 기대와 사랑은 갈수록 깊어간다. 이런 총장을 러시아에 갖고 있다는 것은 대한민국의 행운이다.

• 순수한 애국자들

2004년은 사하-한국학교가 10주년이 되는 해였다. 10주년 행사는 큰 숙제였다. 학용품이나 책 몇 권 보낼 것이 아니었다. 가장 적당한 선물이 스쿨버스라는 생각이 들었다. 그런데 무슨 수로? 이건 몇 백 만원의 차원이 아니지 않는가?

2002년 3월 중앙일보 김석환 기자로부터 전화가 왔다.

"형님, 사하-한국학교에 대해 글 하나 쓰쇼! 맨날 혼자 끙끙거릴 일이 아니잖소."

글을 썼다. 중앙일보 2002년 3월 28일자에 실린 칼럼의 제목은 "해외한국학교 누가 키웁니까?"였다. 사하공화국에 대한 간단한 소개로부터 시작해서 한국인이 약속을 지키지 않은 사연, 한국식 교육 체계가 뿌리를 내린 일, 금융위기 속에서도 여름 연수를 중단하지 않은 사연, 야쿠츠크에서 한국에 대해 커가는 관심, 김 제냐, 강 뉴르구아나 같은 한국인 4세가 한국의 정체성을 찾는 모습, 비카, 울랴, 시마 같은 아이들도 동아시아권이라는 문화적 정체성을 인식하는 모습, 그리고 자원이라는 측면에서 얼마나 중요한 나라인가로 끝맺었다.

한 달쯤 지나며 중앙일보의 칼럼이 머리속에서 지워져갔다. 그 무렵 연구실로 전화 한 통이 왔다. 여자 목소리였다. 중앙일보 칼럼을 읽었다고 했다.

김진희 사장과는 그렇게 해서 연이 맺어졌다. 지금은 가장 큰 후원자이며 동지이다. 김 사장은 고급 화장비누회사를 경영하는 분이다. 내 글을 읽고 감명을 받았노라고. 함께 하고 싶다고. People to People(PTP)라는 단체를 소개하였다. 회원이 되어 열심히 참여했다. PTP는 우리말로 "국제민간교류협회"인데 실제로는 강령에 맞는 활동을 찾지 못해 고민하고 있었다. 사하-한국학교는 거기에 딱 맞는 소재였다. 이듬해 2002년 여름 PTP 회원 몇 분이 PAS 청년봉사단과 함께 야쿠츠크를 방문하였다. 사하-한국학교에 감명을 받았다. 2004년은 사하-한국학교가 10주년을 맞이했다. 10주년을 어떻게 할 것인가? 혼자 고민했다. PTP가 도와줄 수 있을 지 조심스럽게 물었다. 김진희 사장이 흔쾌히 받아준다. 총대를 메고 앞장서 주었다. 1,500만 원을 모금하였다. 그 돈으로 현대 자동차를 접촉하였다. 때마침 현대자동차에는 러시아통인 김종곤 이사가 영업본부장을 맡고 있었다. 김행근이 전경련 근무 시절부터 잘 알고 있었다. 김행근을 내세워 김종곤 이사에게 가능성을 타진하였다. 1,500만 원은 스타렉스 1대 값도 안되었다. 결국 우리의 뜻을 이해한 현대자동차에서 1,500만 원에 스타렉스 2대를 내주었다. 1대는 팔아야 했다. 블라디보스톡 세관 통관세가 차 값의 70%였다. 그리고 수송비를 감당해야 했다.

2004년 5월 사하-한국학교 10주년 행사는 근사했다. PTP 중앙 챕터에서는 박정배 회장, 정제강 사무국장, 홍명준 이사, 김진희 부회장, 이원범 총무가 참석하였다. 기념식 날 스타렉스는 아직 블라디보스톡에 발이 묶여 있었다. 대신 브로마이드를 만들어 기증식을 대신했다. 기증식은 야쿠츠크시 교육청에서 주관하였다. 미하일로바 부총리는 축사를 하였다.

사하-한국학교 10주년에 대한 고민, 스쿨버스에 대한 욕심은 가슴 속에서만 키웠다. 막연한 꿈을 이루게 되리라는 희망이 보이지 않았다. 그래도 포기하지는 않았다. 스쿨버스, 포기하지 않는 꿈은 반드시 이루어진다.

PTP 중앙 챕터 회원들은 평생의 은인이다. 미하일로바 총장의 관점으로 보면 순수한 애국자들이다.

사하-한국학교 10주년 기념 스타렉스 버스 기증

• 한국-사하친선협회 창립

한국-사하친선협회는 대단한 축복 속에서 출범하였다. 아직도 사하공화국이 어디에 있는지도 모르던 시대였다.

2006년 5월 23일 프레스센터에는 각계각층에서 120여 분이 참석하였다. 우리 측에서는 현 민주당 원내대표인 김진표 당시 부총리 겸 교육부장관과 이인호 전 러시아 대사가 축사를 해 주었다. 러시아 측에서는 현 북한 대사인 수히닌 당시 부대사와 사하공화국 보리소프 문화부장관이 축사를 해 주었다. 평소에 많은 도움을 주시던 강인섭 전 국회의원 겸 전 정무수석에게는 감사패를 드렸다.

사하협회 창립 사진

사하-한국학교를 세운 지 10년이 지나는 시점에서 사하와의 관계가 더욱 넓어지고 있었다. 이미 러시아는 정치적으로나 경제적으로 안정을 되찾고 사하공화국의 대외 활동도 확대되어 갔다. 개인이 감당하기에는 수요나 규모가 한계를 넘어가고 있었다. 새로운 활로가 필요했다. PTP 중앙 챕터에 도움을 요청했다. 2006년 1월 박정배 당시 회장, 정제강 사무국장, 김진희 이사와 때가 되었다는데 뜻이 모였다. 문제는 방법이었다. 임의 단체로 만들면 결속력도 없고 지속성도 없을 것이다. 자생력을 갖추려면 적어도 외교통상부 등록 단체가 되어야 했다. 문제는 역시 돈이었다. 최소 요건이 기금 5,000만 원이었다. 그리고 사무실과 직원이 있어야 했다. 그 문제를 박정배 회장과 김진희 이사가 해결해 주었다. 그때까지 사하-한국학교 연수 기금으로 모아놓았던 자금도 털어 넣었다. 그리고 친구, 지인들에게 호소하여 이사로 모셨다. 협회 이사 기여금이 200만 원이나 되니 이사로 모시는 것도 무척 조심스러웠다. 그래도 뜻이 좋다고 흔쾌히 동참해 주었다.

그때까지만 해도 사하에 비즈니스를 가진 사람은 아무도 없었다. 다들 순수한 동기로 이런 단체가 우리나라에 꼭 필요하다는 마음뿐이었다. 그것은 지금의 기성세대가 어렸을 때부터 몸에 배도록 익히고 배운 애국심이었다. 협회 기금으로 큰 돈을 쾌척하신 박정배 협회 이사장과 김진희 협회 사무총장은 이때까지 러시아와 아무 관련도 없었다. 아이디어 뱅크 정제강 협회 부회장도 러시아는 가 본 적도 없었다. 기성세대에게 순수한 열정이 있겠느냐고 생각하는 사람들도 있다. 지금의 기성세대는 결코 무임승차한 세대가 아니다. 젊은 때는 피나는 고생도 하였다. 고생을 불평하거나 불만하지도 않았다. 이제는 우리가 이룬 번영을 나누는데 인색해서도 안 된다. 그것이 평화로 가는 길이기 때문이다. 그런 기성세대가 한국-사하친선협회를 만들었다.

협회는 출범 후 한국과 사하를 잇는 고리로서 활발한 활동을 하였다. 2007년은 사하로부터 시작하여 사하로 끝난 한 해였다.

2007년 2월 27일 사하공화국 시트로프 대통령 취임식에 초청을 받았다. 자치공화국이지만 국가적 틀을 보여주는 성대한 의식이었다. 연방과 이웃 자치공화국 고위 인사들이 대거 참석하였다. 사하의 다이아몬드나 에너지 관련 총수들을 모두 만날 수 있었다. 취임식장은 사하민족의 자존심을 느끼는 동시에 러시아 문화와의 공존을 도모하는 지혜를 찾아볼 수 있는 좋은 기회였다. 대통령 취임사를 야쿠트 어로 먼저 하고 그 다음 러시아 어로 하는 것이 인상적이었다.

5월 23일에는 창립 1주년 기념식을 서울여성플라자에서 성대하게 거행하였다. 기념식에는 외교통상부 조중표 차관, 교육인적자원부 김광조 차관보, 주한 러시아 대사관의 보스트리코프 참사관이 참석하였다. 1주년 기념을 위하여 초대한 사하공화국 국립민속무용단 "굴룬"(Gulun)은 사하공화국 소수민족 에벤키, 에벤, 알레웃, 코략, 이텔멘 족들의 춤을 소개하였다. "시베리아의 봄: 신비의 원형"이라는 주제로 서울 강동구, 경기도 안산, 강원도 춘천 등지에서도 순회공연을 가졌다.

6월 19일에는 사하공화국 야쿠츠크에서 사하 정부와 공동으로 제1회 한국–사하포럼을 가졌다. 우리 외교통상부가 후원한 포럼에는 전대완 당시 블라디보스톡 총영사(현 우즈베크 대사), 김봉길 강원도청 정책국장, 이선희 교육인적자원부 서기관, 김병희 교육정보개발원 연구원, 신수범 공주대 교수, 엄기선 충북대 교수, 이우영 블라디보스톡 교육원장과 협회의 정제강 부회장, 김기열 부회장, 김진희 사무총장 등 13명이 참석하였다. 사하공화국에서는 외무장관, 경제개발장관, 보건사회부 장관 등 100여 명이 참석하였다.

이것이 계기가 되어 사하에 대한 관심이 싹트기 시작하였다. 블라디보스톡 교육원에서는 사하–한국학교 운영을 위해 5,000불을 보내고, 야쿠츠크 국립대학교와 사하–한국학교 파견 교사를 위해 1,000불씩을 지원했다.

10월에는 21일부터 28일까지 시티로프 대통령이 경제사절단을 이끌고 방한했다. 23일 협회는 소공동 롯데호텔에서 환영 만찬을 주관하였다. 그 자리에서 내가 한국어로 번역 출간한 "사하 연감 2006"을 대통령에게 증정하였다. 연감 출판은 국제협력단(KOICA)의 지원으로 이루어졌다.

지난 3년간 협회는 꾸준히 활동을 해 왔다. 초대 대통령이었던 니콜라예프 러시아 연방 상원 부의장(2009)과 보리소프 대통령의 방한(2011)에서 중요한 역할을 하였다. 고등학생들을 대상으로 한 2008년 "미래의 외교관" 양성 프로그램을 주관하였다. 포럼도 서울(2008)과 야쿠츠크(2010)에서 2차례 계속하였다.

금년 12월부터 내년 3월까지 "맘모스와 시베리아 문명전"을 잠실 주경기장 옆에서 개최한다. 맘모스 전과 함께 강연회도 가질 것이다. 이번 맘모스 전은 18년간 이어온 사하와의 관계에서 도약의 발판이 되리라 기대한다. 맘모스 전은 앞에서 언급한 것처럼 끈기와 인내의 산물이다. 무엇보다도 18년간 꾸준히 신뢰를 쌓아오지 않았다면 벌써 불신의 늪에 빠져 가라앉았을 것이다.

이제 맘모스 전 이후에 무엇을 더 할 것인가? 러시아는 우리에게 중요한 나라이다. 그런 만큼 우리도 러시아에 중요한 나라가 되어야 한다. 러시아로 이어지는 길은 여러 가지가 있다. 우리는 사하를 통해 러시아에 이르는 길을 닦고 있다. 이것은 21세기 대한민국의 미래 비전을 이루는 길 가운데 하나가 될 것이라 확신한다.

• 내가 만난 사람들

야쿠츠크를 방문하면 꼭 찾아뵙는 분이 있었다. 비탈리 이사예비치 미하일로프 씨이다. 총장과는 오누이 사이이다. 이 분을 처음 만난 건 이미 은둔자와 같은 생활을 하던 때였다. 그래서 이 분의 과거는 잘 모른다. 그러나 이 분과 보드카를 한 잔 나누며 얘기를 하다 보면 지혜의 샘이 철철 넘치는 것을 본다. 특히 이 분은 한국 음식을 좋아하였다. 한국을 와 본 적은 한 번도 없다. 신기한 것은 사하-한국학교 초창기에 파견된 한국인 교사들에 대해 잘 알고 있다는 것이었다. 교사로 봉사하던 내 제자들도 이 분을 가끔 찾아갔던 모양이다. 이 분은 과거의 야쿠트 남자를 대변한다는 생각이 들었다. 야생마처럼 툰드라를 헤치며 사냥감을 찾아다니던 용감한 사냥꾼.

지난 20여 년간 야쿠츠크에 와 본 한국인들이 묻는 질문 중 하나가 왜 여자들뿐이냐는 것이다. 관리직은 대부분 여자들이 차지하고 있는 것처럼 보이기 때문이다.

야쿠츠크에 자동차가 처음 등장한 것은 1920년대라고 한다. 야쿠티야가 근대화 되는 것은 그로부터 한참 후부터일 것이다, 아마도 다이아몬드가 발견되는 50년대 이후일 것이다. 1907년 야쿠츠크 신문에 고등교육 받은 야쿠트 인이 단 한 명뿐이었다는 기록이 있다. 야쿠츠크에 4년제 대학이 설립된 것은 1956년이다. 야쿠트 인은 오랫동안 전통적 생활 방식을 고수해 왔다. 전통적 생활 방식은 수렵에 의존하는 것이다. 남자들은 사냥을 하고 여자들은 가죽을 무두질하고 바느질하는 것이다. 근대화를 이루려는 야쿠티야에 학교가 생겼다. 사냥을 하느라 들판을 쏘다니는데 익숙한 남자들은 책상머리에 앉는 게 어색했다. 반면에 집에서 바느질하던 여자들은 쉽게 적응이 되었다. 야심이 있는 남자들은 공부를 열심히 했겠지만 대다수 사내들은 그렇지 못했을 것 같다. 그래서 정부 조직의 고위직은 남자와 여자가 양분하고 있지만, 중간 관리직은 여자가 다수인 것처럼 보이는 결과가 나타난 게 아닌가? 어쨌든 야쿠티야 사회는 여자가 존중되는 전통이 있는 것처럼 보인다. 가정에 대한 책임감도 남자들에게서는 크게 느껴지지 않는다.

고향 어른처럼 마음이 항상 따뜻했던 고 비탈리 씨

비탈리 씨도 집안 분위기는 책 읽고 공부하는 분위기였지만, 그 분위기에 젖어들지는 못한 것 같았다. 얘기를 해 보면 고전도 이해하고 해학도 넘쳐났다. 그러나 공부해서 출사한다는 것은 자유분방한 기질에 맞지 않았을 것처럼 보인다. 비탈리 씨와 얘기하다 보면 방랑 김 삿갓을 마주 보는 것 같기도 했다.

야쿠티야의 마지막 로맨티스트, 이 분은 2010년 양지 바른 언덕에 잠드셨다. 아직 이 분의 영전에 보드카 한 잔 따라 드리지 못해 죄송스런 마음이다. 다음 번 야쿠츠크를 방문하면 이 분의 잠든 곳을 제일 먼저 찾아갈 것이다.

야쿠츠크에 가면 고향 같은 느낌이 든다. 바로 친구 아나톨리 세묘노비치가 있기 때문이다. 20년간 헬리콥터 조종사로 근무하다 퇴역한 이후 작은 기업체를 운영하며 인생을 즐기는 로맨티스트이다. 사냥과 낚시가 기업 보다 먼저인 사람. 자신 보다 친구가 먼저인 사람. 내가 야쿠츠크에 가면 발이 되어 가고자 하는 곳이 어디라도 데려다 준다. 시골 마을에 가 야쿠트 농부도 만나보고, 한겨울 트럭을 타고 툰드라를 헤치며 사냥도 다녀보았다. 시베리아를 자동차로 횡단하다 차가 고장나 견인되어 보기도 했다. 2000년이었던 것 같다. 순타르에서 전국 체전이 열렸다. 야쿠츠크에서 1,000km 정도 서쪽으로 떨어진 곳이었다. 둘은 고물 자동차로 달렸다. 시베리아를 달릴 때 좋은 자동차는 타지 않는다. 길이 워낙 나쁘기 때문이다.

도중에 여러 풍경을 보았다. 그중 하나는 시베리아에서 사람들이 어떻게 움직이는 가였다. 겨우 100만이 사는 야쿠티야에서 100km 가다 사람을 만나면 다행일 정도이다. 그러니 시외버스 노선이란 것을 생각하는 건 사치일 수 있다. 러시아에는 "와직"이란 차종이 있다. 우리의 봉고 자동차 같다. 다만 인간 중심이 아니라 길 중심으로 만들어진 차이다. 마을과 마을 사이로 이 차가 다닌다. 다른 마을로 가고 싶은 사람은 새벽녘 이 차가 오는 곳으로 가서 기다린다. 사람이 모이면 차는 떠난다. 그곳에 가면 또 다른 마을로 가는 차가 연결이 된다.

순타르로 가는 도중 차가 섰다. 움직일 수가 없었다. 조금 있으니 와직이 한 대 와 선다. 운전사가 내려 후드를 열고 한참 들여다본다. 그러더니 밧줄을 갖고 와 우리 차를 자기 버스 뒤에 달아준다. 버스 안에는 사람들이 20여 명 타고 있었다. 아무런 불평도 들리지 않았다. 그 버스도 순타르에 가는 길이었다. 네륭그리에서 온 사람들이었다. 친구 아나톨리가 아는 사람이 인근 마을에 있었다. 버스를 그 집으로 인도했다. 집주인이 반갑게 맞이한다. 버스에 탄 사람들도 모두 집안으로 초대한다. 그 집안에 있던

술을 바닥내고서야 일어섰다. 버스를 타고 순타르에 도착하니 이미 9시가 넘었다. 그래도 여름이라 밖은 훤했다. 우리가 손님이라고 우리의 숙소를 먼저 찾아준다고 버스는 손바닥만한 순타르를 뱅뱅 돌았다. 숙소 앞에서 내리는 우리 뒤로 우리가 집을 못 찾을까 걱정하는 소리만 들렸다.

툰드라 지방의 쉼터에서: 겨울 사냥 중
(왼쪽 끝이 아나톨리 세묘노비치)

친구 아나톨리는 대단히 담백한 사람이다. 욕심도 없다. 그렇다고 술을 많이 마시는 것도 아니다. 야쿠트 인들은 체질적으로 술이 약한 것처럼 보인다. 시베리아에서 아메리카로 이어지는 몽골로이드나 인디안 계통의 사람들은 알콜 분해 능력이 떨어진다고 한다. 그래선지 술은 좋아 해도 많이들 마시는 것은 보지 못했다. 아나톨리는 아내인 총장이 직무에 충실할 수 있도록 만들어 주는 것이 자신의 의무라고 생각하는 사람이다. 아마 외조의 표본처럼 보인다. 그래도 틈만 나면 사냥과 낚시를 위해 북쪽의 콜리마라든지 인디기르카로 달려가는 인생 제일의 낙을 포기하지는 못한다.

야쿠츠크국립농과대학교 총장 레오니드 니콜라에비치 블라디미로프는 벌써 20년째 총장이다. 처음 만났을 때 자기가 러시아에서 최연소 총장이라고 자랑을 했다. 90년대 초 러시아가 아직 사회주의 경제 체제의 틀에서 아직 벗어나지 못했을 때 이미 자본주의적 마인드로 무장되어 있는 것을 보았다. 90년대 초 야쿠츠크국립대학교에서 농업과 수의학 부문을 분리하여 농과대학교로 독립하면서 총장이 되었다. 처음 그 대학을 방문했을 때 교수들에게 나를 소개하던 자리를 지금도 기억한다. 대부분의 교수들은 노인

야쿠츠크 국립농과대학교 한국관 개관식에서(앞줄 왼쪽에서 네 번째가 블라디미로프 총장)

들이었다. 총장은 원로 교수들에게 정중하였다. 그들은 총장을 "우리 젊은 총장"이라고 불렀다.

2008년 야쿠츠크에서 연구년을 보내는 동안 총장이 자기 아파트를 빌려주었다. 덕분에 편하게 지낼 수 있었다. 그곳에서도 조그만 아파트를 빌리려면 월 60-70만 원을 내야 했다. 자기 어머니를 위해 사 둔 아파트인데 좁다고 해서 비어 있던 새 아파트였다.

블라디미로프 총장도 지금은 중요한 친한파 인사 중 한 사람이다. 몇 년 전 연방정부에서 막대한 기금을 유치해서 강당을 새로 지었다. 그때 음향시설 설치를 한국 업자에게 맡기기도 하였다. 시베리아의 농업 기반 시설 발전을 위해서도 열심히 노력하고 있다. 강원대와 건국대를 연결하여 협력할 수 있는 길을 열어 주었다. 아직 기술 수준이 미흡하지만 LED 기술이 좀 더 발전하면 시베리아에 온실 농업을 대대적으로 키울 수 있을 것으로 기대한다. 이때 핵심 역할을 할 사람이 바로 블라디미로프 총장이다.

안드레이 쿠지민은 야쿠티야에서나 볼 수 있는 사람이다. 처음 만난 것은 2008년 4월 올레뇨크에서였다. 올레뇨크는 야쿠츠크에서 북서쪽으로 3,000km 떨어진 곳이다. 작은 비행기로 6시간 정도 가야 하는 에벤키 인들의 마을이다. 봄맞이 순록 축제가 있었다. 숙소에서 통성명하고 나니 몇 살이냐고 묻는다. 외국인이 나이를 먼저 묻는 것은 지극히 드문 일이다. 나이를 알자마자 한국말로 형님이 무어냐고 물었다. 그 이후 그는 나를 "형님"이라고 불렀다. 올레뇨크에 있는 사흘 동안 그는 내 카메라를 들고 열심히 사진을 찍어 주었다. 당시 바깥 온도는 영하 40도였다. 그는 그것에 아랑곳하지 않았다.

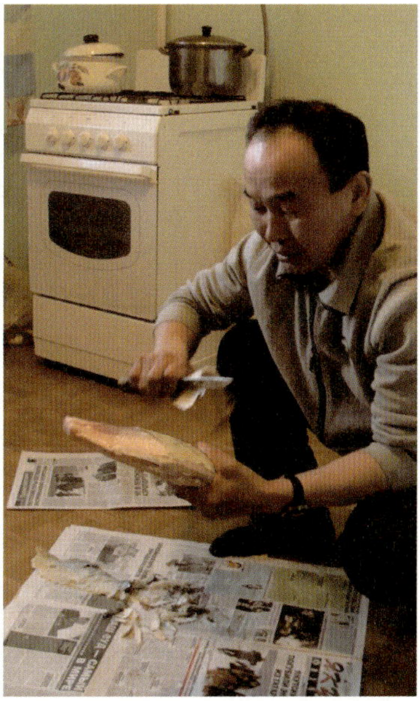

언 생선을 얇게 써는 쿠지민

야쿠츠크에서는 아파트로 초대도 하여 내가 만든 된장찌개도 맛보였다. 가끔 자기 어머니가 보낸 것이라고 하면서 생선 절인 것을 가져오기도 했다. 원래 쿠지민은 인디기르카라고 하는 북동부 지역 출신이었다. 아마 에벤키 사람이 아닌가 생각이 든다. 어머니는 지금도 인디기르카에서 살고 있다. 아내는 순타르 사람이다. 순타르는 야쿠츠크에서 서쪽으로 1,000km 떨어진 곳이다. 아내는 그곳에서 선생으로 일하고 있다. 쿠지민은 야쿠츠크에 있는 교육전문가능력개발원에서 일하면서 개발원에 딸린 기숙사에서 살고 있었다. 아들은 야쿠츠크국립대학교에 재학 중이었다. 아들은 기숙사에서 생활하였다. 왜 아내를 야쿠츠크로 불러 올 수 없느냐고 물었다. "집이 없어서."

야쿠츠크의 아파트 값은 이해할 수 없다. 너무 비싸다. 월급은 제자리인데 아파트 값은 터무니없다. 사람들은 교외 지역으로 나간다. 교외로 나가면 전통적인 통나무집에서 쾌적하게 살 수 있다. 요즘은 교외도 가스가 공급되어 난방에 어려움이 없다. 다만 교통이 문제이다.

하루는 쿠지민이 들이닥쳐 갈 데가 있다고 나를 억지로 끌어당긴다. 한국 사람이 있다고. 북한에서 온 벌목공들이었다. 야쿠츠크에는 그런 사람들이 40-50명쯤 있다고 한다. 변두리 초라한 다차(별장)에 차를 대고 안으로 들어가니 인상이 곱지 않은 한국 사람이 쳐다본다.

"동무, 반갑수다."

나이를 물어 보지 않는 게 다행이었다. 한 사람이 더 있었다. 그 사람은 잔뜩 경계어린 눈빛으로 멀리 떨어져 앉는다. 방엔 여자가 있었다. 여자는 야쿠트 여자였다. 둘 사이엔 이미 딸이 있었다. 딸은 시골의 여자 어머니에게 보내 키우고 있었다. 여자는 쿠지민과 같은 직장에 다니고 있었다. 남자는 일정한 직업이 없었다. 탈북자로 여자에게 얹혀 살고 있었다.

"국수 드시라오. 여름엔 냉면이 최고디오."

그는 앉아서 여자에게 이것저것 손가락으로 시켰다. 북한엔 아내가 있다고 했다.

"마누라한테 가야디요."

"저 사람은요?"

"뭐 통일되면 그만이디요."

귀가 의심스러웠다. 보기에 쿠지민이나 이 여자는 탈북해서 이곳까지 온 이국인에게 최대의 동정을 베풀고 있었다.

자기를 북한 특수부대 출신이라고 했다. 1980년 광주민주화운동이 일어났을 때 자기들은 금강 유역에 상륙했다고 했다. 광주에 들어가려고 했단다. 듣고만 있었다. 남한 사정을 다 잘 알고 있다는 투였다. 신분이 좋아 전역 후 벌목공에 뽑혔다고. 블라디보스톡에 내리자마자 자기는 튀었다고. 모스크바를 거쳐 여기까지 왔노라고.

"여권 없이요?"

▲사하한국학교 레나 (오른쪽 두 번째) 선생 부부와 다차에서

다차에서의 점심 식탁 ▶

"우리 북조선 동포는 다 영웅이디요."

말아준 국수를 먹고 나니 커피를 타 오라고 한다. 나중에 블라디보스톡에서 주재하고 있던 연합통신 특파원을 만났다. 탈북자 얘기를 해 주었다. "좋은 특종감이네요." 특종으로 인해 탈북자들의 루트가 발각이라도 나면 큰 일 날 것 같았다. 취재는 말아달라고 부탁했다.

사하에서 한국인과 결혼한 야쿠트 여자는 지금까지 넷이 있다. 그중 첫 번째가 임 나탈리아이다. 임 나탈리아는 피아니스트이다. 지금도 사하국립오페라단 전속 피아니스트로 일하고 있다. 그녀는 1990년대 초 뉴욕으로 유학을 갔다. 그곳에서 한국인을 만나 결혼을 했다. 딸을 하나 낳았다.

그 애 이름은 제니퍼이다. 지금은 18살이 넘었을 것 같다. 예의도 바르고 무척 영리하였다. 생김새도 보통의 야쿠트 여자애들 같지 않았다. 예쁘고 통통한 한국 여자 아이였다. 처음엔 아빠를 원망하는지 찾지 않겠다고 하였다.

시댁의 반대가 심했다. 결국 이혼을 하였다. 혼자가 된 그녀는 딸아이를 데리고 야쿠츠크로 돌아 왔다. 미국 유학파 피아니스트답게 매너도 세련되었다. 십 수 년 동안 재혼도 하지 않았다. 혼자서 딸아이를 키웠다. 성씨도 그대로 한국인 성을 유지했다. 아이에게는 한국말을 가르치려고 야쿠츠크에 있던 한국 학생들에게 과외까지 시켰다. 사하-한국학교에 넣었으면 좋겠지만, 무슨 이유에선지 교장이 허락하지 않았다. 교장은 러시아계 혼혈인으로 여자였다. 교장은 임 나탈리아에게 감정이 좋지 않았다. 어느 날 야쿠츠크에서 엄마가 나를 찾아 왔다. 아버지를 찾아 줄 수 있느냐고? 쉬

"야쿠츠크의 컴퓨터 전문가들: 2008년부터 우리 교육과학기술부와 APEC교육원(원장 김영환 부산대 교수)의 지원으로 컴퓨터 단기 연수를 받은 사람이 50여 명이 넘는다. 이들은 야쿠츠크에서 IT분야의 과학 한류를 만들어 가고 있다."

강위 눈밭에서 먹이를 찾는 야쿠트 말:야쿠트 인의 강인성을 상징

운 일이 아니었지만 사정이 딱해 수소문해 보았다. 광주 사람이었다. 아버지도 형편이 그리 좋은 것 같지는 않았다. 어쨌든 찾아 주었다. 만났는 지는 확인해 보지 않았다. 얼마 전 아이가 미국에 공부하러 갔다고 좋아하는 엄마의 얘기를 들었다.

• 내가 본 사하

시베리아에 대해 쓴 탁월한 책으로 영국의 러시아 학자 안나 레이드의 "샤만의 코트"가 있다. 이 책을 읽으며 시베리아에 대한 생각에 혼란이 일었다. 내가 본 시베리아는 1990년대 중반부터이다. 그리고 지역적으로는 가장 안정된 야쿠츠크 시와 사하공화국을 통해서이다.

"시베리아는 도스토예프스키의 《죽음의 집의 기록》이었고, 고리키의 '죽음과 사슬의 땅'이었으며, 솔제니친의 《수용소군도》였다. 재물을 찾아나선 카자크 병사나 도망친 농노, 교회분리론자에게는 도피처이자 새 출발의 장소였다. 반면, 17세기 말에 시베리아 전체 인구의 10퍼센트를 차지하는 죄수와 전쟁포로, 정치적 유배자에게 시베리아는 희망이 사라진 곳이자 불행한 종착지였다... 시베리아는 러시아의 신대륙이었고, 모피와 황금과 석유가 넘쳐나는 밝은 미래였다. 그러나 한편으로 러시아의 어두운 과거였고, 해골이 꽉 찬 마분지 상자이며, 그로테스크한 관리들이 늑대의 울부짖음과 죄수들의 족쇄 소리를 들으며 뒷돈을 챙기는 정 떨어지는 오지였다." (레이드 2003:57-58)

레이드는 쫓겨난 시베리아 원주민들의 슬픈 한을 대변하였다. 그리고 러시아에게 원주민은 무엇이었는가를 설명한다.

"진짜 시베리아인, 즉 원주민은 이러한 역사에서 어떤 자리를 차지하고 있는가? 늘 그렇듯, 그들의 역사적 지위는 그리 크지 않다는 것이다... 카자크에게 원주민은 경제적인 자원이었다. 계몽주의 과학자가 보기에는 자연과학적 호기심의 대상이었고, 낭만주의자에게는 고상한 미개인이었다. ... "(앞 책 61-62)

그녀는 야쿠트 인에 대해서도 상당 부분을 할애하였다.

레나 강 한복판에서 2008. 3. 31

"사하 족은 러시아인들에게서 진취적이고 근면하며 영리하다는 평판을 들었다. 사하 족을 발가벗겨 숲속에 처넣고 1년 있으면 헛간과 가축으로 둘러싸인 안락한 집에서 생활하는 모습을 볼 수 있게 될 거라고 한다. 1786년 이르쿠츠크 총독은 미국 탐험가 레드야드에게 사하 족은 원주민 가운데 가장 '똑똑한 민족이며, 훌륭한 성격을 타고난 천재들이고, 어떤 것이든 배우는 능력이 있다'고 했다."(앞 책 213-214)

레이드는 1993년과 1995년 사이에 시베리아를 여행하며 원주민들을 만났다. 그즈음의 야쿠츠크에 대해 그녀는 "완전히 쓰레기장임"(앞 책 210)이라고 썼다.

그녀는 과거의 사하를 말하고 있다. 사하 족이 러시아 인에 의해 무도하게 탄압받고 죽어간 눈물의 역사를 기술하고 있다. 야쿠트 인텔리겐챠가 스탈린의 탄압으로 숙청당하고, 연방정부의 러시아인들에 의해 이용당하는 과정을 고발하듯 쓰고 있다. 그리고 연방주의와 지방분권주의가 부딪히고 다이아몬드 수익의 배분 문제가 밀실에서 결정되는 것을 비판하고 있다.

내가 야쿠츠크에 들어간 시점은 바로 레이드가 거쳐 간 직후인 것 같다. 나는 사하 족, 즉 야쿠트 인의 소비에트 시절을 모른다. 제정 러시아 시절에는 어떤 박해를 받았는지에 대해서도 단편적인 지식만 있을 뿐이다. 당했을 것 같은 그런 아픈 과거를 기억하거나 들춰내는 사람도 만나지 못하였다. 내가 만난 사람들은 오랜 역사 속에서 잃어버린 자기네 문화와 정신을 찾고자 하는 새로운 야쿠트 인들이었다. 미래를 향해 가는 사람들, 그들과 지난 18년을 함께 일하며 사하의 꿈을 일구었다.

사하-한국학교는 한국을 모델로 자신의 정체성을 찾고자 하는 야쿠트 인들에게 바로 모범 답안이 되었다. 가족적 전통도, 사회적 예법도 모두 한국의 전통을 보고자 했다. 그것을 바탕으로 새로운 사하의 미래를 만들고자 하였다. 사하-한국학교 출신 학생들은 바로 사하의 미래이다. 그리고 북동연방대학교 한국학과 졸업생들은 사하의 지도자가 되어야 한다. 내가 본 사하는 과거의 사하가 아니라 미래의 사하이다. 지난 20년간 그들은 정치와 경제 문제를 해결하고 민족 문제를 해결하였다. 야쿠티아에는 127개에 달하는 소수민족이 있다. 에벤키, 에벤, 유카기르, 돌간과 같은 민족들과 함께 문화적 정체성을 유지하며 공존하는 길을 가고 있다. 사하 족은 러시아에서 가장 자신감에 넘치는 소수민족으로 언어를 되찾고 문화를 복원하였다. 야쿠츠크 시내에 "구 시가"를 정비하고 민족정신센터와 민속박물관을 세웠다.

중요한 것은 사하의 잠재력을 갖춘 미래이며 발전 가능성이다. 이런 점에서 한국이 주목해야 할 것은 첫째로 사하가 어디서 왔는가에 대한 학문적 관심이다. 시베리아 북방계 민족 출신 중 현대에 이르러 가장 성공한 민족은 한민족이라고 자부할 수 있다. 그런 만큼 우리는 성공에 걸맞은 시대적, 역사적, 인류학적 사명을 짊어져야 한다. 그래서 시베리아에 산재한 소수민족 언어도 연구해야 하는 것이다. 둘째로, 사하의 발전을 위해 러시아와 협력하는 것이다. 사하의 발전은 시베리아 소수민족의 미래 문제일 뿐만 아니라 러시아의 미래이기도 하다. 러시아와 협력할 수 있는 가장 좋은 파트너는 바로 한국이다. 인류학적 관점에서나 민족지학적 관점에서도 우리는 사하의 친구가 되어야 한다. 마지막으로, 사하공화국 소수민족의 문화적 원형을 소개하면서 1994년 이후 "변방"에서 "중심"으로 자리매김하는 사하공화국을 함께 공감하고자 지난 20여 년간 가슴에 간직해 왔던 "사하의 꿈"을 남김없이 털어 놓았다.

참고문헌

강덕수. 야쿠트 어. 한국외국어대학교 출판부. 2011

강덕수 역. 사하공화국 2006. (Республика Саха:2006). 서울:범아, 2007

레이드 안나. 샤만의 코트(The Shaman's Coat). 윤철희 옮김. 서울:미다스북스. 2003

오고토엡 표트르. 엘레스 보오투르, 야쿠트 영웅 서사시 올롱호. 강덕수 역. 서울: 지식과 경영. 2005

이광규. "사하공화국의 고려인", 사하통신 제14호. 한국-사하친선협회. "사하통신" 제14호. 2010

Myreeva A.N. Evensko-russkij slovar' Novosibirsk: nauka. 2004

Myreeva A.N., V.P. Marfusalova, Zh. V. Zaxariva. Tradicionnaja kul'tura evenkov(에벤키 족의 전통 문화). Yakutsk:Ofset. 2005

Oakes, Jill & Rick Riewe. Spirit of Siberia. Vancouver: Douglas & McIntyre. 1998

Pesterev, Vladimir. Stranicy istorii Yakutii v dokumentax, legendax, mifax(문헌, 전설, 신화 속의 야쿠티야 역사). Yakutsk:Bichik. 2000

Slepcov P.A. Jakutsko-russkij slovar Moskva: Savefs Kaga enciklopedija. 1972

Yakutija: Istoriko-kul'turnyj Atlas(야쿠티야: 역사문화지도). Moskva:Feorija. 2007

Yavlovskij, P. P. Letopis' goroda Yakutska(야쿠츠크 시 연대기). tom 2. Yakutsk:Yakutskij kraj. 2004

맘모스와
다이아몬드와
착한 사람들의 나라

야쿠티야

초판 인쇄 2011년 12월 20일
초판 발행 2011년 12월 30일

지은이 강덕수
펴낸이 박 철
기 획 한국외국어대학교 러시아연구소
449-791 경기도 용인시 처인구 모현읍 왕산리 산89
국제지역연구센터 연구동 412호
전화 031)330-4852
FAX 031)330-4840
홈페이지 http://www.rus.or.kr
전자우편 hufsirs@hufs.ac.kr

펴낸곳 한국외국어대학교 출판부
130-791 서울시 동대문구 이문동 270
전화 02)2173-2495~7
FAX 02)2173-3363
홈페이지 http://press.hufs.ac.kr
전자우편 press@hufs.ac.kr
출판등록 제6-6호(1969. 4. 30)
편집 · 디자인 디자인퍼브 02)2254-4301
인쇄 · 제본 (주)SM C&P 02)468-6100

ISBN 978-89-7464-705-6 94920 정가 20,000원
ISBN 978-89-7464-650-9 (세트)

* 잘못된 책은 교환하여 드립니다.